MARÇO 2009, ANO 1, VOL. 1, SEMESTRAL

DIREITO DAS SOCIEDADES *em Revista*

ÍNDICE

EDITORIAL

É manifesta a (crescente) importância do direito das sociedades (comerciais, sobretudo). Enorme parte da actividade económica passa pelas entidades societárias. A complexidade, as especificidades e as repercussões da disciplina jurídica das sociedades atraem e exigem atenção.

Também no nosso país tem sido assinalável o desenvolvimento dos estudos de direito societário. Nas Universidades e fora delas. Não havia, porém, uma publicação periódica especializada. *Direito das Sociedades em Revista* procura remediar essa falha. Oferecendo-se como espaço de qualidade onde regularmente podemos encontrar-nos.

A ideia desta Revista, acalentada desde há muito tempo, é agora posta em prática por um conjunto variado de pessoas (directores e membros da comissão de redacção). Vêm de diversas Universidades, têm estilos diversos, não se filiam (metodologicamente) em uma mesma «escola» ou «movimento». Mas há unidade nesta pluralidade: todos querem, em liberdade e concertação, contra peias e isolamentos ou divisões artificiais, promover o estudo do direito das sociedades.

A *DSR* passará revista aos vários temas do direito societário, dos mais clássicos aos mais novos ou renovados, divulgando e problematizando, anotando e teorizando, criticando e fazendo propostas.

A Revista está aberta à participação de quem com ela queira colaborar. Críticas e sugestões são bem-vindas; assim como textos para publicação (nas condições referidas noutro local).

ABREVIATURAS

AAFDL	Associação Académica da Faculdade de Direito de Lisboa
ac./acs.	acórdão / acórdãos
ACE	Agrupamento(s) Complementar(es) de Empresas
AEIE	Agrupamento(s) Europeu(s) de Interesse Económico
AG	Die Aktiengesellschaft
AnnDrComm	Annales de Droit Commercial
BankLJ	Banking Law Journal
BB	Betriebs-Berater
BFD	Boletim da Faculdade de Direito da Universidade de Coimbra
BMJ	Boletim do Ministério da Justiça
BulJS	Bulletin Joly des Sociétés
CadMVM	Cadernos do Mercado dos Valores Mobiliários
CC	Código Civil
CCom	Código Comercial
CEE	Comunidade Económica Europeia
CeImp	Contratto e Impresa
CEJ	Centro de Estudos Judiciários
CIRC	Código do Imposto sobre o Rendimento das Pessoas Colectivas
CIRE	Código da Insolvência e da Recuperação de Empresas
CIRS	Código do Imposto sobre o Rendimento das Pessoas Singulares
CJ	Colectânea de Jurisprudência
CJ-STJ	Colectânea de Jurisprudência Acórdãos do Supremo Tribunal de Justiça
CLR	Columbia Law Review
CPC	Código de Processo Civil
CPen	Código Penal
CPEREF	Código dos Processos Especiais de Recuperação da Empresa e da Falência
CMVM	Comissão do Mercado de Valores Mobiliários
CódMVM	Código do Mercado de Valores Mobiliários
CRCom	Código do Registo Comercial
CRP	Constituição da República Portuguesa
CSC	Código das Sociedades Comerciais
CVM	Código dos Valores Mobiliários
DB	Der Betrieb
DFiscB	Droit Fiscalité Belge

DJ	Revista Direito e Justiça
Dec.-Lei	Decreto-Lei
DG	Diário do Governo
DR	Diário da República
DSR	Direito das Sociedades em Revista
ed.	edição
EBOR	European Business Organization Law Review
EIRL	Estabelecimento(s) Individual(ais) de Responsabilidade Limitada
EuZW	Europäische Zeischrift für Wirtschafsrecht
ForI	Forum Iustitiae
ForLR	Fordham Law Review
Giur.Comm.	Giurisprudenza Commerciale
GmbHR	GmbH-Rundschau
HarvLR	Harvard Law Review
JOCE	Jornal Oficial das Comunidades Europeias
JOUE	Jornal Oficial da União Europeia
LGT	Lei Geral Tributária
LSGPS	Lei das Sociedades Gestoras de Participações Sociais
LSQ	Lei das Sociedades por Quotas
NZG	Neue Zeitschrift für Gesellschaftsrecht
OPA	Oferta(s) Pública(s) de Aquisição
OPV	Oferta(s) Pública(s) de Venda
n./nn.	nota / notas
p./pp.	página / páginas
POC	Plano Oficial de Contabilidade
RCEJ	Revista de Ciências Empresariais e Jurídicas
RDE	Revista de Direito e Economia
RDES	Revista de Direito e de Estudos Sociais
RDM	Revista de Derecho Mercantil
RdS	Revista de Derecho de Sociedades
RC	Tribunal da Relação de Coimbra
RE	Tribunal da Relação de Évora
RevDBB	Revue de Droit Bancaire et de la Bourse
RevE	Revisores e Empresas
RevF	Revista Fisco
RevOD/O Direito	Revista O Direito
RevTOC	Revista dos Técnicos Oficiais de Contas
RG	Tribunal da Relação de Guimarães
RivDCom	Rivista del Diritto Commerciale e del Diritto Generale delle Obbligazioni

RJOIC	Regime Jurídico dos Organismos de Investimento Colectivo
RJUPort	Revista Jurídica da Universidade Portucalense Infante D. Henrique
RL	Tribunal da Relação de Lisboa
RP	Tribunal da Relação do Porto
reimp.	reimpressão
RFDUL	Revista da Faculdade de Direito da Universidade de Lisboa
RGICSF	Regime Geral das Instituições de Crédito e Sociedades Financeiras
RIW	Recht der Internationalen Wirtschaft
RLJ	Revista de Legislação e Jurisprudência
RNPC	Registo Nacional de Pessoas Colectivas
ROA	Revista da Ordem dos Advogados
ROC	Revisor Oficial de Contas
RS	Rivista delle Società
s./ss.	seguinte / seguintes
SA	Sociedade(s) Anónima(s)
SQ	Sociedade(s) por Quotas
SCE	Sociedade(s) Cooperativa(s) Europeia(s)
SE	Sociedade(s) Europeia(s)
SGPS	Sociedade(s) Gestora(s) de Participações Sociais
SPE	Sociedade(s) Privada(s) Europeia(s)
SROC	Sociedade(s) de Revisores Oficiais de Contas
STJ	Supremo Tribunal de Justiça
tb.	também
Themis	Themis – Revista da Faculdade de Direito da Universidade Nova de Lisboa
UCP	Universidade Católica Portuguesa
VJud	Vida Judiciária
vol./vols.	volume/volumes
ZGR	Zeitschrift für Unternehmens- und Gesellschaftsrecht
ZHR	Zeitschrift für das gesamte Handelsrecht und Wirtschaftsrecht
ZIP	Zeitschrift für Wirtschaftsrecht

DOUTRINA

Resumo: A separação entre ownership e management implica uma grande independência na gestão das sociedades comerciais. Esta independência exige uma correspondente responsabilidade. Este artigo trata do sistema de responsabilidade civil dos administradores de sociedades comerciais no direito português. É o primeiro de uma série que será publicada nos números seguintes desta revista.

Abstract: The separation of ownership and management implies an increasingly independent management of companies. This calls for the correspondent accountability. This paper deals with the system of civil liability of directors in the Portuguese companies law. It is the first of a serial of papers on this matter to be published in the revue.

PEDRO PAIS DE VASCONCELOS*

Responsabilidade Civil dos Gestores das Sociedades Comerciais

1. A necessidade de responsabilizar os gestores das sociedades comerciais: *ownership, management and agency*

O tema da responsabilidade dos titulares dos órgãos de gestão[1] das sociedades comerciais importa a consideração da relação entre *ownership* e *management*, na perspectiva anglo-saxónica da *agency*. Na doutrina anglo-saxónica do direito das sociedades esta perspectiva é banal. Por *ownership* é designada a posição dos sócios, dos detentores de capital, daqueles que investiram na sociedade através da subscrição do capital inicial ou de subsequentes emissões, na qualidade de sócios, de titulares de participações sociais. Por *management* é designada a posição dos titulares dos órgãos de administração de gestão da sociedade e também dos próprios órgãos de gestão.

* Professor da Faculdade de Direito da Universidade de Lisboa

[1] Neste texto referir-me-ei a *gestor* e *gestores*, num sentido amplo que abrange os administradores, directores, gerentes e outros titulares de órgãos de gestão das sociedades. A pluralidade de designações no direito português das sociedades cria uma complexidade designativa que importa simplificar. Não obstante, não deixarei de referir as designações específicas de cada tipo de sociedade sempre que haja utilidade distintiva. Assim se evitam expressões muito alongadas como, por exemplo, *administradores, gerentes e directores*. Também pretendo assim evitar confusões entre as designações do direito português e do direito brasileiro em que é designado *directoria* do que no direito português se chama *conselho de administração* e em que o *conselho de administração* é um órgão mais amplo mas diferente.

Agency é uma figura e uma doutrina típica e tradicional no direito anglo-saxónico que exprime a relação entre alguém que entra na gestão de interesses ou de bens alheios e os titulares desses interesses ou bens, e que se aplica também à relação entre a sociedade, na posição de *principal*, e os gestores, na posição de *agents*[2]. A doutrina da *agency* aplicada às sociedades enquadra-se com as doutrinas *"ultra vires"* e *constructive notice*. Na pureza da *common law*, os actos praticados pelo gestor (*principal*) com falta de poderes eram nulos (*void*) por força da doutrina *ultra vires*, por falta de capacidade. A doutrina *constructive notice* tornava oponíveis os limites à prática desses actos, desde que registados, não podendo ser invocado o desconhecimento de tais limites. Por efeito da primeira directiva das sociedades, as doutrinas do *ultra vires* e da *constructive notice* vieram a ser afastadas; a capacidade das sociedades passou a ser tida como não limitada pelo objecto ou pelo fim[3].

Mas a influência da doutrina da *agency* vai além do *ultra vires* e da *constructive notice*. Revela-se também na relação entre *ownership* e *management*. Vem a propósito citar excertos de John Stuart Mill e de Adam Smith:

> ...the share of the capitalist; the profits of capital or stock; the gains of the person who advances the expenses of production – who, from funds in his possession, pays the wages of the labourers, or supports them during the work; who supplies the requisite building, materials, and tools or machinery; and to whom, by the usual terms of the contract, the produce belongs, to be disposed of at his pleasure. After indemnifying him for his outlay, there commonly remains a surplus, which is his profit; the net income from his capital.[4]

[2] G H L Fridman, *The Law of Agency*, Butterworths, London etc., 1996, pp. 353 s.

[3] As s 39(1) e 40(1) e (2) (b) do *Companies Act 2006* têm o seguinte teor:

39 *A company's* capacity:

(1) The validity of an act done by a company shall not be called into question on the ground of lack of capacity by reason of anything in the company's constitution.

40 *Powers of directors to bind the company*:

(1) In favour of a person dealing with a company in good faith, the power of the directors to bind the company, or authorize other to do so, is deemed to be free of any limitation under the company's constitution.

(2) A person dealing with a company

(i) is not bound to enquire as to any limitations on the powers of the directors to bind the company or authorise others to do so,

(ii) is presumed to have acted in good faith unless the contrary is proved, and

(iii) is not to be regarded as acting in bad faith by reason only of his knowing that an act is beyond the powers of the directors under the company's constitution.

[4] John Stuart Mill, *Principles of Political Economy*, London, 1848, bk 2, ch. 15, sect. 1.

> The directors of such companies, however, being the managers rather of other people's money than their own, it cannot be expected, that they should watch over it with the same anxious vigilance with which the partners in a private copartnery frequently watch over their own. Like the stewards of a rich man, they are apt to consider attention to small matters as not of their master's honour, and very easily give themselves a dispensation from having it. Negligence and profusion, therefore, must always prevail, more or less, in the management of the affairs of such a company.[5]

Esta é a concepção puramente liberal da relação entre sócios e gestores. A relação é construída na base da *agency*. Os gestores são tidos como *agents*, que devem exercer o seu ofício por conta e no interesse dos sócios que investem no negócio. Este é o sistema da *shareholder primacy*.

Mas a separação entre *ownership* e *mangement* suscita uma outra perspectiva.

Nesta outra perspectiva, a sociedade é também vista como uma aliança entre diversas pessoas: sócios, gestores, empregados, fornecedores, clientes, entre quem é tácita ou expressamente partilhado o poder e o resultado[6]. Não devem ser confundidas a titularidade das participações sociais e da sociedade[7]. Da personalização da sociedade resulta que é esta a dona da empresa; os sócios são donos apenas das acções ou, em termos mais genéricos, das suas participações sociais. Dependendo das circunstâncias, das concepções políticas e económicas dominantes e da legislação delas resultantes, o poder e o resultado são partilhados de modos diferentes. Esta partilha incide mais sobre a empresa societária do que sobre a sociedade propriamente dita. O surgimento das grandes sociedades anónimas cotadas com o capital pulverizado e sem maiorias de domínio enfraquece o papel do sócio individual na *corporation* e na *public company*. Nesta perspectiva, porém, os administradores não deixam de ser *agents*, mudando apenas a qualidade de *principal* que deixa de caber apenas aos titulares das participações sociais, para se alargar a outras categorias de interessados, como os empregados, os credores, os fornecedores, os clientes, outros *stakeholders* e, até, os próprios gestores.

[5] ADAM SMITH, *An Inquiry into the Nature and Causes of the Wealth of Nations*, Clarendon, Oxford, p. 741.

[6] R. M. CYERT E J G MARCH, *A Behavioural Theory of the Firm*, Blackwell, Cambridge, Massachusetts, 1992.

[7] R. SAPPIDEEN, *Ownership of the Large Corporation: Why Cloth the Emperor?*, Kings College, Lj 27, 1996/97.

Estas duas perspectivas correspondem a duas diferentes concepções políticas e económicas, como é claro, mas não só. Na perspectiva da *shareholder primacy*, a sociedade é vista como um contrato que pode criar ou não um ente jurídico personalizado, mas cujo centro de gravidade se mantém nos sócios, a sociedade é dos sócios, é por eles controlada e funciona para seu exclusivo interesse. Esta é uma concepção contratualista liberal. Na outra perspectiva, a sociedade tem natureza institucional e fundacional. A sociedade é, então, um ente jurídico personalizado com autonomia própria, que age no seu próprio interesse e nos de uma pluralidade de beneficiários entre os quais se incluem os sócios e, além deles, ainda outros interessados, designadamente os gestores, empregados, credores, clientes, etc.

Estas duas perspectivas não correspondem apenas a diversos modos de pensar uma mesma realidade da vida. São também adequadas a dois tipos reais de sociedades: as sociedades fechadas e as sociedades abertas. No primeiro tipo de sociedades é mais adequada a *shareholder primacy*; as sociedades abertas aproximam-se mais do modelo fundacional, embora se não confundam completamente com ele.

As leis em vigor nos diversos sistemas podem ter influência e até determinar esta questão, mas também a natureza das coisas[8] desempenha um papel importante na concretização. Mas as regras legais que os variados códigos tenham em vigor, no que tange a estas matérias, devem ser concretizadas tendo em consideração as realidades económicas, as condições de mercado, o tipo de sociedade, a sua composição accionista, o número de empregados, e outras realidades que se imponham no caso. Não 230parece que um mesmo critério seja adequado para todas as sociedades. Casos haverá em que seja mais adequada a *shareholder primacy*, noutros casos o contrário, e não deixará de haver uma pluralidade de casos intermédios.

Seja como for e seja qual for a concepção e o modelo de sociedade, os gestores não poderão deixar de ser responsabilizados pelo exercício da função. A sua posição deve ser sempre a de *agent*. No que concerne à posição de *principal*, é de distinguir uma relação primária ou directa com a própria sociedade e uma relação secundária ou indirecta com os sócios, os empregados, os credores, os clientes e outros *stakeholders*. É nesta posição secundária ou indirecta que hão-de ser graduadas as posições e os interesses dos sócios e de outros interessados. Mas na posição primária ou directa de *principal* está a própria sociedade.

[8] Sobre a natureza das coisas como método de concretização jurídica, Pais de Vasconcelos, «A Natureza das Coisas», *Estudo em Homenagem ao Professor Doutor Manuel Gomes da Silva*, FDL, 2001.

Os gestores têm um poder muito variável na gestão da sociedade. Para a gradação deste poder, é preciso levar em conta o grau de autonomia entre a sociedade e os sócios. Esta noção de autonomia não deve confundir-se com a da personalidade. A personalidade colectiva não é graduável; é uma qualidade que, ou existe ou não existe. Diversamente, a autonomia é variável e dá a medida da diferenciação e separação entre a sociedade e os seus sócios. Esta autonomia é pouca nas sociedades em nome colectivo, é maior nas sociedades por quotas, ainda mais intensa nas anónimas e, dentro destas, maior nas sociedades abertas do que nas fechadas. A autonomia varia ainda no âmbito de cada tipo e subtipo, conforme a configuração e as demais circunstâncias de cada sociedade em concreto.

Nas sociedades pouco autónomas, os gestores confundem-se com os sócios. Esta confusão existe quando os gestores são os próprios sócios, principalmente quando são todos os sócios. Esta confusão é típica nas sociedades em nome colectivo, é corrente nas sociedades por quotas e não é rara nas sociedades anónimas fechadas. Nas sociedades anónimas abertas, a confusão entre sócios e gestores não ocorre e não parece possível que ocorra. Só em sociedades falsamente abertas pode haver coincidência total entre gestores e sócios. O próprio carácter aberto o impede.

Nas sociedades anónimas, os gestores não devem obediência aos sócios em matéria de gestão, ao contrário do que sucede nas sociedades em nome colectivo e por quotas. De entre as sociedades anónimas, a autonomia da gestão, embora esteja formalmente garantida pelos artigos 373°, n°s 3 e 5, e 405° do CSC, pode em concreto não existir nas sociedades fechadas, quando os sócios sejam também gestores ou quando, sem o serem, mantiverem sobre eles uma influência dominante fora da assembleia geral e durante o tempo que medeia entre as suas reuniões. Esta situação é muito frequente. Não raro os gestores que a assembleia elege foram escolhidos cada um por cada accionista ou grupo de accionistas. Tanto em acordos parassociais como na sua ausência, é corrente que os sócios se entendam quanto aos gestores que cada um ou cada grupo de accionistas pode designar para o órgão de gestão. O artigo 392° do CSC permite as eleições de administradores por grupos de accionistas por uma minoria e este sistema é mesmo obrigatório nas sociedades com subscrição pública ou concessionárias do Estado ou de entes equiparados. Com alguma frequência, é adoptada em certos grupos de sociedades uma regra segundo a qual a cada dez por cento de capital corresponde um administrador, o que de certo modo transforma o conselho de administração numa pequena assembleia geral. É banal a figura do gestor designado por certos accionistas cujos interesses informalmente representa e tutela no órgão de gestão. Não obstante, não deixam de existir também gestores profissionais que são verdadeiramente independentes da influência de certos sócios ou grupos de sócios e que se limitam a gerir a sociedade libertos dessas influências.

A independência dos gestores varia de sociedade em sociedade, mas não deixa de existir em maior ou menor grau. Os gestores independentes têm grande poder na sociedade. A sua gestão é apenas sindicada na próxima assembleia geral. No intervalo entre assembleias, não têm de prestar contas senão aos órgãos de fiscalização. Esta fiscalização, porém, nem sempre é eficaz, por um lado por deficiente informação e, por outro lado, dada a tradição pouco interveniente destes órgãos. Além disto, também as assembleias gerais têm francas dificuldades de fiscalização efectiva da gestão por dificuldade de informação e de eficiência funcional. A autonomia da gestão, com a liberdade de actuação que lhe é inerente, implica a responsabilização. O diálogo jurídico entre a liberdade e a responsabilidade manifesta-se também aqui. Quanto maior autonomia, independência e liberdade se verifica na gestão, maior a responsabilidade dos gestores pelo exercício da sua função.

A responsabilização é também necessária quando os gestores representam e tutelam informalmente os interesses de certos sócios em detrimento de outros ou da sua generalidade. É frequente nas sociedades abertas a existência de gestores que informalmente representam e tutelam os interesses dos maiores accionistas, sem consideração dos accionistas pequenos e anónimos cujo peso relativo não é suficiente para conseguirem designar gestores da sua própria confiança. A experiência demonstra que, quando o órgão de gestão é composto exclusivamente por gestores que informalmente representam os interesses dos principais accionistas, os interesses dos accionistas pequenos e anónimos sofrem sérios riscos de serem desconsiderados quando não mesmo prejudicados. Os próprios interesses da sociedade podem ficar em sério risco. E, no entanto, esta é – pode dizer-se – a situação da gestão em muitas sociedades abertas cotadas.

A concentração do poder nos gestores exige a sua responsabilização. Os recentes colapsos de sociedades, principalmente quando deixam os gestores ricos e os sócios pobres, exigem *accountability*.

2. Os deveres de gestão: os critérios do artigo 64º do CSC

O artigo 64º do CSC português contém o critério do dever de gestão nas sociedades comerciais. Este preceito vai já na sua segunda redacção. Para melhor comparação, leiam-se a primeira e a segunda redacções[9]:

[9] Esta versão foi introduzida pelo Dec.-Lei nº 76/A2006, de 29 de Março.

Versão original	Versão de 2006
1 - Os gerentes, administradores ou directores de uma sociedade devem actuar com a diligência de um gestor criterioso e ordenado, no interesse da sociedade, tendo em conta interesses dos sócios e trabalhadores.	1 - os gerentes ou administradores da sociedade devem observar: a) Deveres de cuidado, revelando a disponibilidade, a competência técnica e o conhecimento da actividade da sociedade adequados às suas funções e empregando nesse âmbito a diligência de um gestor criterioso e ordenado; e b) Deveres de lealdade, no interesse da sociedade, atendendo aos interesses de longo prazo dos sócios e ponderando os interesses dos outros sujeitos relevantes para a sustentabilidade da sociedade, tais como os seus trabalhadores, clientes e credores. 2 - Os titulares dos órgãos sociais com funções de fiscalização devem observar deveres de cuidado, empregando para o efeito elevados padrões de diligência profissional e deveres de lealdade, no interesse da sociedade.

A primeira versão do artigo 64º do CSC contém uma formulação singela do critério do *bonus paterfamilias* transposto para o campo da gestão: o *gestor criterioso e ordenado*. Como *agent* - gestor de interesses e bens alheios - relaciona-se com o *principal*, que neste caso é identificado primariamente com a própria sociedade. Secundariamente e no exercício da gestão, o gestor deve *ter em conta* os interesses dos sócios e dos trabalhadores.

A doutrina portuguesa dividiu-se quanto ao sentido deste critério. Houve opiniões mais próximas da *shareholder primacy* que reduziram ao interesse dos sócios o critério de gestão[10] e até quem recusasse ao preceito um conteúdo vinculativo[11]. Houve também opiniões mais institucionais que reconheceram no texto do artigo 64º a superioridade do interesse da sociedade sobre o interesse dos sócios e levando seriamente em conta os interesses dos sócios e dos trabalhadores[12]. A questão manteve-se sem um consenso até que o preceito foi alterado.

[10] Raul Ventura, *Sociedades por Quotas*, III, Almedina, Coimbra, 1996, pp. 150-151.

[11] Menezes Cordeiro, *Manual de Direito das Sociedades*, I, Almedina, Coimbra, 2004, p. 694.

[12] Oliveira Ascensão, *Direito Comercial*, IV, *Sociedades Comerciais - Parte Geral*, Lisboa, 2002, pp. 390-392.

A nova redacção significou um *aggiornamento*. As coisas cuja natureza determina e influencia o sistema e a sua concretização tinham-se modificado muito entre 1986 e 2006. Em vinte anos, Portugal integrou-se na União Europeia, na zona Euro, desenvolveu-se imensamente, sofisticou-se, internacionalizou-se e perdeu muito do provincianismo tradicional. A Bolsa internacionalizou-se com a *Euronext* e os padrões anglo-saxónicos tornaram-se dominantes nos negócios. Algumas sociedades portuguesas importantes cotaram-se na *NYSE* e procederam à correspondente adaptação de estrutura orgânica e de comportamento no mercado. Não foi só o artigo 64° que mudou de texto, foi também introduzida uma nova estrutura orgânica para a sociedade anónima que, além da tradicional (com assembleia geral, conselho de administração e conselho fiscal), passou a contar com mais duas: com assembleia geral, conselho de administração, comissão de auditoria e revisor oficial de contas; e com assembleia geral, conselho de administração executivo, conselho geral e de supervisão e revisor oficial de contas (artigo 278° do CSC). Com a reforma de 2006, o direito das sociedades comerciais beneficiou de uma viragem no sentido anglo-saxónico ou, melhor dito, anglo-americano.

A nova redacção do artigo 64°, introduzida pela reforma de 2006, é de clara influência anglo-americana.

Mantém as referências originais à *diligência de um gestor criterioso e ordenado* (alínea a) do n° 1), e ao *interesse da sociedade, atendendo aos interesses de...* outros interessados (alínea b) do n° 1). Mas completa-as e enquadra-as de outro modo.

Completa, principalmente, com a referência anglo-americana a deveres de cuidado (*duty of care*) e deveres de lealdade (*duty of loyalty*).

O *duty of care* é referido no artigo 64° como *deveres de cuidado, revelando a disponibilidade, a competência técnica e o conhecimento da actividade da sociedade adequados às suas funções e empregando nesse âmbito a diligência de um gestor criterioso e ordenado*. Inclui expressamente alguns critérios de concretização. O gestor deve revelar disponibilidade, competência técnica e conhecimento da actividade da sociedade adequados às suas funções e deve ainda usar da diligência de um gestor criterioso e ordenado.

O *duty of loyalty* é aí referido como *deveres de lealdade, no interesse da sociedade, atendendo aos interesses de longo prazo dos sócios e ponderando os interesses dos outros sujeitos relevantes para a sustentabilidade da sociedade, tais como os seus trabalhadores, clientes e credores*. Também neste caso, o texto da lei inclui critérios de concretização: a relação de lealdade tem como outro pólo a sociedade e não os sócios. No que aos sócios concerne, apenas se deve «atender» aos seus interesses de longo prazo. Devem ainda ser «ponderados» os interesses *de outros sujeitos relevantes para a sustentabilidade da sociedade, tais como os seus trabalhadores, clientes e credores.*

Tem interesse comparar este quadro legal com o do *Companies Act 2006*. Este estatui, logo na *section* 170(1) que os deveres dos *directors* se colocam perante a *company*[13] e nas alíneas (2) e (3) da mesma *section* que a vinculação aos deveres de evitar o conflito de interesses e de não aceitar benefícios de parte de terceiro se mantém para além do termo do mandato[14]. Nas *sections* seguintes – 171 a 177, são consagrados os deveres de actuar no âmbito dos seus poderes (s 171), de promover o êxito da sociedade (s 172), de independência na decisão (s 173), de cuidado, destreza e diligência razoáveis (s 174), de evitar conflitos de interesses (s 175) de não receber benefícios de parte de terceiros (s 176) e de declaração de interesses (s 177). Os deveres dos gestores, na lei inglesa, são mais detalhados e ultrapassam o tempo do termo do mandato, mas não são fundamentalmente diferentes. Tem interesse a orientação clara no sentido do interesse da sociedade: os *directors* estão vinculados pelos seus deveres perante a própria sociedade.

Voltando à lei portuguesa, não parece útil fazer a exegese conceptual do artigo 64º do CSC. A doutrina portuguesa tem perdido demasiado tempo nesse exercício. O sentido do preceito é claro e a sua concretização só poderá ser feita, como a própria palavra diz, em concreto. Aí, tem de ser mediada pela natureza das coisas, quer dizer, pelas circunstâncias concretas do caso, e pelas concepções ético-comerciais dominantes, sem perder de vista que os gestores exercem a sua actividade e praticam os actos que a preenchem, por conta da sociedade e primordialmente no seu interesse. Devem fazê-lo cuidadosamente, *revelando a disponibilidade, a competência técnica e o conhecimento da actividade da sociedade adequados às suas funções e empregando nesse âmbito a diligência de um gestor criterioso e ordenado* e devem também atender *aos interesses de longo prazo dos sócios e ponderando os interesses dos outros sujeitos relevantes para a sustentabilidade da sociedade, tais como os seus trabalhadores, clientes e credores.*

O artigo 64º do CSC contém o núcleo fundamental do critério de licitude e de ilicitude na gestão da sociedade, de todas as sociedades comer-

[13] *The general duties specified in sections 171 to 177 are owed by a director of a company to the company.*

[14] *(2) A person who ceases to be a director continues to be subject –*
(a) to the duty in section 175 (duty to avoid conflicts of interest) as regards the exploitation of any property, information or opportunity of which he became aware at a time when he was a director, and
(b) to the duty in section 176 (duty not to accept benefits from third parties) as regards things done or omitted by him before he ceased to be a director. To that extent those duties apply to a former director as to a director, subject to the necessary adaptations.

ciais e não apenas das sociedades de capital. É sobre este ponto de apoio que se torna operacional o sistema de responsabilidade dos gestores contido nos artigos 71º e seguintes do CSC. Em todos os casos, é necessária a ilicitude. O artigo 64º, ao conter os critérios gerais de acção dos gestores permite aferir a licitude ou ilicitude dos seus actos, dos seus comportamentos. Na concretização da responsabilidade civil dos gestores, o artigo 64º desempenha sempre um ponto de partida. É claro que o artigo 64º não esgota as fontes de dever-ser às quais os gestores devem respeito. Elas são inúmeras e não é sequer possível listá-las na sua totalidade[15]. Mas nem por isso o artigo 64º perde a posição central na concretização da responsabilidade dos gestores das sociedades comerciais.

Apenas duas referências impostas pela redacção do artigo 64º do CSC:

– Em primeiro lugar, não vale a pena tentar determinar em abstracto quanto tempo corresponde ao «longo prazo» referido na alínea b) do nº 1 do artigo 64º. O seu sentido é dispensar os gestores de se preocuparem com os accionistas especuladores que compram hoje e vendem amanhã e com o interesse de lucro imediato – por exemplo, do próximo dividendo – de outros sócios, mesmo que não accionistas, e em sociedades não cotadas. Os interesses dos sócios só devem reger a gestão desde que não colidam com o interesse da sociedade, num plano secundário e numa perspectiva de investimento não especulativo.

– Em segundo lugar, a expressão *outros sujeitos relevantes para a sustentabilidade da sociedade, tais como os seus trabalhadores, clientes e credores*, parece-me referir-se aos chamados *stakeholders*. Esta expressão tem porém um sentido mais amplo do que o texto da lei, numa interpretação literal, dá a entender. De acordo com um quase consenso geral, aquela expressão abrange, além de outras pessoas que tenham interesse relevante para a *sustentabilidade* da sociedade, também aquelas para cuja *sustentabilidade* a sociedade desempenhe um papel relevante[16]. Quer dizer: a sustentabili-

[15] Coutinho de Abreu, *Responsabilidade dos Administradores de Sociedades*, IDET, caderno nº 5, Almedina, Coimbra, 2007, p. 12 s., fala a este propósito de *deveres legais específicos*.

[16] *Stakeholders* são pessoas, grupos, organizações ou instituições que têm um especial interesse na sociedade porque podem afectar ou ser afectados pelos seus actos, comportamentos ou estratégias. Incluem normalmente empregados, credores, clientes, fornecedores, sindicatos, organizações não governamentais, comunidades locais onde se inserem os seus estabelecimentos, a comunidade, o próprio Estado e organizações estatais, e até os próprios accionistas. Não há regras para o reconhecimento da qualidade de *stakeholders* e normalmente são-no os que se afirmam como tais. No entanto, varia muito entre eles a legitimidade do interesse, quer em intensidade quer em aspectos sectoriais.
Sobre os *stakeholders* e a sua importância na gestão, R. Edward Freeman, *Strategic Management: A Stakeholder Approach*, Pitman, Boston, 1984, R. Edward Freeman, Jeffrey S. Harrison

dade não é unilateral, mas bilateral. Os *stakeholders* são relevantes para a sociedade, mas a sociedade também é relevante para eles. Em português, os *stakeholders* podem ser designados como «especialmente interessados»[17]. A expressão legal, tal como escrita é deficiente. No entanto, pode – e deve – ser interpretada no sentido correcto de incluir também as pessoas especialmente interessadas na sociedade, ou porque a afectam, ou porque são por ela afectadas. Uma restrição àqueles apenas que contribuem para a *sustentabilidade* da sociedade dificilmente encontra suporte na *ratio legis*.

O critério de licitude contido no artigo 64º do CSC assenta em dois vectores: o dever de cuidado e o dever de diligência, cujo entendimento deve ser feito no quadro da *Busines Judgement Rule*. Esta matéria será objecto de um escrito específico no próximo número desta Revista[18].

3. A responsabilidade perante a sociedade: o artigo 72º do CSC

O artigo 72º do CSC constitui a sede do regime jurídico da responsabilidade civil dos gestores perante a sociedade por actos ou omissões ilícitos, culposos e danosos que pratiquem no exercício da gestão.

A relação entre os gestores e a sociedade é de natureza contratual: decorre do contrato de sociedade e do contrato de gestão. A esta qualificação não obsta o facto de muito do regime jurídico dos gestores e até mais especificamente da sua relação com a sociedade, da relação jurídica de gestão, constar escrito na lei. As leis, principalmente nos sistemas codificados, contêm frequentemente os tipos jurídicos estruturais dos contratos legais típicos, expressando, nos seus artigos, o que existe de tipicamente legal em tais contratos ou negócios jurídicos. Tal não afasta a natureza de direito contratual que lhes cabe[19]. A responsabilidade civil emergente da sua violação é, pois, de natureza contratual. Esta natureza contratual da responsabilidade civil consagrada no artigo 72º do CSC é confirmada pelo nº 1 do aludido artigo, ao estatuir que os gestores respondem *salvo se provarem que actuaram sem culpa*. Este regime de presunção de culpa é característico da responsabilidade civil contratual.

and Andrew C. Wicks, *Managing for Stakeholders*, Yale University Press, New Haven and London, 2007.

[17] *A Stake in the Future: The Stakeholding Solution*, London, Nichols Brealey, 1997. Mayson, French & Ryan, *Company Law*, Oxford University Press, Oxford, 2008-2009, p. 32 s.

[18] Este texto, já em preparação, terá como título *Business Judgement Rule, deveres de cuidado e de lealdade, ilicitude e culpa, e o artigo 64º do CSC*.

[19] Pais de Vasconcelos, *Contratos Atípicos*, Almedina, Coimbra, 1995, p. 319.

O artigo 72º sofreu uma alteração importante na reforma de 2006 do CSC. Importa comparar:

Versão original	Versão de 2006
1 - Os gerentes, administradores ou directores respondem para com a sociedade pelos danos a esta causados por actos ou omissões praticados com preterição dos deveres legais ou contratuais, salvo se provarem que procederam sem culpa.	1 - Os gerentes ou administradores respondem para com a sociedade pelos danos a esta causados por actos ou omissões praticados com preterição dos deveres legais ou contratuais, salvo se provarem que procederam sem culpa.
	2 - A responsabilidade é excluída se alguma das pessoas referidas no número anterior provar que actuou em termos informados, livre de qualquer interesse pessoal e segundo critérios de racionalidade empresarial.
2 - Não são responsáveis pelos danos resultantes de uma deliberação colegial os gerentes, administradores ou directores que nela não tenham participado ou hajam votado vencidos, podendo neste caso fazer lavrar no prazo de cinco dias a sua declaração de voto, quer no respectivo livro de actas, quer em escrito dirigido ao órgão de fiscalização, se o houver, quer perante notário.	3 - Não são igualmente responsáveis pelos danos resultantes de uma deliberação colegial os gerentes ou administradores que nela não tenham participado ou hajam votado vencidos, podendo neste caso fazer lavrar no prazo de cinco dias a sua declaração de voto, quer no respectivo livro de actas, quer em escrito dirigido ao órgão de fiscalização, se o houver, quer perante notário ou conservador.
3 - O gerente, administrador ou director que não tenha exercido o direito de oposição conferido por lei, quando estava em condições de o exercer, responde solidariamente pelos actos a que poderia ter-se oposto.	4 - O gerente ou administrador que não tenha exercido o direito de oposição conferido por lei, quando estava em condições de o exercer, responde solidariamente pelos actos a que poderia ter-se oposto.
4 - A responsabilidade dos gerentes, administradores ou directores para com a sociedade não tem lugar quando o acto ou omissão assente em deliberação dos sócios, ainda que anulável.	5 - A responsabilidade dos gerentes ou administradores para com a sociedade não tem lugar quando o acto ou omissão assente em deliberação dos sócios, ainda que anulável.

5 - Nas sociedades que tenham órgão de fiscalização, o parecer favorável ou o consentimento deste não exoneram de responsabilidade os membros da administração.	6 - Nas sociedades que tenham órgão de fiscalização, o parecer favorável ou o consentimento deste não exoneram de responsabilidade os membros da administração.

A reforma de 2006, salvo detalhes de redacção (como a eliminação da referência a directores), limitou-se a introduzir mais um número no artigo 72º, o novo nº 2, fazendo deslizar consequentemente a numeração dos demais. Este novo nº 2 é uma consequência directa da nova redacção do artigo 64º.

Na consulta pública lançada pela CMVM consta, como justificação desta alteração:

> Qualquer reforma legislativa actual sobre a posição jurídica do administrador deve implicar uma tomada de posição sobre a consagração da chamada *business judgement rule*, de inspiração norte-americana. Como é sabido, estabelece-se aí uma presunção de licitude da conduta em favor dos administradores. Desde que reunidos certos pressupostos, designadamente a ausência de conflito de interesses e um adequado esforço informativo, o juiz abster-se-á de aferir do mérito da actuação do administrador. Visa-se assim potenciar (ou não restringir) o sentido empresarial e empreendedor de actuação dos administradores.

Porém, a CMVM diverge da orientação clássica da *business judgement rule* e inverte o seu sentido:

> A consagração de uma norma presuntiva da actuação lícita dos administradores correria o risco de agravar o já existente défice de sentenças condenatórias nesta matéria.

Foi este o sentido que se pretendeu introduzir na lei. Este tipo de intenções vale o que vale. Não corresponde a uma *intenção do legislador*, por um lado, porque a CMVM não tem essa natureza e, por outro, porque na interpretação da lei, como é pacífico, a chamada *vontade do legislador* é irrelevante. Mas os trabalhos e textos preparatórios da lei podem ter influência na interpretação, desde que o texto da lei o confirme. É este o caso. O texto da lei corresponde a uma inversão do sentido da *business judgement rule* tal como proposto pela CMVM. Em vez de desagravar a sujeição do gestor à responsabilidade civil, o novo nº 2 do artigo 72º do CSC veio agravá-la.

Há, agora, que proceder a uma leitura integrada dos nºs 1 e 2 do artigo 72º.

No nº 1 do artigo 72º está consagrada a regra geral da presunção de culpa na responsabilidade civil contratual. A relação que liga o gestor à sociedade é de cariz contratual e contém-se nos estatutos e no contrato de gestão. A responsabilidade civil emergente para o gestor dos danos que cause à sociedade com actos ou omissões ilícitos e culposos é responsabilidade civil contratual. Nesta modalidade de responsabilidade civil constitui regra a presunção de culpa, tal como está nos artigos 798º e 799º do CC. Provada a violação dos deveres de gestão pelo gestor, é sobre ele que recai o ónus de alegar e provar que a sua conduta não foi culposa. Caberia à sociedade, e esse era o regime anterior à reforma de 2006, a demonstração da ilicitude da conduta do gestor. O sistema era claro e clássico: a prova da ilicitude da conduta cabia à sociedade e ao gestor cabia provar que não tinha tido culpa. Havia uma presunção de culpa, mas não uma presunção de ilicitude.

O novo nº 2 do artigo 72º veio, porém, modificar este equilíbrio. De acordo com o desiderato da CMVM de colmatar o que designou como *o já existente défice de sentenças condenatórias nesta matéria*, o novo nº 2 do artigo 72º veio estatuir uma presunção de ilicitude da conduta do gestor. A sua letra é muito clara: é ao gestor que cabe o ónus de *provar que actuou em termos informados, livre de qualquer interesse pessoal e segundo critérios de racionalidade empresarial*. É clara a ligação com o artigo 64º, nº 1. O dever de actuação *em termos informados* enquadra-se na alínea a) do nº 1 do artigo 64º, o dever de actuar *livre de qualquer interesse pessoal*, corresponde ao dever de lealdade consagrado na alínea b) do nº 1 do aludido artigo, e o dever de agir *segundo critérios de racionalidade empresarial* integra-se no dever de cuidado e de diligência que está na alínea a) do nº 1 daquele artigo. O que no nº 2 do artigo 72º se exige do gestor é que prove ter cumprido os deveres que lhe são impostos no nº 1 do artigo 64º. Se o gestor tem o ónus de convencer que agiu de acordo com o plano objectivo do dever-ser, tal como decorrente do artigo 64º, tal significa que, se não o lograr fazer, a sua conduta será qualificada como ilícita. Daqui resulta uma conclusão inexorável: o gestor após a reforma de 2006 do CSC está onerado com uma presunção de ilicitude na sua actuação gestória, presunção que lhe cabe elidir provando ele próprio a *compliance*, isto é, que agiu de acordo com as normas, que cumpriu o comportamento devido. Se, num pleito judicial, não lograr convencer o tribunal de que a sua acção respeita o dever, que agiu licitamente, restar-lhe-á, para não ser condenado, lançar mão do nº 1 do artigo 72º e provar que agiu sem culpa. O que está no novo nº 2 do artigo 72º do CSC é uma presunção de ilicitude da conduta do gestor: ele que prove que cumpriu os deveres de cuidado, de lealdade e de diligência. Diversamente do regime originário do CSC, em que cabia à sociedade demonstrar a ilicitude e ao gestor elidir a presunção de culpa, no novo regime, cabe ao gestor elidir ambas as presunções de ilicitude e de culpa. O regime da lei corresponde bem ao desiderato da CMVM de facilitar a condenação do gestor[20].

O gestor não é responsável se não tiver participado na conduta lesiva. Se lhe não for imputável a autoria, nenhuma razão haverá para o responsabilizar. É este o regime que está no nº 3 do artigo 72º. Não é autor do acto e consequentemente não é responsável o gestor que não tiver participado na deliberação ou que, embora tendo participado, tiver votado vencido e formalizado a correspondente declaração de voto. O nº 4, em sequência do nº 3, consagra um ónus de oposição activa: não basta ao gestor abster-se ou votar contra: ele tem de formalizar o seu voto de vencido, repudiando expressamente a deliberação em causa e manifestando com clareza a sua oposição. Não lhe chega lavar as mãos como Pilatos, nem manifestar dúvidas. Nestas matérias não se pode agradar a gregos e troianos. Ou se está a favor, ou se está contra. Não se ignora que o voto contra com declaração de voto de vencido formalizada em acta (ou perante o órgão de fiscalização, ou notário ou conservador, como permite o nº 3) pode ser muito desconfortável para o gestor e conduzir à perda da confiança de quem controlar a sociedade e à cessação prematura do mandato, ou ter outras consequências desagradáveis. Mas é assim. O gestor tem de assumir as suas responsabilidades com clareza e sem tibieza.

Também não é responsável perante a sociedade o gestor quando a sua actuação *assente em deliberação dos sócios, ainda que anulável*. Esta regra, actualmente no nº 5 do artigo 72º, vem já da versão originária, onde constava no nº 4. Note-se que o regime é limitado a deliberações válidas e a deliberações anuláveis, excluindo as deliberações nulas e, por maioria de razão, as deliberações inexistentes. É importante a ligação que é feita das deliberações anuláveis com as deliberações válidas. As deliberações anuláveis, enquanto não forem efectivamente anuladas, são válidas e eficazes, embora sejam frágeis porque podem vir a ser anuladas[21]. A deliberação já anulada deixa de ser anulável e não tem o efeito de afastar a responsabilidade do gestor. Se estiver já pendente o processo de anulação, o gestor não deve executá-la; por isso, deve entender-se que não exclui a responsabilidade do gestor a deliberação da assembleia ainda não anulada, mas já pendente de procedimento de anulação.

[20] Parece-nos, pelo menos, próxima a posição de Coutinho de Abreu, *Responsabilidade Civil dos Administradores de Sociedades*, cit., p. 43, quando entende que cabe ao administrador demonstrar a licitude da sua conduta.

[21] Pais de Vasconcelos, *Teoria Geral do Direito Civil*, cit., p. 741.

A responsabilidade dos gestores é solidária (art. 73°, n° 1). A solidariedade passiva é típica da responsabilidade civil e também do direito comercial. Alivia o credor da, nem sempre fácil, tarefa de proceder à imputação subjectiva da autoria e da responsabilidade. Assim, tudo é mais fácil: a sociedade pode accionar e obter a condenação de todos os gestores solidariamente. Entre eles, de acordo, aliás, com o regime geral da solidariedade passiva, os gestores podem invocar uns perante os outros a diferença das respectivas culpas, se diferença houver, e exercer a acção de regresso em conformidade. Mas essas diferenças de culpas não são oponíveis à sociedade. Esta regra da solidariedade não contende com o regime do artigo 72°, n° 3, caso em que se não trata de falta de culpa, mas de não autoria do acto ilícito danoso.

O artigo 74° rege sobre as cláusulas de exclusão ou limitação da responsabilidade, sobre a renúncia, a transacção e o efeito desresponsabilizador das deliberações de aprovação da gestão. O sentido é claro: é muitíssimo limitada a faculdade de os sócios interferirem de modo a frustrarem o regime de responsabilidade dos gestores perante a sociedade. Este regime constitui uma manifestação muito clara da superioridade do interesse da sociedade sobre o interesse dos sócios, confirmando que, na relação de *agency* dos gestores, é a sociedade que é titular da posição jurídica de *principal*. Assim, é cominada com nulidade a cláusula que exclua ou limite a responsabilidade dos gestores ou que subordine o exercício da acção social de responsabilidade, quando intentada pelos sócios nos termos do artigo 77° (*derivative action*), a prévio parecer ou deliberação dos sócios, ou que torne o exercício da acção social dependente de prévia decisão judicial sobre a existência de causa de responsabilidade ou de destituição do responsável. A referida cláusula é nula, quer conste dos estatutos da sociedade, quer de outros contratos ou negócios, como, por exemplo, do contrato de gestão celebrado com o gestor. Mesmo a própria sociedade só pode renunciar ou transigir na acção de responsabilidade desde que assim seja deliberado pelos sócios sem o voto contrário de dez por cento, ou mais, do capital. Os votos dos sócios que sejam responsabilizados como gestores, naturalmente, não contam. Também a deliberação de aprovação da gestão e das contas em assembleia geral não tem o efeito de aceitação da prática dos actos dos quais decorre a responsabilidade nem de renúncia, salvo se esse actos tiverem sido *expressamente levados ao conhecimento dos sócios antes da aprovação* da deliberação e que esta tenha sido tomada com menos de dez por cento de votos contrários, não contando os dos visados. Embora a lei não o refira expressamente, está implícito (*implied*) que o facto de terem sido levados ao conhecimento dos sócios os factos constitutivos da responsabilidade só tem o efeito desresponsabilizador se o forem com verdade, integralmente, com expressa apreciação da sua natureza eventualmente constitutiva de responsabilidade, e de modo a que fique claro aos sócios que a aprovação da deliberação importa a extinção da responsabilidade. O simples facto de terem sido levados ao conhecimento dos sócios, desligado de uma consciência clara de toda a questão por parte dos sócios, não pode ter, só por si, o efeito liberador da responsabilidade.

A acção de responsabilidade pode ser proposta directamente pela própria sociedade, ou subrogatoriamente pelos sócios (*derivative action*).

Para que a acção seja proposta pela própria sociedade, é necessária uma prévia deliberação da assembleia geral nesse sentido. Esta deliberação é tomada por maioria simples, sem a participação dos gestores visados, se forem sócios. Este regime pode causar dificuldades a accionistas titulares de maioria absoluta que sejam gestores e que podem ser, assim, destituídos e responsabilizados pelo voto da minoria (assim tornada maioria). Esta dificuldade tem soluções conhecidas que não serão tratadas aqui. A assembleia que deliberar a proposição da acção pode designar representantes especiais *ad hoc*. Também minorias com pelo menos cinco por cento (ou dois por cento no caso das sociedades cotadas) podem designar representantes especiais *ad hoc* que sejam independentes da gestão e dos gestores, sempre que a sociedade o não tenha feito ou se se justificar a substituição dos que houverem sido designados. A sociedade pode deliberar a proposição da acção de responsabilidade na assembleia geral ordinária independentemente de menção na convocatória; tal matéria (assim como a da destituição) deve ter-se por implícita no ponto da ordem de trabalhos sobre a apreciação da gestão e dos gestores.

A acção pode também ser proposta subrogatoriamente (*derivative action*) por sócios que sejam titulares individual ou conjuntamente de cinco por cento do capital (ou dois por cento nas sociedades cotadas), se a sociedade o não tiver feito (artigo 77º). Tal pode suceder quando ninguém tenha tomado a iniciativa de o propor à assembleia ou quando essa proposta não tenha sido aprovada. Esta acção não se confunde com a que é proposta pelos sócios enquanto tais e o pedido de indemnização é nela formulado a favor da sociedade e não dos sócios proponentes. A sociedade é chamada para intervir na causa, do lado activo. É importante o que consta no nº 3 do artigo 77º: a perda da qualidade de sócios durante a pendência da acção ou a desistência não impedem que prossiga os seus termos. O autor na acção é a sociedade e não os sócios. Se todos os sócios proponentes desistirem, continuará a acção, tendo na posição de autora a sociedade, que entretanto terá sido chamada a intervir.

4. A responsabilidade perante os credores sociais: o artigo 78º do CSC

Além de o serem perante a sociedade, os gestores são ainda responsáveis perante os credores sociais pelos danos que lhes causem quando o património social se torne insuficiente para a satisfação dos seus créditos, por causa da *inobservância culposa das disposições legais ou contratuais destinadas à protecção destes*. Os credores, além de exercerem o seu próprio direito à indemnização podem ainda subrogar-se à sociedade no exercício do direito de que esta é titular, quando ela não o faça. Esta subrogação segue o regime geral do Código Civil.

O direito dos credores à indemnização é um direito próprio que se não confunde com o direito da sociedade a ser indemnizada. Por isso, não é excluído por transacção da sociedade nem pelo facto de o acto do gestor assentar em deliberação da assembleia geral. Tais factos não lhes são oponíveis, nem se vê por que razão poderiam ser.

O pressuposto da responsabilidade civil é a privação do suporte patrimonial das dívidas sociais. Nestas circunstâncias, só dificilmente a sociedade se não encontrará em estado de insolvência. Quando houver insolvência da sociedade, os direitos dos credores a serem indemnizados são então exercidos pela administração da massa insolvente.

Diversamente da sociedade, os credores são terceiros em relação aos gestores, não têm com eles qualquer contrato nem relação jurídica. A responsabilidade civil, neste caso, é aquiliana. Como é próprio deste modelo de responsabilidade civil, e ao contrário da responsabilidade civil contratual, neste caso não há presunção de culpa. Assim, o nº 5 do artigo 78º manda aplicar o regime dos números 2 a 6 do artigo 72º. Quer dizer, não se aplica à responsabilidade civil dos gestores perante os credores a presunção de culpa constante do nº 1 do artigo 72º[22]. Esta exclusão da presunção de culpa é natural e típica da responsabilidade aquiliana, tal como consta dos artigos 483º ss. do Código Civil.

No regime da responsabilidade civil dos gestores perante os credores sociais, pode suscitar dificuldade a concretização da fórmula: *disposições legais ou contratuais destinadas à protecção destes*. Trata-se de normas de protecção. Em princípio estão sediadas na lei, mas não são excluídas as estipulações estatutárias que contenham regras destinadas à protecção dos credores.

Melhor de que à protecção dos credores, a lei devia ter referido a protecção dos créditos, ou da solvência. Não se trata apenas da protecção da

[22] Tal matéria será tratada no nosso próximo escrito nesta revista.

integridade do capital, porque não é este que constitui o suporte dos débitos na sociedade, mas sim do seu património. Assim, todos os preceitos legais ou estatutários cuja função consista na defesa da integridade patrimonial da sociedade são convocados. Neste tema não vale a pena tentar ser exaustivo. Basta apontar o critério. Se da violação de um preceito legal ou estatutário resulta a insuficiência patrimonial para honrar a sua dívida perante aquele credor (ou os demais), é ainda necessário aferir se tal preceito é funcionalmente orientado à defesa da solvência da sociedade e dos créditos dos seus credores. Assim se incluem nesta classe de preceitos, tanto os artigos 31º a 35º do CSC, como os relativos à reserva legal, à correcção das contas sociais e à solvência. A violação tanto pode ser directa como indirecta. Assim, as sobre-avaliações do activo (tão comuns hoje em dia), como as transferências patrimoniais ocultas e as operações *off-balance* e outras práticas de contabilidade criativa devem dar lugar a responsabilidade civil perante os credores que fiquem, em sua consequência (juízo de causalidade) impossibilitados de receber os seus créditos. Tem interesse discutir se a gestão imprudente (*reckless*) deve responsabilizar os gestores perante os credores[23].

A violação destes preceitos só responsabiliza os gestores perante os credores se e na medida em que causar a incobrabilidade dos seus créditos.

5. A responsabilidade perante sócios e terceiros: o artigo 79º do CSC

Os gestores são responsáveis também perante os sócios e terceiros. Também neste caso a responsabilidade é aquiliana. Os sócios não têm com os gestores qualquer relação jurídica nas sociedades com personalidade jurídica. Já não será assim em sociedades sem personalidade jurídica. Também os terceiros, por definição, a não têm.

O cariz aquiliano da responsabilidade, neste caso, decorre também da expressão *nos termos gerais* que se lê no nº 1 do artigo 79º e da exclusão da aplicação do nº 1 do artigo 72º que está no nº 2 do artigo 79º.

Os gestores respondem perante sócios e terceiros, segundo o nº 1 do artigo 79º, *pelos danos que directamente lhes causarem*. Quais são estes danos?

A resposta a esta pergunta exige a distinção entre danos directos e danos indirectos. São danos indirectos aqueles que se produzem no património da sociedade e que indirectamente prejudicam os sócios ao reduzirem o valor das suas participações sociais ou terceiros, como os emprega-

[23] Tal matéria será tratada no nosso próximo escrito nesta revista.

dos cujo emprego fica em perigo ou cujos salários beneficiam de menores aumentos. Estes danos indirectos dão lugar à responsabilidade perante a sociedade e os sócios e terceiros podem exercer a correspondente acção subrogatoriamente, se a sociedade não o fizer, com vista à recuperação pela sociedade do respectivo dano. Os danos directos são aqueles que se produzem directamente na esfera patrimonial dos sócios ou terceiros sem o serem através da sociedade. Tal sucede, por exemplo, quando os gestores dão aos sócios informações falsas em assembleia geral. Também deve responsabilizar os gestores as informações falsas prestadas ao mercado (*forecasts*) sobre evolução futura das cotações e as práticas de manipulações de cotações. Já não parece que devem ser responsabilizados por infracções ambientais ou urbanísticas, que devem ser imputadas à própria sociedade, a quem caberá responsabilizar os gestores envolvidos. No fundo, a questão é de nexo de causalidade, um problema comum na teoria da responsabilidade civil.

6. O sistema de responsabilidade civil dos gestores de sociedades comerciais e perspectivas de superação

Neste texto, não foi aprofundada a matéria dos padrões de conduta dos gestores, do juízo de mérito sobre a gestão, da decisão sobre a licitude ou ilicitude dos seus actos, das suas omissões, das suas práticas e estratégias de gestão. Fica para o próximo número da revista.

O sistema da responsabilidade dos gestores nas sociedades comerciais, no direito português, assenta no artigo 64° e nos artigos 71° e seguintes do CSC.

O sistema assenta nos seguintes vectores:

- Uma cláusula geral que contém o critério básico do comportamento devido no exercício da gestão (artigo 64°).
- Distinção de três modelos de responsabilidade civil dos gestores, perante a sociedade, perante os credores e perante os sócios e terceiros.
- A responsabilidade civil dos gestores perante a sociedade tem natureza contratual e presunção de culpa.
- A responsabilidade civil perante credores, sócios e terceiros tem natureza aquiliana, sem presunção de culpa.
- Em todos os casos houve uma inversão do espírito da *business judgement rule* com a instituição de uma presunção de ilicitude da actuação dos gestores, sobre quem é imposto o ónus de a elidirem.

Na importação que dela foi feita nos artigos 64°, 72°, 78° e 79° do CSC a *business judgemente rule* foi invertida. Em vez de servir para aliviar a pressão sobre os gestores, aumenta-a; em vez de afastar dos tribunais o julgamento da bondade das práticas de gestão, judicializa-a; em vez de consagrar uma presunção de licitude, estabelece uma presunção de ilicitude. Esta inversão, como deixou escrito a CMVM, foi feita com o argumento de que *a consagração de uma norma presuntiva da actuação lícita dos administradores correria o risco de agravar o já existente défice de sentenças condenatórias nesta matéria.*

Desde então, ocorreu no mundo de economia liberal uma gravíssima crise em que se tornaram aparentes, além de outros factores dos quais aqui seria deslocado falar, também – *last but not least* – casos graves de incompetência e negligência na gestão, quando não mesmo pura desonestidade. Foram – continuam a ser – escandalosamente conspícuos os casos em que grandes sociedades cotadas, principalmente no sector dos *financial services*, entram em colapso, deixando milhares de desempregados, investidores, aforradores e credores sem nada, enquanto os seus gestores enriqueceram prodigiosamente com remunerações astronómicas, directas e indirectas, e proventos de outras fontes, nem sempre lícitas e nem sempre confessáveis. Estes gestores que o jargão inglês denomina *fat cats*, continuam, muitas vezes, intocados (e intocáveis?), sem serem responsabilizados pela péssima gestão que protagonizaram e sem serem forçados a restituir as fortunas com que se enriqueceram com uma gestão pior que *reckless*.

Será que esta situação justifica o agravamento da posição jurídica dos gestores pretendido pela CMVM e conseguido na reforma de 2006? O que se passa no sistema português desmente-o. Que se saiba, a nova redacção dos artigos 64°, 72°, 78° e 79° do CSC não teve qualquer efeito útil.

Importa mudar de método jurídico e regressar às cláusulas gerais, aos conceitos indeterminados, aos princípios ético-jurídicos e à construção de critérios e de ideias rectoras. Importa regressar à ideia de probidade na gestão.

Os deveres dos gestores são *fiduciary duties*. Os gestores são *fiduciaries*. Citando de boa doutrina inglesa[24],

> *A fiduciary is someone who acts for, or on behalf of, another person, in relationship of trust and confidence, which equity protects by imposing on the fiduciary a duty of loyalty. The fiduciary duty of loyalty is a duty not to utilise*

[24] MAYSON, FRENCH AND RYAN, *Company Law*, cit, p. 457. No mesmo sentido, GOWER AND DAVIES, *Principles of Modern Company Law*, Thomson, London, 2008, pp. 495 s. e ALAN DIGNAM & JOHN LOWRY, *Company Law*, Oxford University Press, 2009, pp. 273 e 300 s.

the fiduciary position in a way which is adverse to the interests of the person for whom the fiduciary is acting.

O entendimento da posição do gestor como *agent* e *fiduciary* pode e deve suprir as construções formais e a minúcia de uma legislação regulamentar que, quanto mais detalhada mais lacunas abre (*loopholes*). Uma construção robusta de fraude à lei permitirá dar tratamento jurídico adequado e justo às práticas abusivas de exploração dos defeitos da letra da lei.

O regime jurídico da gestão das sociedades comerciais, dos padrões de comportamento devido e expectável na gestão, e da responsabilidade dos gestores tem a função de permitir a separação entre *ownership* e *management* que é imprescindível para o funcionamento saudável e eficiente numa economia avançada de mercado. O caminho seguido até hoje tem-se revelado um fracasso. Sem confiança, ou pior, com desconfiança na gestão, torna-se impossível captar investimentos. A crise, hoje, é de (falta de) confiança. É urgente mudar de ideias e de métodos.

RESUMO: **Partindo de dez acórdãos que decidiram sobre deliberações de sócios (deliberações de não distribuição de lucros, de venda de bens sociais por preço manifestamente inferior ao real, de fixação de remuneração excessiva para administrador), são caracterizadas as deliberações abusivas e as ofensivas dos bons costumes, e critica-se a frequente confusão entre umas e outras.**

ABSTRACT: Through the analysis of ten Court decisions on the subject of company members' decisions (in respect to non distribution of profits; sale of company's assets for a manifestly lower price than the real one; determining excessive remuneration for a director), abusive decisions and decisions offensive to «morality» (bons costumes) are characterized in this text, as well as the frequent confusion between them is criticised.

JORGE M. COUTINHO DE ABREU*

Diálogos com a jurisprudência I – Deliberações dos sócios abusivas e contrárias aos bons costumes

1. O que dizem os acórdãos

1.1. Casos de não distribuição de lucros aos sócios

* Professor da Faculdade de Direito da Universidade de Coimbra

(1) Ac. da RC de 6/3/90[1]. Uma sociedade por quotas vinha conseguindo lucros consideráveis; mas, por força dos votos dos sócios maioritários, também gerentes, eles não eram distribuídos pelos sócios (a título de dividendos) há um quarto de século; eram retidos em reservas várias e, em parte, investidos na empresa social; os sócios-gerentes recebiam remunerações anualmente actualizadas e, desde 1980, «gratificações» anuais deliberadas em assembleia[2]; o sócio minoritário (com quota correspondente a 40% do capital social) nada recebia da sociedade e vinha votando contra as propostas de aplicação de resultados.

A Relação de Coimbra diz a certo passo que uma «deliberação da maioria é anulável por "abuso de direito" ou "excesso de poder", isto é, quando não seja imposta pelo interesse social e exceda manifestamente os limites

[1] *CJ*, 1990, II, p. 45.

[2] Estas gratificações por «bons» serviços de gerência, frequentes embora na *praxis* societária, são, além do mais, de duvidosa legalidade quando não amparadas por cláusulas estatutárias – v. os arts. 255.º, 3, e 399.º, 2 do CSC.

resultantes da boa fé, dos bons costumes ou do fim social ou económico do direito» – e cita o art. 56.°, 1, d), do CSC. Isto é, agarra-se à formulação do art. 334.° do CCiv. e refere um preceito do CSC relativo a deliberações nulas (por violação, parece, dos bons costumes) – sem citar o art. 58.°, 1, b). Contudo, o Ac. da Relação acaba por confirmar a sentença recorrida – que havia anulado (e não declarado nula) a deliberação (de 1987) em causa...

(2) Ac. do STJ de 7/1/93[3]. Negou a revista do Ac. (1). O abuso de direito, diz o STJ, está previsto não apenas no art. 58.°, 1, b), mas também no art. 56.°, 1, d). Lê-se na parte final do acórdão: «... tal deliberação envolveu uma clara ruptura do sistema de equilíbrio que deve existir entre o interesse social no esforço e valorização do activo e o dos sócios *uti singuli* na distribuição periódica de lucros, e isso, num quadro de tal gravidade, que o grupo social representativo da ética dominante não poderia deixar de se sentir rvoltado. / O abuso de direito configurado no artigo 56.°, n.° 1, alínea d), do C.S.C. – abuso do direito de voto por parte do sócio ou sócios que aprovaram a deliberação contrária aos bons costumes – prescinde, como se viu, da consciência por banda desse sócio ou sócios, do excesso praticado. / Deste modo, e apesar de, *in casu*, nada se haver provado sobre as intenções ou propósitos dos contitulares da quota de 60.000$00, óbvio é que, sendo a deliberação em questão claramente contrária aos bons costumes, tem a mesma, na moldura do artigo 56.°, n.° 1, alínea d), do C.S.C., de ser tida por nula.»

(3) Ac. da RC de 2/7/91[4]. Caso semelhante ao anterior [Acs. (1) e (2)] e com intervenção das mesmas partes. A Relação, interpretando de modo muito duvidoso o estatuto social na parte relativa à distribuição dos lucros e tendo em conta o art. 217.°, 1, do CSC, declara nula a deliberação de aplicação dos lucros do exercício de 1988 (a deliberação foi aprovada por 60% dos votos e o art. 217.° exige 75%)[5]. Acrescenta, porém – e é isso que aqui mais importa –, que sempre a deliberação em causa «seria anulável por abuso de direito ou excesso de poder. / Com efeito, através dessa deliberação os sócios maioritários da sociedade recorrente excederam mani-

[3] *CJ-STJ*, 1993, I, p. 5.

[4] *CJ*, 1991, IV, p. 89.

[5] Porém, com este fundamento, a sanção adequada seria a anulação – cfr. J. M. Coutinho de Abreu, *Curso de direito comercial*, vol. II- *Das sociedades*, 3ª ed., Almedina, Coimbra, 2009, pp.497, ss.. A talhe de foice: a observância do art. 217.°, 1, não obsta à possibilidade de uma deliberação de (não) distribuição de lucros ser considerada abusiva-anulável (cfr. o Ac. da RE de 9/11/06, CJ, 2006, V, p. 245 – mas a deliberação em causa não foi, e bem, anulada).

festamente os limites impostos pela boa fé e pelo fim social e económico do direito que exercitaram – art. 334.º do C.Civil».[6]

1.2. «Casos dos supermercados» (deliberações de venda de bens sociais por preço inferior ao oferecido por sócio minoritário)

Sobre estes casos apresentamos cinco acórdãos. São casos muito similares. *A*, sociedade anónima com sede em Portugal mas ligada a transnacional com sede em França, promoveu a constituição de sociedades por quotas em vários pontos do país para, em regime de franquia, explorarem supermercados. Cada sociedade tinha como sócios, além de *A*, uma ou poucas mais pessoas; as quotas de *A* eram largamente minoritárias. Em 1996 e 1997, as sociedades por quotas realizaram assembleias gerais onde se deliberou trespassar para terceiro os respectivos estabelecimentos de supermercado por preço inferior (quase sempre muito inferior) ao oferecido por *A*.

(4) Ac. do STJ de 3/2/00[7]. *B* e *C* votaram a favor da proposta de trespasse e de venda de imóvel (onde a sociedade tinha a sede) por 210 000 contos; *A*, que havia proposto comprar por 518 000 contos, votou contra. A deliberação é abusiva, diz o Ac., anulável segundo o art. 58.º, 1, b), e nula segundo o art. 56.º, 1, d), porque ofensiva dos bons costumes. «Choca o senso comum de justiça dos homens sérios e honestos que uma proposta global de 210.000.000$00 possa prevalecer, vingar, afastar uma outra de 518.000.000$00, que é o valor real do trespasse do estabelecimento e da venda do edifício onde se encontrava instalado o estabelecimento.»

(5) Ac. do STJ de 28/3/00[8]. *D* e *E* votaram a favor da proposta (feita pelo primeiro, gerente e sócio maioritário) de trespasse do estabelecimento comercial por 85 000 contos e de venda de imóvel (onde estava a sede da sociedade) por 205 000 contos; *A* (com quota de menor valor), que havia proposto comprar por 466 000 e 250 000 contos, respectivamente, votou contra. O STJ considerou não haver ofensa dos bons costumes. E, «tal como a autora [*A*] configura a situação, é de excluir que tenha sofrido prejuízo». Mas estava em causa o prejuízo da sociedade [deliberação emulativa]. Todavia, na petição inicial, *A* atacou como abusivo somente o voto de *D*. «Não atacou o voto da sócia [*E*] que também aprovou as deliberações, o que autoriza a constatação que, mesmo sem o voto (dito abusivo)

[6] É interessante notar que este acórdão, ao repetir a formulação do art. 334.º do CCiv., omitiu o segmento dos bons costumes...

[7] *CJ-STJ*, 2000, I, p. 59.

[8] *CJ-STJ*, 2000, I, p. 145.

daquele sócio, a deliberação seria tomada, isto é, para se formar a maioria na deliberação que fez vencimento não era necessário o voto do sócio» *D*. E revogou o acórdão da Relação, absolvendo a ré do pedido.

(6) Ac. da RC de 25/9/01[9]. *F* (gerente e sócio maioritário) votou a favor da proposta, feita por ele, de trespassar o estabelecimento da sociedade por 100 000 contos; *A* (a outra sócia) havia oferecido mais 10 000 contos e votou contra. Entendeu a Relação que «não é claro que o sócio maioritário procurasse obter vantagens especiais, patrimoniais ou não patrimoniais para si ou para a sociedade à qual trespassou o estabelecimento». Mas havia que considerar a possibilidade de deliberação emulativa. «Ora, julgamos estar adquirido que o recorrente [*F*] ao votar a dita deliberação sabia perfeitamente ir com ela causar sério prejuízo e embaraços à sua associada» (*A*). E *F* causou também prejuízos à própria sociedade. O Tribunal confirmou pois a sentença que havia anulado a deliberação.

(7) Ac. do STJ de 27/6/02[10]. Confirmou o acórdão anterior [Ac. (6)]. *Põe em relevo o dever de lealdade dos sócios*, com manifestações no art. 58.º, 1, b), e para lá deste. E entendeu (indo mais além do que havia ido o Ac. da RC) que *F* também «pretendeu, afinal, alcançar um proveito próprio significativo em detrimento do interesse social – comum aos sócios, enquanto tais».

(8) Ac. do STJ de 12/5/05[11]. *G* e *H* votaram a favor da proposta de trespasse e de venda de imóvel por 290 000 contos; *A* propôs comprar por 410 000 contos e votou contra. A deliberação, diz o Ac. corroborando o julgamento de que se havia recorrido, é nula porque ofensiva dos bons costumes (art. 56.º, 1, d)).

1.3. Outros casos

(9) Ac. da RP de 13/4/99[12]. *I* (com quota correspondente a 98% do capital social) e *J* (com 2%), mãe de *I*, deliberaram autorizar a venda por 500 contos a *I* e *L* (irmãos) de um imóvel da sociedade que valia 11 000 contos. *M*, credora da sociedade em mais de 32 000 contos, pediu, entre outras coisas, a declaração de nulidade da deliberação. Uma deliberação abusiva, diz o Ac., será nula ou anulável (arts. 56.º, 1, d), ou 58.º, 1, b)), conforme se traduza ou não numa ofensa aos bons costumes; além de

[9] *CJ*, 2001, IV, p. 12.
[10] *CJ-STJ*, 2002, II, p. 138.
[11] Em www.dgsi.pt.
[12] *CJ*, 1999, III, p. 196.

nula, a deliberação seria ainda anulável - mas a credora social não tinha legitimidade para arguir a anulabilidade.

(10) Ac. da RL de 15/3/07[13]. Em assembleia geral de sociedade anónima, com todos os sócios (seis) presentes ou representados, deliberou-se por 97% dos votos a favor fixar a remuneração anual do administrador *N* (também sócio e representante de três sociedades sócias largamente maioritárias - e administrador, ainda, destas) em € 265 000; a situação económica e financeira da sociedade era débil; o anterior administrador único dela não auferia remuneração (era remunerado em uma das sociedades sócias). A RL considerou a remuneração manifestamente excessiva, «sem que se divise qualquer justificação, nomeadamente por referência aos critérios contidos no art. 399 CSC». E julgou-a abusiva-anulável, apesar de não se deter na análise dos pressupostos subjectivos reclamados no art. 58.°, 1, b) - embora tenha adiantado *não se exigir prova de dolo específico.*[14]

2. O (algo) mais que pode ser dito

2.1. Contra o mau costume de invocar *à tort et à travers* os bons costumes

Sempre me pareceu difícil imaginar deliberações ofensivas dos bons costumes[15].

Primeiro, por causa da fluidez e indeterminação da noção de bons costumes. Varia consoante os espaços e os tempos. E, num determinado espaço e tempo, é tarefa complicada delimitar as regras de conduta (originariamente extra-jurídicas) aceites como boas pela consciência social dominante. Numa sociedade moderna, complexa, «o sentido de decência de todos os que pensam de forma justa e equitativa» - formulação antiga na jurisprudência alemã e (quase) sempre repetida na doutrina - não é mais que «flor de retórica» pouco explicativa[16]. De todo o modo, a ofensa dos bons costumes há-de traduzir-se em conduta absolutamente vedada

13 Em www.dgsi.pt.

14 Anote-se que a via prevista no art. 255.°, 2 (redução judicial de remunerações) - aplicável analogicamente às sociedades anónimas (v. J. M. Coutinho de Abreu, *Governação das sociedades comerciais,* Almedina, Coimbra, 2006, pp. 91, ss.) - não exclui a da acção anulatória (v. tb. Raúl Ventura, *Sociedades por quotas,* vol. III, Almedina, Coimbra, 1991, pp. 71-72; diferentemente, Ac. do STJ de 24/4/95, *BMJ* 446 (1995), p. 317).

15 V., ainda assim, os exemplos que apresento no *Curso ...*, p. 478.

16 Wolfgang Zöllner, em *Kölner Kommentar zum Aktiengesetz,* B.2, 4. Lief., Heymanns, Köln/Berlin/Bonn/München, 1976, p. 734.

a quem quer que seja, haja ou não lesão directa dos interesses de alguém; ocorre, portanto, em casos raros e extremos. Não é por acaso que não abundam os «grupos de casos» de ofensa aos bons costumes[17] – e menos abundam no domínio jurídico-societário.

Depois, segundo a al. d) do n.º 1 do art. 56.º, não é qualquer ofensa dos bons costumes que provoca a nulidade. Eles têm de ser contrariados pelo «conteúdo» da deliberação, pela deliberação considerada em si mesma, pela regulação por ela estabelecida; o dito pela deliberação é contradito pelos bons costumes. Não bastando, pelo menos em regra, que os motivos ou o fim da deliberação sejam contrários aos bons costumes[18].

Por outro lado, convém ter sempre presente a tendência (e necessidade) já antiga para restringir os casos de nulidade de deliberações sociais. Tendência promotora de certeza quanto à verificação dos efeitos visados com elas. A nulidade, invocável a todo o tempo por qualquer interessado e declarável oficiosamente pelo tribunal, é sanção suficientemente grave para dever estar resguardada da «jurisprudência do (embora bom) sentimento».

É interessante recordar que na Alemanha, antes da AktG de 1937, recorria-se largamente à cláusula geral dos bons costumes para atacar os abusos da maioria em prejuízo da minoria. Provocando o desgaste da cláusula e a insegurança jurídica adveniente do regime da nulidade das deliberações. Também por isso, passou a interpretar-se em geral restritivamente o «conteúdo» deliberativo contrário aos bons costumes que aparecia naquela AktG e aparece na actual (de 1965)[19] – onde o CSC foi beber. É de esperar que jurisprudência e doutrina portuguesas não recuperem, anacronicamente, maus usos...

Pois bem, os referidos Acs. (1), (2), (4) e (8) afiguram-se-me criticáveis na medida em que aplicaram o art. 56.º, 1, d), na parte relativa à ofensa dos bons costumes.

[17] J. Pinto Furtado, *Deliberações de sociedades comerciais*, Almedina, Coimbra, 2005, pp. 615-616, apresenta alguns elencos mais ou menos antigos e variegados – e com um ou outro exemplo de violação, não dos bons costumes, mas da ordem pública e até (hoje em dia) de específicas normas legais imperativas.

[18] V. tb., p. ex., Zöllner, *ob. cit.*, p. 733, e Uwe Hüffer, *Aktiengesetz*, 6. Aufl., Beck, München, 2004, p. 1169, ambos em comentário ao n.º 4 do § 241 da AktG – preceito que o CSC acolheu (por via do chamado Anteprojecto de Coimbra sobre sociedades por quotas: cfr. V.G.Lobo Xavier, «O regime das deliberações sociais no Projecto do Código das Sociedades», separata do CCCDPOA, 1985, p. 23).

[19] Cfr. Zöllner, *ob. cit.*, p. 733.

Casos semelhantes aos dos Acs. (1) e (2) são discutidos tradicionalmente a propósito das chamadas deliberações abusivas (anuláveis)[20]. Uma deliberação que *destina os lucros a reservas*, sem distribuição pelos sócios, *não tem conteúdo ofensivo dos bons costumes*; a regulação por ela estabelecida é indiferente aos bons ou maus costumes. Ainda que se admitisse haver no caso violação dos bons costumes pelo fim da deliberação e ser esta então qualificável de abusiva[21], a anulabilidade, não a nulidade, seria a consequência. Os interesses em primeira linha postos em causa eram *interesses do sócio minoritário* – na disponibilidade deste, portanto, havia de ficar o recurso à acção anulatória.

Discurso análogo vale para os casos dos Acs. (4) e (8). *Por si mesmas, pelo conteúdo ou regime fixado, as deliberações não ofendem os bons costumes*; uma deliberação, unânime ou maioritária, que autoriza a venda de bens sociais por 1000, 100 000 ou 1 000 000 é indiferente aos bons ou maus costumes; os abusos dos sócios maioritários projectam-se relevantemente na esfera patrimonial do minoritário; *este, se quiser, pode reagir lançando mão de acção anulatória*; na falta de reacção no prazo devido (art. 59.º, 1, 2, a)), as deliberações não podem mais ser postas em causa.[22]

[20] Cfr. J. M. Coutinho de Abreu, *Do abuso de direito – Ensaio de um critério em direito civil e nas deliberações sociais*, Almedina, Coimbra, 1983, pp. 140-141, 167, ss..

[21] Mas v. Coutinho de Abreu, *últ. ob. cit.*, pp. 149, ss. e *Da empresarialidade (As empresas no direito)*, Almedina, Coimbra, 1996, p. 275, n. (716). De todo o modo, *é incorrecto dizer que abusivas são também as deliberações de conteúdo ofensivo dos bons costumes* (art. 56.º, 1, d)) – v. *últ. ob. e loc. cits.* e L. Brito Correia, *Direito comercial*, 3º vol. – *Deliberações dos sócios*, AAFDL, Lisboa, 1989, pp. 330-331; contra, além de alguma jurisprudência, Pinto Furtado, *ob. cit.*, pp. 673, ss..

[22] Criticando também os Acs. (1) e (2), mas em outra perspectiva, v. Evaristo Mendes, «Lucros de exercício», *RDES*, 1996, pp. 289, ss.. A propósito do Ac. (2), Pinto Furtado, *ob. cit.*, p. 675, n. (901), tem «como duvidoso que se configure, no caso, uma *ofensa dos bons costumes*»; no mesmo sentido, v. F. Cassiano dos Santos, «O direito aos lucros no Código das Sociedades Comerciais (à luz de 15 anos de vigência)», em IDET, *Problemas do direito das sociedades*, Almedina, Coimbra, 2002, pp. 192-193. Por sua vez, entende A. Menezes Cordeiro, *Manual de direito das* sociedades, I, 2ª ed., Almedina, Coimbra, 2007, p. 726, que é nula por atentado aos bons costumes qualquer deliberação que «assuma um conteúdo sexual ou venha bulir com relações reservadas ao Direito da família» [mas o A. não apresenta qualquer exemplo]; «atente contra deontologias profissionais: por exemplo, assembleias de sociedades de advogados, de médicos ou de jornalistas que deliberem em sentido contrário ao do sigilo profissional» [todavia: o segredo profissional é imposto por lei (v., p. ex., o art. 87.º do Estatuto de Ordem dos Advogados, aprovado pela L 15/2005, de 26 de Janeiro); logo, a deliberação cujo conteúdo o contrarie é nula por ofensa de preceito legal imperativo]. Ora, para o A. (*ibid.*, pp. 726-727), os Acs. (2), (4) e (8) apresentam exemplos de deliberações nulas por atentarem contra uma «deontologia comercial» (a expressão – vaguíssima, aliás – está com aspas no original).

Já os casos como o do Ac. (9) apresentam um dado que não pode ser ignorado: *um ou mais terceiros (credores) são (mediatamente) prejudicados pela deliberação*. Terceiros que *não têm legitimidade para pedir a anulação* dela (se considerada simplesmente abusiva-anulável) – art. 59.°, 1[23]. Pois bem, para casos destes parece razoável *interpretar extensivamente «conteúdo» deliberativo ofensivo dos bons costumes*: é nula a deliberação com *finalidade* (exclusiva ou não), contrária aos bons costumes, *de prejudicar terceiro*[24]. Não obstante, no caso do Ac. (9) poderia chegar-se à nulidade por outra via: a deliberação *permitiu que a sociedade fizesse uma doação mista*[25]. Fora da capacidade jurídica da sociedade (art. 6.°, 1). Portanto, *a deliberação violou, pelo conteúdo, preceito legal imperativo* (art. 56.°, 1, d))[26].

2.2. Sobre as deliberações abusivas

2.2.1. O art. 58.°, 1, b), do CSC configura *duas espécies* de deliberações abusivas: as *apropriadas para satisfazer o propósito de alcançar vantagens especiais em prejuízo da sociedade ou de sócios*; as *apropriadas para satisfazer o propósito tão-só de prejudicar a sociedade ou sócios* – as chamadas deliberações *emulativas*[27].

As deliberações de uma e outra espécie têm *pontos em comum*: *pressupostos subjectivos* (o «propósito» de um ou mais votantes) e *pressupostos objec-*

23 Desconsideramos agora outras vias de protecção dos credores (p. ex., responsabilidade civil, impugnação pauliana) – mas que não passam pela impugnação da própria deliberação.

24 Assim se entende generalizadamente na Alemanha – cfr. Zöllner, *ob. cit.*, pp. 733-734, Karsten Schmidt, em *Scholz Kommentar zum GmbH-Gesetz*, II Band, 9.Aufl., Otto Schmidt, Köln, 2002, p. 2179, Hans-Georg Koppensteiner, em Roweder *et al.*, *Gesetz betreffend die Gesellschaften mit beschränkter Haftung (GmbHG)*, 3. Aufl., Vahlen, München, 1997, p. 1176, Hüffer, *ob. cit.*, p. 1169. Dois exemplos aí avançados: deliberação pela qual a sociedade (em crise) renuncia a indemnização devida por administradores; deliberação de amortização de quota para frustrar execução da mesma.

25 «Diz-se *doação mista* o contrato em que, segundo a vontade dos contraentes, a prestação de um deles (em regra, a transmissão de uma coisa) só em parte é coberta pelo valor da contraprestação, para que a diferença de valor entre ambas beneficie gratuitamente o outro contraente» – Antunes Varela, *Das obrigações em geral*, vol. I, 10.ª ed., Almedina, Coimbra, 2000, p. 295 (citando Liebisch).

26 Esta via, note-se bem, não está vedada para alguns casos do tipo dos considerados nos Acs. (4), (5), (6), (7) e (8).

27 As deliberações emulativas não eram previstas no Projecto do CSC (nem em anteprojectos) – nem são previstas no § 243 (2) da AktG alemã, fonte onde o art. 58.°, 1, b), bebeu longamente. Em *Do abuso...*, pp. 126, 136, 139-140, eu sustentara já a integração destas deliberações entre as abusivas.

tivos (a deliberação há-de ser objectivamente «apropriada» ou apta para satisfazer o propósito).

Mas têm também *pontos distintivos*. Relativamente às deliberações da primeira espécie, o *propósito* relevante é o de *alcançar vantagens especiais*; relativamente às emulativas, o *propósito* relevante é o de *causar prejuízos*. É certo que aquelas não dispensam o prejuízo («em prejuízo da sociedade ou de outros sócios»). Trata-se, porém, de *dano resultante da consecução de vantagens especiais*; entre aquele e esta existe imediata ou mediata conexão causal[28]. Já o *prejuízo visado* nas deliberações emulativas é *indiferente às eventuais não desvantagens, vantagens ou desvantagens* dos votantes com propósito emulativo ou de terceiros. Quer tudo isto dizer que o «propósito» exigido nas deliberações da primeira espécie *limita-se à consecução de vantagens especiais* – não sendo necessário que abarque o prejuízo[29]; e o «propósito» exigido nas deliberações emulativas *limita-se à inflicção de prejuízo*.

Não são correctas, portanto, algumas afirmações que entre nós vêm sendo feitas: as deliberações da primeira espécie exigem duplo propósito (conseguir vantagens especiais e prejudicar)[30]; a referência às vantagens especiais é, no preceito em análise, perfeitamente dispensável[31]; os elementos «vantagens especiais para si ou para terceiros» e «em prejuízo da sociedade ou de outros sócios» deixam-se substituir pela proposição «o propósito de, simplesmente, prejudicar a sociedade ou (os) outros sócios»[32].

«*Vantagens especiais*» são *proveitos patrimoniais* (ao menos indirectamente) por deliberação concedidos, possibilitados ou admitidos a sócios e/ou não-sócios, mas *não a todos os que se encontram perante a sociedade em situação semelhante* à dos beneficiados, bem como os *proveitos* que, quando não haja sujeitos em situação semelhante à daqueles, *não seriam (ou não deviam ser)* concedidos, possibilitados ou admitidos *a quem hipoteticamente ocupasse posição equiparável*.

Exemplos para o primeiro grupo de casos: delibera-se por maioria dissolver a sociedade, a fim de os sócios maioritários continuarem – em nova sociedade, sem os minoritários – a exploração da sólida empresa da sociedade dissolvida; delibera-se locar estabelecimento da sociedade a *A* por 1 000, quando *B* oferecia 1 500.

28 Hüffer, *ob. cit.*, p. 1189.

29 V. Zöllner, *ob. cit.*, p. 814, Hüffer, *ob. e loc. cits.*.

30 F. Cassiano dos Santos, *Estrutura associativa e participação societária capitalística*, Coimbra Editora, Coimbra, 2006, pp. 421, ss., 430, 432.

31 *Últ. A. e ob. cits.*, pp. 424-425, Armando Triunfante, *A tutela das minorias nas sociedades anónimas*, Coimbra Editora, Coimbra, 2004, p. 382.

32 Menezes Cordeiro, *ob. cit.*, p. 743.

Exemplos para o segundo: fixa-se a remuneração de sócio único-gerente em 50 000, quando, atendendo à natureza das funções, à situação da sociedade e à prática em sociedades similares, o valor razoável não superaria 10 000; delibera-se autorizar a compra de terreno (único) confinante com o da sede social, pertencente a um sócio, por 150 000, mas que não vale mais do que 100 000.

O «*prejuízo*» ou dano relevante (consequência da vantagem especial assegurada pela deliberação, ou da medida estabelecida pela deliberação emulativa) é sofrido pela «sociedade» ou «outros sócios» - sócios outros que não os votantes com os assinalados propósitos[33].

A disjuntiva sociedade/sócios suscita dúvidas.

O prejuízo da sociedade é sempre prejuízo, ao menos indirecto, do(s) sócio(s); sendo (aqui) o interesse da sociedade o interesse comum dos sócios enquanto tais (não enquanto vendedores, compradores, assalariados, administradores, etc. em relação com a sociedade)[34], a contrariedade do interesse daquela é contrariedade do interesse (comum) destes. Seria então suficiente a referência apenas ao prejuízo da sociedade.

Porém, *o dano relevante não é o de todo e qualquer sócio*. É só o dos (ou de algum dos) que não votaram com os propósitos citados. Depois, um sócio pode sofrer prejuízo não enquanto sócio mas, por exemplo, enquanto gerente e, ainda assim (apesar de possivelmente não estar em causa o interesse comum dos sócios), poder valer-se do art. 58.º, 1, b). Suponha-se que se delibera por maioria diminuir (para o ano seguinte) a remuneração do sócio-gerente e aumentar na mesma medida a de um gerente não-sócio, somente para prejudicar aquele[35]. Sendo assim, *dir-se-ia ser preferível ou bastante que a norma em apreço fizesse referência apenas ao prejuízo de sócios (minoritários)*.

Não obstante, casos há em que todos os sócios votam com o propósito de se avantajarem especialmente (enquanto não-sócios), apesar de todos eles - enquanto sócios - *sofrerem prejuízo*. Recorde-se o exemplo dos cinco sócios, únicos comproprietários em partes iguais de um imóvel e únicos sócios com participações idênticas de uma sociedade, que deliberam por unanimidade a compra do imóvel pela sociedade por preço muito superior ao valor real[36]. *Para casos destes, justifica-se que se mencione, além do prejuízo «de outros sócios», o prejuízo «da sociedade»*.

33 Ainda que também estes sócios possam sofrer prejuízos.

34 V. Coutinho de Abreu, *Curso...*, pp. 288, ss..

35 Cfr. Coutinho de Abreu, *Do abuso...*, pp. 139-140, e n. (328).

36 Cfr. meu *Do abuso...*, pp. 118, n. (266), 139, n. (327). Entendia então (antes do CSC) que tal deliberação não era anulável (só os sócios que não votassem no sentido que fez

Retornemos ao «propósito».

O enunciado normativo do art. 58.º, 1, b), exige, já se viu, «o propósito de um [ou mais] dos sócios». E demos já a entender que ele significa *dolo* de um ou mais sócios votantes em determinada proposta deliberativa. Trata-se, pois, de um elemento subjectivo e actual (não virtual)[37] que há-se ser provado por quem impugna a deliberação. Também a referência aos «votos abusivos» na parte final do preceito vai no mesmo sentido.[38]

No entanto, deve entender-se que o dolo aqui em causa *não tem de ser directo nem necessário – basta que seja eventual*[39]. Bastará *provar*, portanto, que *um ou mais sócios, ao votarem, previram como possível a vantagem especial para si ou para outrem, ou o prejuízo da sociedade ou de outros sócios, e não confiaram que tal efeito eventual se não verificaria.*

De todo o modo, continuo a pensar que teria sido melhor omitir o elemento subjectivo no preceito em análise[40]. Uma sociedade é mecanismo para os sócios (todos) conseguirem vantagens comuns (embora, porventura, em medida diversa para cada um deles). Se ela é utilizada, ainda que não intencionalmente, para sócios e/ou terceiros ficarem especialmente avantajados à custa de outros sócios ou da sociedade, ou para sócios prejudicarem outros sócios ou a sociedade, há objectivamente uma disfunção, e devia a respectiva deliberação ser considerada abusiva-anulável[41].

vencimento podiam requerer a anulação). Depois do CSC, atendendo ao alargamento dos sujeitos legitimados para propor acção anulatória, anotei em *Da empresarialidade...*, p. 274, n. (717), que não mantinha aquela posição. Contudo, mantêm-na Pinto Furtado, *ob. cit.*, p. 272, e Armando Triunfante, *ob. cit.*, p. 395, n. (679).

37 V. por todos P. Pais de Vasconcelos, *A participação social nas sociedades comerciais*, 2ª ed., Almedina, Coimbra, 2006, pp. 155, ss..

38 Contra, v. Brito Correia, *ob. cit.*, p. 342 [«... não exige o CSC a intenção (subjectiva) dum sócio de obter, para si ou para terceiro, uma vantagem especial; basta que a deliberação seja, objectivamente, apropriada para satisfazer tal propósito».] e A. Pereira de Almeida, *Sociedades comerciais e valores mobiliários*, 5ª ed., Coimbra Editora, Coimbra, 2008, p. 206 (a lei «não exige a prova do elemento subjectivo. Basta que as deliberações *"sejam apropriadas para satisfazer o propósito"*. Aliás, a lei nem relaciona *o propósito* com a maioria que fez vencimento, mas apenas relaciona *"um dos sócios"* num sentido claramente impessoal e objectivo.») – todavia, o A. fala na pág. seguinte, a propósito do n.º 3 do art. 58.º, de «responsabilidade subjectiva»...

39 Assim se entende na Alemanha a respeito de preceito equivalente – cfr. Zöllner, *ob. cit.*, p. 814, Hüffer, *ob. cit.*, p. 1189. Entre nós, no mesmo sentido, Regina R. Redinha, «Deliberações sociais abusivas», *RDE*, 1984/1985, p. 216, H. Salinas Monteiro, «Critérios de distinção entre a anulabilidade e a nulidade das deliberações sociais no Código das Sociedades Comerciais», *DJ*, vol. VIII, t. 2, 1994, p. 235.

40 Cfr. *Do abuso...*, pp. 125,140-141.

41 Também nesta direcção, Armando Triunfante, *ob. cit.*, pp. 380-381. Dispõe-se no art. 115 da LSA espanhola (de 1989) que podem ser impugnadas as deliberações que «lesionen, en

E continuo a pensar[42] que o juízo acerca do carácter abusivo (gerador de anulabilidade) deveria incidir na deliberação unitária ou globalmente considerada, não nos votos (e propósitos) de cada um dos sócios. Afirmando embora que os votos podem ser abusivos[43] e que a análise de

beneficio de uno o varios accionistas o de terceros, los interesses de la sociedad». Não se requer elemento ou pressuposto subjectivo – cfr., p. ex., D. RUIZ DE VILLA, *Impugnación de acuerdos de las juntas de accionistas,* 3.ª ed., Aranzadi, Elcano, 2002, pp. 90-91 (já era assim na lei de 1951 – cfr. meu *Do abuso...*, pp. 130, ss.). A LSA brasileira (de 1976) diz no art. 115 que «considerar-se-á abusivo o voto exercido com o fim de causar dano à companhia ou a outros acionistas, ou de obter, para si ou para outrem, vantagem a que não faz juz e de que resulte, ou possa resultar, prejuízo para a companhia ou para outros acionistas». São evidentes as semelhanças com o dito no nosso art. 58.º, 1, b) – a fonte terá sido a mesma... MODESTO CARVALHOSA, *Comentários à Lei de Sociedades Anônimas,* 2.º vol., 3.ª ed., Saraiva, São Paulo, 2003, p. 459, entende que a «intenção de lesar a companhia ou os outros acionistas mediante o exercício do voto não deve, no entanto, ser subjetivamente perquerida, na medida em que dificilmente se pode distinguir, no capítulo da prova, o dolo do simples erro». E informa que o «carácter subjetivo da conduta tem sido posto de lado pela jurisprudência». Mesmo na Alemanha há quem critique a exigência de dolo (HÜFFER, *ob. cit.*, p. 1188, citando concordantemente M. Winter).

42 Cfr. *Do abuso...*, pp. 125,136-138.

43 Diferentemente, PINTO FURTADO, *ob. cit.*, pp. 679, ss. (há deliberações abusivas, não votos abusivos). Como nós (podem ser considerados abusivos tanto os votos como as deliberações), BRITO CORREIA, *ob. cit.*, pp. 341 e 341-342, n. (56); v. tb. J. OLIVEIRA ASCENSÃO, «Invalidades das deliberações dos sócios», em IDET, *Problemas do direito das sociedades* cit., pp. 397-398. Por sua vez, MENEZES CORDEIRO, *ob. cit.*, p. 744: «O abuso do direito ou exercício inadmissível de posições jurídicas equivale, simplesmente, a um exercício contrário à boa fé». Assim, «os votos abusivos, na vertente "vantagens especiais", traduzem uma actuação fora da permissão jurídica em jogo. Não se trata de abuso do direito mas, simplesmente, de falta de direito. (...) Os votos emulativos já serão abusivos: na versão "desequilíbrio no exercício". / Uma interpretação rigorosa do artigo 58.º/1, *b)*, permitiria, assim, concluir que, salvo o aditamento emulativo [*sic*], não está em causa um verdadeiro abuso do direito (...). Poderá haver verdadeiras deliberações abusivas, por contrariedade à boa fé; elas cairão, todavia, no artigo 58.º/1, *a)*, do Código das Sociedades Comerciais. Como já foi referido: é essa a solução que nos vem da própria Alemanha». Contudo: abuso do direito e princípio da boa fé não se confundem, o abuso do direito não é (ou não é só) exercício contrário à boa fé (v., p. ex., *Do abuso...*, pp. 55, ss., J. SOUSA RIBEIRO, *O problema do contrato – As cláusulas contratuais gerais e o princípio da liberdade contratual,* Almedina, Coimbra, 1999, pp. 505, ss., M. CARNEIRO DA FRADA, *Teoria da confiança e responsabilidade civil,* Almedina, Coimbra, 2004, pp. 850, ss.); o exercício do direito de voto tendo em vista a consecução de vantagens especiais em prejuízo da sociedade ou de outros sócios é propriamente abusivo – e também na Alemanha é visto, ora como ofensivo da boa fé societária (cfr. *Do abuso...*, p. 153), ora como caso especial de abuso do direito de voto (cfr. K. SCHMIDT, em *Scholz Kommentar* cit., § 45, p. 2196); o art. 58.º, 1, b), é aplicável a deliberações abusivas; não obstante poderem ser apelidadas abusivas outras deliberações aí não previstas – mas, para evitar confusões, será preferível não chamar assim às deliberações contrárias aos princípios da igualdade e/ou da lealdade integráveis no art. 58.º, 1, a).

singulares votos pode às vezes ser importante na descoberta da ilicitude de deliberação. Mas no conteúdo e efeitos da deliberação-negócio jurídico é que a análise nuclearmente deveria incidir. Por outro lado, será muitas vezes difícil avaliar individualmente este ou aquele voto dentro do conjunto dos votos maioritários de que resulta a deliberação. Todos eles apontam na mesma direcção, todos conduzem ao mesmo resultado deliberativo. Como descobrir que este voto está inquinado por propósito abusivo e aquele não - quando não houve debate, ou houve silêncios e dissimulações, ou votação secreta, etc.?

As coisas complicam-se quando entra em jogo a «*prova de resistência*», disponível no final da al. b) do n.º 1 do art. 58.º («a menos que se prove que as deliberações teriam sido tomadas mesmo sem os votos abusivos»).

O impugnante prova que a deliberação é apropriada para satisfazer propósito ilícito de um sócio, dela derivando prejuízo para a sociedade e/ou sócios. Ainda assim, a deliberação *não será anulada se a sociedade provar*[44] *que, sem os votos daquele sócio, a deliberação teria sido igualmente adoptada.*

Imagine-se uma sociedade anónima com dez sócios, oito com 10 acções cada, um com 6, outro com 4 e dois com 5 cada (= 100 acções = 100 votos). Discute-se em assembleia geral a compra de prédio do sócio com 4 acções por 200 000 ou de prédio contíguo e semelhante pertencente a terceiro por 150 000. Votam a favor da compra do primeiro prédio quatro sócios com 10 acções, um com 6 e outro com 5 (= 51 votos); os demais votam contra (= 45 votos) - o sócio proprietário do prédio não vota, impedido por conflito de interesses (art. 384.º, 6, d)). A deliberação é anulada porque ficou provado que o sócio com 6 acções votou com o propósito de avantajar especialmente o sócio-proprietário (51-6 = 45 - não maioria). Suponha-se agora que havia votado a favor daquela mesma compra também o outro sócio com 5 acções (total = 56 votos). A deliberação não é anulada, pois a sociedade prova que, apesar do propósito ilícito do sócio com 6 acções e de a deliberação causar prejuízo à sociedade e outros sócios, ela teria sido tomada mesmo sem os votos abusivos (56-6=50 - maioria) - o impugnante não conseguiu provar que outros sócios tinham votado abusivamente. Este resultado é francamente irrazoável. Mas a norma em questão permite-o... Exemplo disto mesmo oferece-o o citado Ac. (5).

44 Impende sobre a sociedade demandada (cfr. o art. 60.º, 1) o ónus da prova (cfr. o Ac. do STJ de 3/2/00, *CJ-STJ*, 2000, I, p. 61; v. tb. *Do abuso...*, pp. 124, n. (277), e 125). Pode impender também sobre sócios (cfr. o art. 58.º, 3).

2.2.2. Em todos os casos dos dez acórdãos referidos no n.º 1 - com excepção do Ac. (9) - houve deliberações abusivas-anuláveis segundo o art. 58.º, 1, b).

A dificuldade maior na aplicação deste preceito a tais casos estaria na verificação dos mencionados pressupostos subjectivos (o «propósito» de um ou mais votantes). Talvez por isso alguns acórdãos tenham decidido pela nulidade por ofensa dos bons costumes - que não exige o dolo - e um ou outro tenha invocado o art. 334.º do CCiv., que também o não exige[45].

Todavia:

a) Há que assentar na *suficiência do dolo eventual.*

Ora, nos casos em análise, não seria especialmente espinhoso dar como provado (ao menos) o dolo eventual dos sócios maioritários e aplicar aquele preceito do CSC.

Nos casos de não distribuição de lucros [Acs. (1), (2) e (3)], os maioritários, ao votarem como votaram, hão-de ter previsto que das deliberações resultariam, muito possivelmente, vantagens especiais para eles em prejuízo do sócio minoritário ou, pelo menos, tão-somente prejuízos para este, e conformaram-se com essa possibilidade.

Nos «casos dos supermercados» [Acs. (4), (5), (6), (7) e (8)], o sócio ou sócios maioritários, ao votarem como votaram, hão-de ter previsto que das deliberações resultariam, muito possivelmente, tão-só prejuízos para o minoritário e/ou a sociedade [46].

No caso da fixação da remuneração de administrador [Ac. 10], os sócios maioritários hão-de ter previsto que da deliberação resultaria, muito possivelmente, vantagem especial para o sócio-administrador, em prejuízo da sociedade e dos sócios minoritários [47].

b) De todo o modo, quando, em casos do género dos julgados pelos citados nove acórdãos, não se faça (ou seja duvidoso que se tenha feito) prova de algum dos «propósitos» referidos no art. 58.º, 1, b), há que recorrer, *a coberto do art. 58.º, 1, a), à aplicação dos princípios da igualdade e/ou (sobretudo) da lealdade.*

Na verdade, a al. a) do n.º 1 do art. 58.º é aplicável aos casos de violação não somente de «disposições» específicas «da lei» mas *também de*

[45] Estabelecendo o CSC (desde 1986) regime pormenorizado das deliberações inválidas, é *pouco curial continuar a recorrer ao art. 334.º do CCiv.* - preceito sincrético e largamente indefinido, inclusive quanto às consequências jurídicas. Cfr. Coutinho de Abreu, *Do abuso...*, pp. 55, ss., 76-77, e (confrontando aquele artigo com o art. 58.º, 1, b), do CSC) Oliveira Ascensão, ob. cit., p. 389.

[46] Admitiram, mais ou menos implicitamente, a suficiência do dolo eventual os Acs. (6) e (7).

[47] Também este Ac. admitiu (implicitamente) a suficiência do dolo eventual.

princípios jurídicos com força equivalente ao das leis - nomeadamente os *princípios da igualdade e da actuação compatível com o interesse social (ou da lealdade)*[48].

Uma deliberação viola o *princípio da igualdade* de tratamento dos sócios quando dela resulta tratamento desigual de um ou mais sócios relativamente a outro(s) sem que para tanto exista justificação objectiva (a diferenciação revela-se arbitrária, não fundada no interesse social)[49]. Porque o princípio *não é em geral imperativo* (*v. g.*, pode o estatuto social consagrar direitos especiais para um ou mais sócios)[50] *e/ou porque tutela posições renunciáveis dos sócios*[51], a violação do mesmo por deliberação social gera normalmente *anulabilidade*.

O *dever de lealdade* dos sócios impõe que cada um deles não actue de modo incompatível com o interesse social ou com interesses de outros sócios relacionados com a sociedade[52]. A deliberação que resulte da violação de tal dever é por norma *anulável*: invalidados os votos inquinados pelo desrespeito do dever, cai a deliberação quando tais votos sejam necessários para formar a maioria exigida[53].

A al. b) do n.º 1 do art. 58.º é, pode dizer-se, uma das manifestações daqueles dois princípios. Porém, esta alínea abrange casos não desrespeitadores do princípio da igualdade (*v. g.*, um terceiro não-sócio é avantajado especialmente, sendo prejudicados - igualmente - todos os sócios). Por outro lado, *a ofensa dos princípios da igualdade e da lealdade não exige o «propósito» exigido na citada al. b)*[54].

48 Neste sentido, para a Alemanha (perante preceito semelhante ao do nosso art. 58.º, 1, a)), v., p. ex., ZÖLLNER, *ob. cit.*, pp. 792, ss., 804, ss., K. SCHMIDT, *ob. cit.*, pp. 2193 ss., HÜFFER, *ob. cit.*, p. 1188. Entre nós, v. logo, na esteira de doutrina alemã, M. CARNEIRO DA FRADA, «Deliberações sociais inválidas no novo Código das Sociedades», em FDUL/CEJ, *Novas perspectivas do direito comercial*, Almedina, Coimbra, 1988, p. 323.

49 Cfr. COUTINHO DE ABREU, *Curso...*, pp. 212, ss..

50 Cfr. ANTÓNIO CAEIRO, «A exclusão estatutária do direito de voto nas sociedades por quotas» (de 1966), em *Temas de direito das sociedades*, Almedina, Coimbra, 1984, p. 72, n. (1), e COUTINHO DE ABREU, *Do abuso...*, p. 154, e n. (365).

51 ZÖLLNER, *ob. cit.*, p. 793.

52 Cfr. COUTINHO DE ABREU, *Curso...*, pp. 288, 309, ss..

53 Cfr. *últ. A. e ob. cits.*, p. 318.

54 V. tb. CARNEIRO DA FRADA, *últ. ob. e loc. cits.*.

Resumo: **Em Julho de 2008, a Comissão Europeia apresentou uma proposta de regulamento destinado a criar um novo tipo de pessoa colectiva de direito comunitário: a sociedade privada europeia ou Societas Privata Europaea («SPE»). Nos termos da proposta, cada SPE poderá ser constituída por uma ou várias pessoas, singulares ou colectivas. O mesmo é dizer que as SPE (ao contrário dos AEIE, das SE e das SCE) poderão dar forma a projectos meramente nacionais e poderão ser unipessoais. Essas possibilidades e os demais aspectos do regime previsto na proposta tornam viável que tal nova forma de sociedade venha a causar uma revolução no direito europeu das sociedades.**

Abstract: **On July 2008, the European Commission presented a proposal of regulation aiming at the creation of a new type of legal entity: the European Private Company or Societas Privata Europaea («SPE»). According to the proposal, each SPE may be formed by one or more natural persons or legal entities. This means that the SPE (differently from EEIG, SE and ECS) may give form to mere national projects and may have a sole shareholder. Those possibilities and the other features of the regime set forth in the proposal render feasible that such new type of company cause a revolution in the European company law.**

RUI PINTO DUARTE*

A *Societas Privata Europaea*: uma Revolução Viável

1. Introdução

O conjunto de temas objecto das directivas comunitárias sobre sociedades é suficientemente vasto para se poder dizer que, no que respeita aos tipos sobre que o legislador comunitário interveio (os mais relevantes do ponto de vista económico), quase não há área desta parte dos direitos dos Estados-membros que esteja imune à «comunitarização»[1]. No entanto, o direito das sociedades do espaço comunitário está ainda longe de ter a homogeneidade necessária ao bom funcionamento de um mercado único. Para cada cidadão ou empresa continua a não ser indiferente que uma sociedade esteja submetida ao direito de um Estado-membro ou de outro.

* Professor da Faculdade de Direito da Universidade Nova de Lisboa

[1] V. o meu texto *A Relevância do Direito Comunitário no Direito das Sociedades*, **in** *Escritos sobre Direito das Sociedades*, Coimbra, Coimbra Editora, 2008, pp. 219 e 220 (na versão anterior desse texto publicada na obra colectiva *50 Anos Tratado Roma 1957/2007*, coordenação de Marta Tavares de Almeida e Nuno Piçarra, Lisboa, Âncora/FDUNL, 2008, pp. 120 e 121).

Em cada país, as sociedades dos outros países são normalmente sentidas não só como estrangeiras mas também como *estranhas* - percepção essa que só não será tida por algumas empresas e gestores muito sofisticados.

Há dois caminhos para modificar esse estado das coisas: aumentar substancialmente o grau de harmonização dos direitos dos Estados-membros ou criar figuras ligadas directamente à ordem jurídica comunitária que possam ser utilizadas em todo o espaço comunitário.

A criação do agrupamento europeu de interesse económico (AEIE)[2], da sociedade europeia (SE)[3] e da sociedade cooperativa europeia (SCE)[4] representou a exploração do segundo caminho. *O campo de aplicação dessas três figuras é, porém, limitado a projectos transfronteiriços prosseguidos por mais de uma pessoa ou entidade,* na medida em que a constituição e manutenção de qualquer delas implica a existência de membros com sede em mais de um Estado-membro. O mesmo é dizer que essas figuras não são aptas a dar forma aos projectos de uma só pessoa ou empresa ou de conjuntos de pessoas ou de empresas todas ligadas a um só Estado-membro - projectos esses que constituem a esmagadora maioria das iniciativas empresariais no espaço europeu.

A consciência da realidade em causa e a de que o caminho do aumento da harmonização dos direitos dos Estados-membros por meio de novas directivas é lento e provavelmente nunca alcançará o grau de harmonização economicamente necessário ao bom funcionamento de um mercado único levou à ideia de instituir *uma figura de direito comunitário afim da SE mas susceptível de ser usada em projectos meramente nacionais*. Essa ideia germinou fora das instituições comunitárias mas acabou por ser adoptada pela Comissão[5].

Assim, em Julho de 2008 (embora com data de 25.6.08)[6], a Comissão apresentou a proposta de regulamento do Conselho relativo ao esta-

[2] Pelo Regulamento (CEE) 2137/85 do Conselho, de 25 de Julho de 1985, publicado no JOCE de 31.7.1985.

[3] Pelo Regulamento (CE) 2157/2001 do Conselho, de 8 de Outubro de 2001, publicado no JOCE de 10.11.2001.

[4] Pelo Regulamento (CE) 1435/2003 do Conselho, de 22 de Julho de 2003, publicado no JOUE de 18.8.2003, rectificado no JOUE de 17.2.2007.

[5] Sobre o surgimento e o desenvolvimento da ideia da figura que hoje é designada como *Societas Privata Europaea*, v. o n.º 5 da exposição de motivos da proposta de regulamento referida a seguir no texto e Adriaan F. M. Dorresteijn e Odeaya Uziahu-Santcroos, «The Societas Privata Europaea under the Magnifying Glass (Part 1)», *in European Company Law*, vol. 5, fasc. 6, Dezembro 2008, pp. 278 e 279.

[6] Em cumprimento do previsto na COM (2003) 284 e na sequência de vários trabalhos preparatórios - entre os quais há a destacar o «Estudo de Viabilidade do Estatuto da PME Europeia», datado de Julho de 2005, elaborado pela AETS/EBN (disponível em

tuto da *Societas Privata Europaea* ou sociedade privada europeia[7] (adiante «SPE») - COM (2008) 396[8].

É de referir que a proposta se declara[9] parte de um «pacote de medidas» destinadas às pequenas e médias empresas[10], embora do seu teor seja claro que a nova forma de sociedade poderá ser adoptada por empresas de qualquer dimensão.

O objectivo deste texto é fazer uma apresentação dessa proposta de regulamento (adiante «a Proposta de Regulamento» ou, por vezes, consoante os contextos, só «a Proposta» ou só «o Regulamento»).

Embora a criação da SPE ainda não seja uma certeza, havendo até vozes a sugerir que a ideia deve ser repensada[11], a probabilidade de isso vir a acontecer é suficientemente alta para que mereça a pena começar já a estudar a futura nova forma de sociedade - ao que acresce que o texto da Proposta de Regulamento, só por si, tem valor exemplar bastante para merecer atenção.

Antes de entrar na exposição do respectivo regime, impõe-se, porém, fazer mais algumas considerações introdutórias.

Arrancarei da constatação de que o nome da figura indica o programa que lhe subjaz: *europaea* porque directamente ligada à ordem jurídica comunitária, com natureza europeia, e não nacional; *privata* porque destinada a sociedades cujo capital não está «aberto ao investimento do público»[12] (para usar a expressão do art. 13 do CVM).

http://ec.europa.eu/enterprise/entrepreneurship), o relatório do Parlamento Europeu com recomendações à Comissão de 20.11.006 (A6-0434/2006) e a conferência organizada pela Comissão em 10.3.08 (cuja gravação está disponível em http://ec.europa.eu/internal_market/company/epc/index_en.htm).

[7] Na versão inglesa, «European Private Company», na versão francesa, «Société Privée Européenne», na versão alemã, «Europäische Privatgesellschaft», na versão italiana «Società Privata Europea» e na versão espanhola «Sociedad Privada Europea».

[8] Em separado, a Comissão divulgou um documento de trabalho com a análise do impacto da proposta de regulamento - SEC (2008) 2099.

[9] No n.º 1 da sua exposição de motivos.

[10] «Pacote» esse que foi enunciado na Comunicação da Comissão ao Parlamento, ao Conselho, ao Comité Económico e Social Europeu e ao Comité das Regiões intitulada «Think Small First Um «Small Business Act» para a Europa» - COM (2008) 394 final, também de 25.6.08.

[11] V., por exemplo, Harn-Jan de Kluiver, «(Re)Considering the SPE», *in European Company Law*, vol. 5, fasc. 3, Junho 2008, p. 112.

[12] Os preceitos invocados no Regulamento são os artigos 308 e 5.º. Para a discussão da conformidade da SPE com o art. 5.º do Tratado da Comunidade Europeia («princípio da subsidariedade»), v. Adriaan F. M. Dorresteijn e Odeaya Uziahu-Santcroos, «The Societas Privata Europaea under the Magnifying Glass (Part 1)», cit., pp. 279 e 280.

A primeira característica implicita que a criação da figura é autorizada pelas normas do Tratado da Comunidade Europeia relevantes – questão que vamos dar por (positivamente!) resolvida, com base nos argumentos invocados no n.º 4 da exposição de motivos da Proposta de Regulamento[13]. A isso há, porém, a acrescentar que, no plano dos factos, a mesma característica se projecta pela atribuição do rótulo de *europeia* a cada sociedade que venha a assumir a forma em causa.

A segunda característica impõe que se diga algo sobre os conceitos de *private company* e de *close corporation*, já que são eles que manifestamente inspiram a ideia de *societas privata*.

No direito inglês, a *private company* é um subtipo da *company* que se opõe de modo dicotómico à *public company*[14]. Nos *Companies Acts*, o critério da distinção tem variado, mas não parece haver dúvida quanto a que o cerne do mesmo está em que só as *public companies* podem oferecer acções para subscrição pública (acrescendo que só elas podem ter as suas acções cotadas)[15].

No direito dos EUA existem as categorias *close corporation* e *publicly held corporation*[16], sendo aquela caracterizada, numa definição judicial citada

[13] Embora, rigorosamente, só as sociedades do subtipo «company limited by shares» possam ser «public».

[14] V., por exemplo, Ben Pettet, na entrada *United Kingdom* da *International Encyclopaedia of Laws – Corporations and Partnerships* da Kluwer, pp. 42 e ss., Mayson, French & Ryan *on Company Law*, 21.ª ed., Oxford *et alii*, Oxford University Press, 2004, pp. 58 e 59, Charlesworth, *Company Law*, 17.ª ed., Londres, Sweet & Maxwell, 2005, pp. 42 e ss, Gower and Davies, *Principles of Modern Company Law*, 17.ª ed., Londres, Sweet & Maxwell, 2005, pp. 12 e ss, Janet Dine, *Company Law*, 5.ª ed., Houndmills Basingstoke *et alii*, Palgrave Macmillan, 2005, pp. 12 e ss.

[15] Cuja oposição é menos dicotómica do que a das referidas categorias inglesas – como resulta do que de seguida se escreve no texto e, de modo claro, do que explicam Melvin Aron Eisenberg, *Corporations and Other Business Organizations*, 8.ª ed., Nova Iorque, Foundation Press, 2000, pp. 243 e ss., e Robert W. Hamilton, *The Law of Corporations in a Nutshell*, 5.ª ed., St. Paul, Minnesota, West Group, 2000, pp. 2, 3, 343 e 344.

[16] *Cox & Hazen on Corporations*, 2.ª ed., vol. II, Nova Iorque, Aspen, 2003, p. 816. Frise-se que tal definição é, no essencial, pacífica, como resulta da sua convergência com a definição constante da alínea a) do § 342 do título sobre *corporations* do *Delaware Code*, que é do seguinte teor: «A close corporation is a corporation organized under this chapter whose certificate of incorporation contains the provisions required by § 102 of this title and, in addition, provides that:(1) All of the corporation's issued stock of all classes, exclusive of treasury shares, shall be represented by certificates and shall be held of record by not more than a specified number of persons, not exceeding 30; and (2) All of the issued stock of all classes shall be subject to 1 or more of the restrictions on transfer permitted by § 202 of this title; and (3) The corporation shall make no offering of any of its stock of any class which would constitute a "public offering" within the meaning of the United States Secu-

por Cox e Hazen, por: «(1) *a small number of stockholders (2) no ready market for the corporate stock; and (3) substantial majority stockholder participation in the management, direction and operations of the corporation*»[17].

Nos países da Europa Continental em que existem os tipos sociedade anónima e sociedade por quotas os equivalentes das *private companies* e das *close corporations* podem assumir quer uma forma quer outra.

Com efeito, embora na generalidade dos textos a oposição entre sociedade aberta e sociedade fechada seja referida apenas às sociedades anónimas[18], a verdade é que as sociedades de responsabilidade limitada fechadas tanto podem assumir a forma de sociedade anónima como a forma de sociedade por quotas. Quanto ao essencial – que julgamos consistir na responsabilidade limitada de todos os sócios, na inexistência de «public market» para as participações sociais e em o órgão de administração ser aberto quer a sócios quer a não sócios -, o que se pode conseguir por meio de um tipo pode ser conseguido por meio de outro.

De resto, não será descabido lembrar, numa perspectiva histórica, que os legisladores criaram o tipo «sociedade por quotas» precisamente para facilitar o desenvolvimento de projectos societários com natureza semelhante aos das sociedades anónimas (sobretudo aos das «pequenas sociedades anónimas») de carácter fechado[19].

rities Act of 1933 [15U.S.C.§77a et seq.] as it may be amended from time to time.» (http://delcode.delaware.gov, consultado em 27.1.2009).

[17] Sobre os conceitos de sociedade aberta e sociedade fechada, com referência ao direito português, v., por exemplo, Paula Costa e Silva, «Domínio de Sociedade Aberta e Respectivos Efeitos», *in Direito dos Valores Mobiliários* (obra colectiva), vol. V, Coimbra, Coimbra Editora, 2004, pp. 326 e ss., e «Sociedade Aberta Domínio e Influência Dominante», *in* Direito dos Valores Mobiliários (obra colectiva), vol. VIII, Coimbra, Coimbra Editora, 2008, pp. 544 e ss., António Pereira de Almeida, *Sociedades Comerciais e Valores Mobiliários*, 5.ª ed., Coimbra, Coimbra Editora, 2008, pp. 483 e ss., Paulo Olavo Cunha, *Direito das Sociedades Comerciais*, 3.ª ed., Coimbra, Almedina, 2007, pp. 75 e ss, e Sofia Ribeiro Branco, *O Direito à Informação*, Coimbra, Almedina, 2008, pp. 46 e ss.

[18] No que respeita à Alemanha, que, como se sabe, foi a criadora das sociedades por quotas, v., por exemplo, Karsten Schmidt, *Gesellschaftsrecht*, 4.ª ed., Colónia *et alii*, Carl Heymanns, 2002, pp. 986 e 987, Thomas Raiser e Rüdiger Veil, *Recht der Kapitalgesellschaften*, 4.ª ed., Munique, Vahlen, 2006, p. 4 e ss., Götz Hueck e Christine Windblicher, *Gesellschaftsrecht*, 20.ª ed., Munique, C. H. Beck, 2003, pp. 452 e 453, *Münchener Handbuch des Gesellschaftsrechts*, vol. 3, *Gesellschaft mit beschränkter Haftung*, 2.ª ed., Munique, C.H. Beck, 2003, pp. 3 e ss, Friedrich Kübler, *Derecho de Sociedades*, Madrid, Fundación Cultural del Notariado, 2001 (trad. da 5.ª edição do original alemão *Gesellschaftsrecht*, de 1998), pp. 372 e ss., e Peter Ulmer, *Principios Fundamentales del Derecho Alemán de Sociedades de Responsabilidad Limitada* (tradução do original alemão inserido no *Hachenburg Kommentar zum GmbH-Gestz*), Madrid, Cuadernos Civitas, 1998, pp. 22 e ss.

[19] Consultámos as versões portuguesa, inglesa, francesa, alemã, italiana e espanhola.

Do que fica resulta que, à luz dos quadros legais e conceituais dos sistemas jurídicos em que existe mais de um tipo de sociedades de responsabilidade limitada, um dos problemas principais que o projecto de criação da SPE levanta é o do modo de relacionamento da figura com esses tipos. As possibilidades são a aproximação a um deles e a criação de um tipo próprio.

O Regulamento não parece resolver cabalmente o problema, na medida em que várias das suas versões linguísticas dão indicações contraditórias[20].

As hesitações não se notam na versão inglesa, pois, uma vez situada a SPE na área das *companies with limited liability*, não há escolhas a fazer. Surge, assim, como indiscutível o uso dos termos «shareholder», «shares» e «directors».

Já as versões francesa, alemã, espanhola, portuguesa e italiana – quando comparadas ou mesmo por si só, no caso da italiana – denotam a hesitação quanto à escolha.

Assim:

- A versão francesa usa «actionnaire», «actions» e «dirigeants» (clara aproximação às sociedades por acções);
- A versão alemã usa «Anteilseigner», «Anteile» e «Mitglieder der Unternehmensleitung» (clara aproximação às sociedades por quotas);
- A versão espanhola usa «socio», «participaciones sociales» e «administradores»;
- A versão portuguesa usa «accionista», «acções» e «administradores»;
- A versão italiana usa «azionista», mas define-o como «azionista/socio», usa «azioni», mas frisa que a palavra significa «azioni/quote», e «amministratore».

No texto que se segue, usarei «sócio», «acções» e «administradores». A primeira e a terceira palavras são neutras, na medida em que são compatíveis quer com a aproximação da SPE às sociedades anónimas quer com a aproximação da SPE às sociedades por quotas. A segunda palavra inculca obviamente afinidade com o primeiro dos referidos tipos (ou mesmo pertença a ele), mas o seu uso, ao longo da exposição do regime da SPE, não pretende ser uma escolha, devendo-se apenas a comodidade de escrita.

[20] Já na fase de ultimação deste texto, foi publicado, no n.º 316, tomo LVII Outubro-Dezembro 2008, da *Scientia Iuridica*, o artigo de Renato Gonçalves intitulado «Nótulas sobre a Sociedade Privada Europeia», no qual, além do mais, o Autor critica a utilização da palavra «acção» para qualificar as participações sociais na SPE e a da palavra «accionistas» para qualificar os seus sócios, propondo, em substituição delas, «partes sociais» e «sócios» (pp. 698 e ss).

Em devido tempo analisarei a natureza das participações sociais assim denominadas[21].

2. A estrutura do Regulamento

Começarei por uma brevíssima apresentação da estrutura do Regulamento, tal qual consta da Proposta.

Compõe-se ele de considerandos (19), do articulado (48 artigos) e de dois anexos.

O articulado divide-se em dez capítulos com os seguintes nomes (na versão portuguesa):

- Disposições Gerais
- Constituição
- Acções
- Capital
- Organização da SPE
- Participação dos trabalhadores
- Transferência da sede social da SPE
- Reestruturação, dissolução e nulidade
- Disposições adicionais e transitórias
- Disposições finais

O Anexo I (para o qual remete o art. 4.º) contém a lista das matérias que o contrato de sociedade deve abranger. O Anexo II (para o qual remete o art. 37, n.º 6) contém o formulário da notificação a fazer pela autoridade competente do Estado-membro de origem à autoridade competente do Estado-membro de destino em caso de transferência da sede social de uma SPE de um Estado-membro para outro.

3. Características principais da *Societas Privata Europaea*

Julgo que as características principais da SPE são as seguintes:

- Natureza de sociedade (art. 1.º);
- Natureza de pessoa jurídica (art. 3.º, n.º 1, alínea c));
- Possibilidade de ter um só sócio (art. 3º, n.º 1, alínea e), e art. 27, n.º 5);

[21] Na versão inglesa, «its shares shall not be offered to the public and shall not be publicly traded».

- Limitação da responsabilidade de cada sócio à realização do capital por ele subscrito (art. 3º, n.º 1, alínea b));
- Capital social mínimo de 1 euro (art. 19, n.º 4);
- Divisão do seu capital social em acções (art. 3.º, n.º 1, alínea a));
- Proibição de as suas acções serem objecto de oferta pública ou de negociação em mercado público (art. 3.º, n.º 1, alínea d))[22];
- Carácter nominativo das suas acções e cognoscibilidade da titularidade das mesmas (art. 14, n.º 1 e art. 15, n.º 3);
- Localização da sua sede[23] na Comunidade (art. 7.º);
- Sujeição a registo no Estado-membro da localização da sede (art. 9.º, n.º 1);
- Dever de adopção de uma firma que integre, no final, a sigla «SPE» (art. 6.º);
- Atribuição imperativa ao colégio dos sócios de um conjunto de competências amplo (art. 27, n.º 1);
- Submissão das deliberações dos sócios sobre algumas matérias a uma maioria qualificada não inferior a dois terços do total dos direitos de voto conferidos pelas acções emitidas pela SPE (art. 27, n.º 2);
- Submissão às regras sobre participação dos trabalhadores aplicáveis no Estado-membro em que se situe a sede da SPE (art. 34, n.º 1 e art. 38, n.º 1);
- Submissão, a título supletivo, às regras do Estado-membro em que a SPE tenha a sua sede que sejam aplicáveis às sociedades de responsabilidade limitada «fechadas», devendo cada Estado-membro notificar a Comissão do tipo de sociedade relevante para tais efeitos (art. 4.º, segundo parágrafo, e art. 45[24]).

4. Processos de constituição da SE

A Proposta de Regulamento prevê os seguintes quatro processos de constituição de uma SE:

[22] «Sede social», na versão portuguesa, «registered office», na versão inglesa, «siège statutaire», na versão francesa, «Sitz», na versão alemã, «domicilio social», na versão espanhola, e «sede legale», na versão italiana.

[23] A redacção do art. 45 da versão portuguesa da Proposta não reflecte o sentido resultante das outras versões - que julgo ser o que transmito no texto.

[24] Nas palavras da versão portuguesa. Na versão inglesa, «articles of association», na versão alemã, «Satzung», na versão francesa «statuts», na versão espanhola, «escritura», na versão italiana «atto costitutivo». Usarei «contrato de sociedade» e «estatutos», em função do contexto.

- Criação *ex novo;*
- Transformação de uma sociedade pré-existente;
- Fusão de sociedades pré-existentes;
- Cisão de uma sociedade pré-existente (art. 5.º, n.º 1).

Embora tal resulte do que já escrevemos, há a realçar que:

- A SPE pode ser unipessoal (art. 3º, n.º 1, alínea e), e art. 27, n.º 5);
- Os sócios da SPE podem ser quer pessoas singulares quer pessoas colectivas (art. 3º, n.º 1, alínea e);
- Não é requisito da constituição de uma SPE a existência de qualquer dimensão transfronteiriça.

A constituição de uma SPE por transformação, fusão ou cisão de sociedades é regida pelo direito nacional aplicável à sociedade transformada, a cada uma das sociedades fundidas ou à sociedade cindida (art. 5.º, n.º 2).

A constituição por transformação não implica a dissolução da sociedade nem tem qualquer impacto na sua personalidade jurídica (art. 5.º, n.º 2).

5. O contrato de sociedade

5.1. Conteúdo

De acordo com a Proposta de Regulamento (art. 8.º em conjugação com o anexo I nele referido), o contrato de sociedade[25] deve abranger, pelo menos, as seguintes matérias:

No respeitante aos elementos identificadores

- Firma;
- Nomes e endereços dos accionistas fundadores;
- Valor nominal ou *accountable par* das acções;
- Capital inicial.

No respeitante às acções

- Indicação sobre se são ou não permitidas a subdivisão, concentração ou redenominação das acções, bem como sobre os eventuais requisitos de tais actos;

[25] Na versão portuguesa consta «direito de opção». Na versão inglesa, «right of first refusal», na versão alemã, «Recht auf eine erste Ablehnung», na versão francesa «droit de préemption», na versão espanhola, «derecho de preferencia», na versão italiana «diritto de prelazione».

- Direitos (pecuniários e não pecuniários) e obrigações inerentes às acções (categorias de acções), nomeadamente:
  a) A eventual participação nos activos e nos lucros da sociedade;
  b) Os eventuais direitos de voto inerentes às acções;
- O procedimento para alteração dos direitos e das obrigações inerentes às acções (categorias de acções) e a maioria exigível para tanto (que, no caso de implicar a alteração dos direitos inerentes a uma categoria de acções, exigirá os votos favoráveis da totalidade dos votos conferidos por essa categoria);
- Eventuais direitos de preferência, tanto no respeitante à subscrição como no respeitante à transmissão de acções;
- Nos casos em que a transmissão de acções esteja sujeita a restrições ou seja proibida, a regulação da restrição ou proibição;
- As regras aplicáveis em caso de morte ou de dissolução de um sócio;
- Nos casos em que a transmissão de acções esteja sujeita à aprovação da SPE ou dos seus sócios ou em que a mesma dê lugar a outros direitos dos accionistas ou da SPE (por exemplo, direito de preferência[26]), o prazo para notificação ao transmitente do eventual exercício do direito;
- Eventuais direitos dos sócios de exigirem aos outros sócios a venda das suas acções (sem prejuízo do previsto quanto a exclusão de sócios);
- Eventuais direitos dos sócios de venderem as suas acções aos outros sócios ou à SPE (sem prejuízo do previsto quanto a exoneração de sócios);

No respeitante ao capital

- O ano contabilístico e o modo da sua alteração;
- Indicação sobre se a SPE deve constituir reservas e, se for esse o caso, de qual o tipo de reservas a constituir, das circunstâncias em que as reservas devem ser constituídas, bem como de se essas reservas podem ser distribuídas;
- Indicação sobre se as contrapartidas em espécie devem ser avaliadas por um perito independente e sobre as formalidades que devam ser cumpridas nesse caso;
- O momento em que as acções devem ser realizadas, bem como as eventuais condições da realização;

[26] A Proposta de Regulamento define distribuição como «qualquer benefício financeiro, proveniente directa ou indirectamente da SPE, em favor de um accionista, em função das acções que detém, incluindo qualquer transferência de dinheiro ou bens, bem como a contracção de uma dívida» (art. 2.º, n.º 1, alínea b)).

- Indicação sobre se a SPE pode prestar assistência financeira, nomeadamente adiantar fundos, fazer empréstimos ou conceder garantias com vista à aquisição das suas acções por um terceiro;
- Indicação sobre se podem ser pagos dividendos intercalares e sobre os seus eventuais requisitos;
- Indicação sobre se o órgão de administração tem de assinar um certificado de solvência antes de se proceder a uma distribuição[27], bem como sobre os eventuais requisitos desse certificado;
- Os procedimentos que a SPE deve seguir para recuperar qualquer distribuição ilícita;
- Indicação sobre se a aquisição de acções próprias é permitida e, se for esse o caso, sobre os procedimentos a seguir, nomeadamente as condições em que as acções podem ser detidas, transmitidas ou anuladas;
- Os procedimentos para o aumento, redução ou qualquer outra alteração do capital social, bem como sobre os seus eventuais requisitos.

No respeitante à organização

- Modo de tomada de deliberações pelos sócios;
- Sem prejuízo das disposições do Regulamento, a maioria necessária para a tomada de deliberações pelos sócios;
- Matérias submetidas a deliberação dos sócios (para além das que constam da lista do n.º 1 do artigo 27), *quorum* (constitutivo) e maioria de votos necessária;
- Sem prejuízo do previsto nos artigos 21, 27 e 29, as regras para apresentação de propostas de deliberação;
- Prazo e modo de informação aos sócios das propostas de deliberação dos sócios e, caso o contrato de sociedade preveja a assembleia geral, da reunião da mesma;
- Modo de disponibilização aos accionistas das propostas de deliberação e de quaisquer outros documentos relacionados com a tomada de deliberações;

[27] O art. 32 da Proposta de Regulamento prevê que as operações com partes relacionadas («related party transactions», na versão inglesa, «operações com entidades terceiras ligadas», na versão portuguesa) sejam regidas pelo disposto nas Directivas 78/660/CEE e 89/349/CEE – as chamadas 4.ª e 7.ª Directivas de Coordenação. É de lembrar que, quanto ao conceito de «partes relacionadas», tais Directivas remetem para as normas internacionais de contabilidade adoptadas ao abrigo do Regulamento (CE) 1606/2002, de 19 de Julho de 2002.

- Modo de disponibilização aos accionistas dos textos das deliberações tomadas;
- Nos casos em que o contrato de sociedade preveja a tomada de algumas ou de todas as deliberações dos sócios em assembleia geral, o modo de convocação da assembleia geral, os métodos do seu funcionamento e as regras aplicáveis à votação por procuração;
- Os procedimentos e os prazos para a SPE dar resposta aos pedidos de informação dos sócios e conceder acesso aos documentos da SPE;
- Indicação sobre se o órgão de direcção da SPE é composto por um ou mais administradores executivos, por um conselho de administração executivo (no quadro de uma estrutura organizacional dualista) ou por um conselho de administração (no quadro de uma estrutura organizacional unitária);
- Nos casos em que exista um conselho de administração (no quadro de uma estrutura organizacional unitária), a sua composição e organização;
- Nos casos em que exista um conselho de administração executivo (no quadro de uma estrutura organizacional dualista), a sua composição e organização;
- Nos casos em que exista conselho de administração executivo (no quadro de uma estrutura organizacional dualista) ou um ou mais administradores executivos, indicação sobre se a SPE dispõe de um órgão de supervisão e, se for esse o caso, a sua composição, organização e sobre as suas relações com o órgão de administração;
- Eventuais critérios de elegibilidade dos administradores;
- Os procedimentos de designação e de destituição dos administradores;
- Indicação sobre se a SPE tem revisor oficial de contas e, caso tal suceda, os procedimentos para a sua nomeação, destituição e renúncia;
- Indicação sobre eventuais deveres dos administradores para além dos mencionados no Regulamento;
- Indicação sobre se as situações que impliquem um conflito de interesses, actual ou potencial, por parte de um administrador podem ser autorizadas e, em caso afirmativo, indicação de quem poderá autorizar essas situações e das exigências e procedimentos aplicáveis a essa autorização;
- Indicação sobre se as transacções com partes relacionadas[28] carecem de autorização e sobre as exigências aplicáveis nesses casos;

[28] O art. 32 da Proposta de Regulamento prevê que as operações com partes relacionadas («related party transactions», na versão inglesa, «operações com entidades terceiras ligadas», na versão portuguesa) sejam regidas pelo disposto nas Directivas 78/660/CEE e

- Regras de representação da SPE por parte do órgão de administração, nomeadamente indicação sobre se os administradores dispõem do poder de representarem conjuntamente ou separadamente a SPE e indicação sobre as eventuais condições de delegação desses poderes;
- Regras relativas à delegação dos poderes de gestão.

Aos elementos identificadores referidos no anexo I do Regulamento, há que acrescentar a sede – até porque, como veremos no número seguinte, esse é um dos elementos sujeitos a registo. A este propósito, é de dizer que as SPE podem estabelecer a sua «administração central»[29], bem como o seu estabelecimento principal num Estado-membro diverso daquele em que tenham a sua sede (art. 7.º, segundo parágrafo).

5.2. Forma

O contrato de sociedade está submetido a forma escrita, sem necessidade de qualquer formalidade especial (art. 8.º, n.º 2).

6. Registo

A SPE está sujeita a registo (art. 9.º), que tem lugar no Estado-membro em que se situe a sede social em conformidade com o direito nacional que transponha o art. 3.º da Directiva 68/151/CEE (1.ª Directiva de Coordenação).

Cabe a cada Estado-membro determinar os dados[30] que devem constar do registo, os quais, porém, não podem exceder os seguintes (art. 10, n.º 2):

- A firma da SPE e o endereço da sua sede social;
- Os nomes, endereços e qualquer outra informação necessária para a identificação dos representantes da SPE, bem como dos membros dos órgãos de administração, supervisão e fiscalização da SPE;

89/349/CEE – as chamadas 4.ª e 7.ª Directivas de Coordenação. É de lembrar que, quanto ao conceito de «partes relacionadas», tais Directivas remetem para as normas internacionais de contabilidade adoptadas ao abrigo do Regulamento (CE) 1606/2002, de 19 de Julho de 2002.

[29] Na versão inglesa, «central administration», na versão alemã, «Hauptverwaltung», na versão francesa, «administration centrale», na versão espanhola, «administración central», na versão italiana «amministrazione centrale».

[30] Na versão portuguesa, «informação», na versão inglesa, «particulars», na versão alemã, «Angaben», na versão francesa, «indications», na versão espanhola, «datos», na versão italiana, «dati».

- O capital social da SPE;
- As categorias de acções e a quantidade de acções de cada categoria;
- A quantidade total de acções;
- O valor nominal ou o valor contabilístico («accountable par») das acções;
- Os estatutos da SPE;
- Caso a SPE tenha sido constituída em resultado de uma transformação, fusão ou cisão de sociedades, a deliberação de transformação, fusão ou cisão que tenha conduzido à constituição da SPE.

Qualquer alteração dos elementos registados deve ser levada ao registo, acompanhada de um texto completo dos estatutos que reflicta a alteração (art. 10, n.º 5).

O registo só pode ser subordinado a um dos dois seguintes requisitos (art. 10, n.º 4):

- Controle por um órgão administrativo ou judicial da legalidade dos documentos e dos dados da SPE;
- Certificação dos documentos e dos dados da SPE.

Além do mais, o registo tem os seguintes efeitos:

- Atribuição de personalidade jurídica (art. 9.º, n.º 2);
- Oponibilidade a terceiros dos estatutos (art. 8.º, n.º 3, alínea b)).

Por último, é de referir que a SPE pode assumir os efeitos dos actos que tenham sido praticados em seu nome antes do registo (art.12).

Cada autoridade nacional responsável pelo registo fica obrigada a comunicar anualmente à Comissão a firma, a sede social e o número de ordem das SPE por ela registadas de novo e por ela eliminadas do registo, bem como a quantidade total de SPE nela inscritas (art. 46, primeiro parágrafo).

7. Outras regras em matéria de publicidade

A Proposta de Regulamento prevê outras regras de publicitação da SPE, para além das relativas ao registo, nomeadamente as seguintes (art. 11):

- A divulgação da informação que deva ter lugar por força do Regulamento será feita de acordo com a lei nacional que transponha o art. 3.º da Directiva 68/151/CEE (1.ª Directiva de Coordenação);
- As cartas e as notas de encomenda, tanto em papel como em formato electrónico, bem como o respectivo sítio na Internet, quando exista, devem mencionar a informação necessária para identificar o registo

da SPE, com indicação do número da SPE nesse registo, bem como a firma, o endereço da sede social e, se for caso disso, o facto de a sociedade estar em liquidação.

8. Estrutura orgânica

8.1. Aspectos gerais

Os sócios têm um amplo campo de liberdade na determinação da estrutura orgânica da SPE (art. 26, n.º 2). Como já vimos, os estatutos devem regular muitos dos aspectos dessa estrutura.

Os únicos órgãos obrigatórios são o colégio dos sócios e o órgão de administração - que, como veremos, pode assumir diversas formas. O órgão de supervisão é facultativo e pode coexistir com as várias formas do órgão de administração, excepto quando a própria natureza deste importe a preclusão de um órgão de supervisão (caso do conselho de administração no quadro da estrutura organizacional unitária, consoante resulta do estabelecido no 13.º travessão do capítulo V do Anexo I à Proposta).

Ao órgão de administração cabem todas as competências que o Regulamento e os estatutos não atribuam aos sócios (art. 26, n.º 1, primeira parte).

8.2. Regras sobre o colégio dos sócios

A competência do colégio dos sócios abrange imperativamente as seguintes matérias:

a) Alteração dos direitos inerentes às acções;
b) Exclusão de sócios;
c) Exoneração de sócios;
d) Aprovação das contas anuais;
e) Distribuições aos sócios;
f) Aquisição de acções próprias;
g) Remição[31] de acções;
h) Aumento do capital social;
i) Redução do capital social;

[31] «Resgate», na versão portuguesa, «redemption», na versão inglesa, «rachat» na versão francesa, «Rückkauf», na versão alemã, «rescate», na versão espanhola, «riscatto» na versão italiana.

j) Nomeação e destituição dos administradores e duração do respectivo mandato;
k) Nomeação e destituição do revisor oficial de contas (no caso de a SPE o dever ter);
l) Transferência da sede social da SPE para outro Estado-membro;
m) Transformação da SPE;
n) Fusão e cisão;
o) Dissolução;
p) Alterações dos estatutos relativas a matérias não mencionadas nas alíneas anteriores (art. 27, n.º 1).

As deliberações sobre as matérias das alíneas a), b), c), i), l), m), n), o) e p) têm de ser tomadas por maioria qualificada - a fixar no contrato de sociedade, mas não inferior a dois terços do total dos direitos de voto inerentes às acções emitidas pela SPE (art. 27, n.º 2).

As deliberações de alteração dos estatutos que impliquem alteração dos direitos inerentes a uma determinada categoria de acções exigem o consentimento de uma maioria não inferior a dois terços dos direitos de voto inerentes às acções dessa categoria (art. 14, n.º 3).

As deliberações do colégio dos sócios podem ser tomadas em assembleia geral ou por outro modo (art. 27, n.º 3).

Em qualquer caso, as deliberações têm de ser reduzidas a escrito e os sócios têm direito a receber cópias de tais documentos (art. 27, n.º 3).

Os sócios titulares de 5% ou mais dos direitos de voto[32] têm o direito de solicitar ao órgão de administração que apresente propostas de deliberação aos sócios sobre assuntos determinados, devendo as solicitações ser fundamentadas (art. 28, n.º 1, primeiro e segundo parágrafo). Em caso de recusa das solicitações ou de não satisfação das mesmas no prazo de 14 dias, os sócios solicitantes podem apresentar directamente aos demais propostas de deliberação sobre os assuntos em causa (art. 29, n.º 1, terceiro parágrafo).

8.3. Regras sobre administração

Antes de mais, há a dizer que só as pessoas singulares podem exercer funções de administração (art. 30, n.º 1).

A Proposta de Regulamento possibilita que a administração da SPE assuma qualquer modalidade, nomeadamente as seguintes (art. 8.º, n.º 1, Anexo I e art. 33, n.ºs 1 e 2):

[32] Direito este que os estatutos podem alargar a sócios titulares de percentagem menor ou mesmo a todos os sócios (art. 29, n.º 3).

- Administrador único;
- Pluralidade de administradores não organizados em conselho;
- Conselho de administração (no quadro de uma estrutura organizacional unitária);
- Conselho de administração executivo (no quadro de uma estrutura organizacional dualista).

No que diz respeito aos deveres e à responsabilidade dos administradores, as principais regras da Proposta de Regulamento são:

- Os administradores têm o dever de actuar na prossecução dos melhores interesses da SPE (art. 31, n.º 1, primeira parte);
- Os administradores têm o dever de actuar com o cuidado e a competência[33] que razoavelmente possam ser exigidos na condução dos negócios;
- Sem prejuízo do que os estatutos disponham, os administradores devem evitar as situações que possam ser vistas como causadoras de conflitos, actuais ou potenciais, entre os seus interesses e os da SPE ou entre os seus deveres para com a SPE e os seus deveres para com terceiros (art. 31, n.º 3);
- Os administradores são responsáveis perante a SPE pelos prejuízos causados à SPE por quaisquer actos ou omissões seus contrários aos seus deveres resultantes do regulamento, dos estatutos da SPE ou de deliberações dos sócios, sendo tal responsabilidade regulada pela lei nacional aplicável (art. 31, n.ºs 4 e 5).

Por último, há a dizer que a Proposta de Regulamento estabelece que aqueles que actuem como administradores sem para tal terem sido formalmente designados ficam sujeitos às regras sobre os deveres e a responsabilidade dos administradores (art. 30, n.º 2).

9. Representação da sociedade

Como resulta do que ficou escrito, a representação da SPE fica a cargo de um ou mais administradores. Cabe aos estatutos determinar se cada administrador pode representar isoladamente a sociedade ou se os pode-

[33] Nas palavras da versão portuguesa. «Care and skill», na versão inglesa, «diligence et compétences», na versão francesa, «Sorgfalt und Eignung», na versão alemã, «esmero y diligencia», na versão espanhola, e «cura e competenza», na versão italiana.

res devem ser exercidos em conjunto por dois ou mais administradores (art. 33, n.º 2, primeira parte).

Para além disso, a Proposta de Regulamento fixa as seguintes regras:

- Os actos dos administradores vinculam a SPE mesmo que excedam o respectivo objecto (art. 33, n.º 1, segunda parte);
- Qualquer limitação aos poderes dos administradores (para além da relativa ao número de administradores necessário para obrigar a sociedade) resultante dos estatutos, de deliberação dos sócios ou de deliberação dos órgãos de administração e supervisão não é oponível a terceiros, mesmo que tenha sido publicitada (art. 33, n.º 2, segunda parte);
- Os administradores podem delegar a representação da SPE de acordo com o que esteja previsto nos estatutos (art. 33, n.º 3[34]).

10. O direito dos sócios à informação

Não traçarei um panorama explícito dos direitos e dos deveres dos sócios porque ele em nada divergiria dos elencos normais e porque isso mesmo resulta dos ângulos de tratamento que escolhi. Vale, porém, a pena referir que a Proposta de Regulamento estabelece as seguintes regras, em matéria de direito dos sócios à informação:

- Todos os sócios têm o direito de ser devidamente informados e de fazer perguntas ao órgão de administração acerca das suas deliberações, das contas anuais e de quaisquer outras matérias relativas às actividades da SPE, só podendo a informação ser recusada se o acesso à mesma puder causar prejuízo relevante aos interesses da SPE (art. 28);
- Os sócios titulares de 5% ou mais dos direitos de voto[35] têm o direito de solicitar ao tribunal ou à autoridade administrativa competente a nomeação de um perito independente para proceder a inquérito sempre que haja lugar a suspeita de infracção grave à lei ou aos estatutos (art. 29, n.º 2).

11. Regras financeiras

As principais regras da Proposta de Regulamento, nesta área, são as seguintes:

[34] A versão portuguesa deste preceito tem um texto que não corresponde às demais versões linguísticas.

[35] Direito este que os estatutos podem alargar a sócios titulares de percentagem menor ou mesmo a todos os sócios (art. 29, n.º 3).

- O capital é expresso em euros (art. 19, n.º 1)[36];
- O capital mínimo (como já vimos) é de 1 euro (art. 19, n.º 4);
- As acções podem ser realizadas em dinheiro ou em espécie (art. 20, n.º 1);
- A realização das acções pode ser diferida (art. 19, n.º 3);
- Todas as distribuições[37], sejam a que título forem[38], só podem ter lugar se, após as mesmas, o activo da SPE continuar a ser igual ou superior ao passivo (art. 21, n.º 1);
- O contrato de sociedade pode exigir que o órgão de administração da SPE, antes de qualquer distribuição de valores, emita um «certificado de solvência» (a ser tornado público) declarando que a SPE terá capacidade para pagar as dívidas que se vencerem no decorrer normal da sua actividade no prazo de um ano a contar da distribuição (art. 27, n.º 2);
- É proibida a subscrição, directa ou indirecta, de acções próprias pela SPE (art. 23, n.º 1);
- A aquisição posterior de acções próprias fica sujeita às regras sobre distribuições de valores (art. 23, n.º 2);
- Os direitos conferidos pelas acções ficam suspensos enquanto as mesmas forem da titularidade da SPE emitente (art. 23, n.º 2);
- Em caso de redução de capital, os credores têm direito de solicitar ao tribunal que determine a prestação pela SPE de garantias adequadas (art. 24, n.º 2);
- A elaboração e a prestação de contas da SPE são regidas pela legislação do Estado-membro que seja aplicável (art. 25);
- Mesmo nos Estados-membros que não estejam ainda na terceira fase da União Económica e Monetária, as SPE podem elaborar as suas contas em euros, mas esses Estados-membros podem exigir que as SPE com sede no seu território elaborem também as suas contas na moeda nacional (art. 42, n.º 2).

[36] Os Estados-membros que não estejam ainda na terceira fase da União Económica e Monetária podem exigir que as SPE com sede no seu território denominem o respectivo capital na moeda nacional, mas, nesse caso, as SPE podem expressar também o seu capital em euros – sendo a taxa de conversão entre as duas moedas a do último dia do mês anterior ao do registo da SPE (art. 42, n.º 1).

[37] Lembre-se que o art. 2.º da Proposta do Regulamento apresenta uma definição de «distribuição», já transcrita na nota 27.

[38] A versão portuguesa do art. 21 menciona «distribuição de dividendos», mas a versão inglesa refere apenas «distribution» – remetendo, obviamente, para a definição constante do art. 2.º.

12. As acções (?)

Uma das regras-base nesta matéria é a de existência de uma lista de accionistas, elaborada pelo órgão de administração, consultável por accionistas e por terceiros, que contém informação sobre a subscrição, realização e titularidade das acções (arts. 14 e 15).

Dessa regra-base resulta que:

- As acções são nominativas (art. 14, n.º 1, e art. 15, n.º 1);
- A titularidade das acções é sempre do conhecimento da SPE e é cognoscível quer pelos accionistas quer por terceiros (art. 15, n.º 3);
- As acções não são incorporadas em títulos negociáveis (omissão de preceito a prever a incorporação e regime da transmissão que referiremos no número seguinte).

Cremos que o que distingue as acções, enquanto participações sociais, das demais espécies de tal género, são as seguintes características:

a) Homogeneidade tendencial;
b) Servirem de veículo único da atribuição de direitos e de deveres aos sócios[39] (nas sociedade em que o capital não é representado por acções os direitos e de deveres podem ser atribuídos directamente aos sócios, ao passo que nas sociedades anónimas os direitos e os deveres resultam da titularidade das participações, independentemente da identidade dos sócios[40]);
c) Possibilidade de serem incorporadas num título negociável ou representadas num registo (mormente informático) que possa desempenhar uma função equivalente (num plano mais profundo, «vocação circulatória», de que a incorporação ou representação são instrumento)[41].

[39] O mesmo é dizer que os direitos e deveres dos sócios são *inerentes* às acções.

[40] Nas sociedades por quotas há um regime misto, pois existem direitos atribuídos em função da titularidade das quotas e podem existir direitos atribuídos aos sócios.

[41] Sobre as características das acções, na literatura portuguesa, v., por exemplo, João Labareda, *Das Acções das Sociedades Anónimas*, Lisboa, AAFDL, 1988, p. 8, Jorge Henrique Pinto Furtado *Curso de Direito das Sociedades* (com a colaboração de Nelson Rocha), 5.ª ed., Coimbra, Almedina, 2004, pp. 36 e ss., Alexandre Soveral Martins e Maria Elisabete Ramos, «As Participações Sociais», *in Estudos de Direito das Sociedades* (coordenação de J. M. Coutinho de Abreu), 9.ª ed., Coimbra, Almedina, 2008, p. 135, M. Nogueira Serens, *Notas sobre a Sociedade Anónima* (n.º 14 da colecção *Studia Iuridica* do BFDUC), Coimbra, Coimbra Editora, 1995, pp. 15, 16 e 18, Carlos Osório de Castro, *Valores Mobiliários Conceito e Espécies*, Porto, UCP, 1996, p. 66 (que usa a expressão «vocação circulatória»), José de Oliveira Ascensão, «As Acções», *in Direito dos Valores Mobiliários* (obra colectiva), vol. II,

As acções da SPE não têm a última (mas decisiva) dessas características.

No entanto, as acções da SPE parecem ter as outras duas características que apontámos às acções: servirem de base à atribuição de direitos e de deveres e homogeneidade tendencial. Resulta isso de alguns dos (já referidos) tópicos do Anexo I que determinam o que os estatutos devem abranger na matéria, bem como da regra segundo a qual «todas as acções às quais estejam associados um mesmo conjunto de direitos e obrigações constituem uma categoria de acções» (art. 14, n.º 2).

13. Transmissão de acções

Como resulta do que ficou dito a propósito do conteúdo do contrato de sociedade, é grande a liberdade de estipulação em matéria de transmissão de acções.

As principais regras imperativas são as seguintes:

- Os contratos que tenham por efeito a transmissão de acções estão sujeitos à forma escrita (art. 16, n.º 2);
- A transmissão de acções é registada na lista de sócios que a SPE é obrigada a manter (art. 16, n.º 3);
- A transmissão de acções produz efeitos em relação à SPE no dia em que o sócio a notifica da transmissão (art. 16, n.º 4, alínea a));
- A transmissão de acções produz efeitos em relação a terceiros no dia em que a transmissão é registada na lista relevante (art. 16, n.º 4, alínea b));
- As deliberações que introduzam ou alterem proibições ou restrições à transmissão de acções só podem ser tomadas com o consentimento de todos os sócios afectados por essa proibição ou restrição (art. 16, n.º 1);
- Os adquirentes de boa fé beneficiam de protecção nos termos da legislação nacional relevante (art. 16, n.º 5).

Coimbra, Coimbra Editora, 2000, pp. 61 e ss., JORGE MANUEL COUTINHO DE ABREU, *Curso de Direito Comercial*, vol. II, *Das Sociedades*, 2.ª ed., Coimbra, Almedina, 2007, pp. 221 e ss. (que enfatiza a homogeneidade das acções como sua característica distintiva), ANTÓNIO MENEZES CORDEIRO, *Manual de Direito das Sociedades*, vol. II, *Das Sociedades em Especial*, 2.ª ed., Coimbra, Almedina, 2007, pp. 661 e ss., PAULO OLAVO CUNHA, *Direito das Sociedades Comerciais*, cit., pp. 317 e ss. e 398, e JOSÉ ENGRÁCIA ANTUNES, *Os Instrumentos Financeiros*, Coimbra, Almedina, 2009, pp.75 e ss.

14. Exclusão de sócios

A Proposta de Regulamento prevê a possibilidade de os sócios deliberarem a exclusão daqueles que causem prejuízos sérios aos interesses da SPE ou cuja permanência como sócios seja prejudicial ao seu funcionamento adequado (art. 17, n.º 1).

No entanto, a exclusão propriamente dita fica dependente de decisão judicial proferida em processo instaurado pela SPE com base na deliberação em causa (art. 17, n.º 1). Cabe ao tribunal decidir se as acções do sócio excluído revertem a favor dos restantes sócios ou da própria SPE, bem como a contrapartida da exclusão (art. 17, n.º 3).

O tribunal pode determinar que na pendência do processo os direitos do sócio fiquem suspensos (art. 17, n.º 2).

15. Exoneração de sócios[42]

A Proposta de Regulamento prevê a possibilidade de os sócios se exonerarem (alienando as suas acções aos outros sócios ou à própria SPE) se as actividades da sociedade estiverem a ser ou tiverem sido conduzidas de modo a prejudicar os seus interesses em resultado de um ou mais dos seguintes factos:

- A SPE ter sido privada de parte significativa dos seus activos;
- A sede social da SPE ter sido transferida para outro Estado-membro;
- As actividades da SPE terem sofrido alteração substancial;
- Não terem sido distribuídos dividendos durante um mínimo de três anos apesar da situação financeira da SPE permitir tal distribuição (art. 18, n.º 1).

Apresentado o pedido de exoneração, há lugar a uma deliberação dos sócios que, em caso de aceitação do pedido, deve determinar se a aquisição das acções cabe aos outros sócios ou à própria SPE (art. 18, n.º 3).

Se os demais sócios rejeitarem o pedido de exoneração, o interessado pode obter a exoneração judicialmente (art. 18, n.º 6).

Se houver acordo quanto à exoneração mas divergência quanto ao preço das acções, o mesmo será determinado por um perito independente

[42] Na versão portuguesa, «retirada de um accionista», na versão inglesa, «withdrawal of a shareholder», na versão francesa «retrait d'un actionaire», na versão alemã, «Ausscheiden eines Anteileigners», na versão espanhola, «retirada de un socio», na versão italiana, «recesso di un azionista».

designado pelas partes ou, na falta de consenso quanto à designação, pelo tribunal ou autoridade administrativa competente (art. 18, n.º 5).

16. A participação dos trabalhadores

Nesta matéria, a Proposta de Regulamento prevê a neutralidade da SPE: serão aplicáveis as regras do Estado-membro onde se situe a sede social (art. 34, n.º 1).

Em caso de fusão transfronteiriça com uma SPE ou com uma sociedade de outro tipo serão aplicáveis as regras dos Estados-membros que procedam à transposição da Directiva 2005/56/CE, do Parlamento Europeu do Conselho (art. 34, n.º 3).

Em caso de transferência da sede para outro Estado-membro tornar-se-ão aplicáveis as regras do Estado-membro de destino (art. 38, n.º 1), excepto se os trabalhadores da SPE do Estado-membro de origem representarem um terço ou mais do número total de trabalhadores da SPE e a legislação do Estado-membro de destino não estabelecer o mesmo nível de participação da legislação do Estado-membro de origem (art. 38, n.º 2).

17. Transferência internacional da sede

A sede da SPE pode ser transferida para qualquer outro Estado-membro, sem que a transferência implique a dissolução da SPE ou em qualquer alteração da sua personalidade jurídica ou dos direitos e obrigações resultantes de contratos (art. 35, n.º 1).

Como já vimos, a transferência está sujeita a deliberação dos sócios (arts. 27, n.º 1, alínea l), e 36, n.º 4). Essa deliberação é tomada sob proposta do órgão de administração que tem de incluir, pelo menos, os seguintes elementos (art. 36, n. 1º):

- A firma da SPE e o endereço da sua sede social no Estado-membro de origem;
- A firma da SPE e o endereço da sua sede social no Estado-membro de destino;
- Um projecto dos estatutos da SPE no Estado-membro de destino;
- O calendário proposto para a transferência;
- A data a partir da qual as operações da SPE passarão a ser consideradas, para efeitos contabilísticos, como levadas a cabo no Estado-membro de destino;

- As consequências da transferência para os trabalhadores, bem como as medidas que lhes digam respeito;
- Informação pormenorizada sobre a transferência da administração central ou do estabelecimento principal da SPE (quando ocorram).

Até um mês antes da data prevista para a deliberação dos sócios sobre a proposta, o órgão de administração deve divulgá-la e apresentá-la aos sócios e aos representantes dos trabalhadores (ou, se tais representantes não existirem, directamente aos próprios trabalhadores), bem como colocá-la à disposição dos credores (art. 36, n.º 2).

Para além da proposta, o órgão da administração da SPE tem de elaborar um relatório dirigido aos sócios expondo e justificando os aspectos jurídicos e económicos da proposta de transferência e apresentando as consequências da mesma para os sócios, os credores e os trabalhadores (art. 36, n.º 3). Este relatório é apresentado aos sócios e aos representantes dos trabalhadores (ou, se tais representantes não existirem, directamente aos próprios trabalhadores) juntamente com a proposta (art. 36, n.º 3).

Se o órgão de administração receber em tempo útil o parecer dos representantes dos trabalhadores sobre a transferência, o mesmo deverá ser apresentado aos sócios (art. 36, n.º 3).

Se a SPE estiver sujeita a um regime de participação dos trabalhadores, os sócios podem reservar-se o direito de condicionar a transferência da sede à posterior ratificação por eles próprios dos acordos que venham a ser negociados acerca da participação dos trabalhadores no Estado-membro de destino (art. 36, n.º 5)[43].

Cada Estado-membro designa uma autoridade competente para analisar a legalidade das transferências, por meio da verificação do cumprimento dos procedimentos aplicáveis (art. 37, n.º 1).

Quando conclua pelo preenchimento dos requisitos da transferência, a autoridade do Estado-membro de origem emite um certificado a confirmar isso mesmo (art. 37, n.º 2).

No prazo de um mês a contar da recepção do certificado, a SPE apresenta à autoridade do Estado-membro de destino o certificado emitido pela autoridade do Estado-membro de origem, o projecto de estatutos a adoptar no Estado-membro de destino e a proposta de transferência aprovada pelos sócios (art. 37, n.º 3). No prazo de 14 dias a contar da entrega de tais elementos, a autoridade do Estado-membro do destino verifica se os

[43] A versão portuguesa refere «ratificação expressa *por parte dos trabalhadores*» (sublinhado meu), mas não é esse o sentido que se retira das demais versões da Proposta de Regulamento.

requisitos da transferência da sede estão cumpridos e determina o registo da SPE nesse Estado, comunicando (mediante formulário que constitui o anexo II da Proposta) tal determinação à autoridade do Estado-membro de origem, a fim de que esta elimine a SPE do registo neste Estado-membro (art. 37, n.ºs 4, 5 e 6).

18. Lei aplicável às sucursais

Nos termos do art. 14, as sucursais da SPE são regidas pela lei do Estado-membro em que estejam localizadas, nomeadamente pelas regras de transposição da Directiva 89/666/CEE (11.ª Directiva de Coordenação).

19. Casos de aplicação dos direitos dos Estados-membros

As principais matérias que serão reguladas pelos direitos do Estados-membros são:

- A constituição de uma SPE por transformação, fusão ou cisão de sociedades de outros tipos (art. 5.º, n.º 2);
- A transformação, fusão e cisão da SPE (art. 39);
- A contabilidade (art. 25, n.º 2);
- As sucursais (art. 13);
- A proibição de exercício de funções de administração (art. 30, n.º 4);
- A dissolução (art. 40, n.º 1, alínea c), e n.º 2);
- A impugnação de deliberações dos sócios (art. 27, n.º 4, segundo parágrafo);
- A nulidade da sociedade (art. 40).

Útil será relembrar, neste momento, que o direito relevante para cada SPE é o do Estado-membro em que se situe a sua sede, cabendo a esse Estado-membro escolher o tipo de sociedade «fechada» cujas regras serão aplicáveis (art. 4.º, segundo parágrafo, e art. 45).

20. Natureza da SPE

Nos sistemas jurídicos em que existe mais de um tipo de sociedade de responsabilidade limitada, a SPE coloca o desafio de determinar a qual dos vários tipos corresponde ou pelo menos deve ser aproximada. Esse desafio não representa meramente uma questão teórica na medida em que, como vimos, cada Estado-membro tem de escolher quais as regras a aplicar às SPE com sede no seu território.

No caso do direito português, a escolha a fazer é entre a aproximação à sociedade anónima ou à aproximação à sociedade por quotas.

Naturalmente, a resolução do problema implica que, primeiramente, se definam os termos em que os tipos societários devem ser construídos. Não podendo aprofundar aqui a questão, limitamo-nos a dizer que essa construção deve fazer apelo aos traços mais importantes dos respectivos regimes, mormente no tocante à estrutura orgânica e às características das participações - e não apenas às regras sobre responsabilidade dos sócios pelas obrigações da sociedade e pela realização do capital social[44].

Entendida a construção dos tipos de tal modo, a favor da aproximação à sociedade anónima jogam:

- A limitação da responsabilidade de cada accionista à realização do capital por ele subscrito;
- A inerência dos direitos e dos deveres às acções.

No entanto, o regime da SPE também tem traços que aproximam a figura das sociedades por quotas, como é o caso de:

- A proibição de as suas acções serem objecto de oferta pública ou de negociação em mercado público;
- O carácter nominativo das acções e a cognoscibilidade da titularidade das mesmas;
- A atribuição imperativa ao colégio dos sócios de um conjunto de competências amplo;
- O quórum exigido para deliberações sobre algumas matérias referir-se ao total dos direitos de voto conferidos pelas participações e não aos intervenientes na deliberação.

Do que fica dito resulta que, à luz dos tipos legais portugueses, a SPE não é nem uma sociedade anónima, nem uma sociedade por quotas, mas sim algo de intermédio entre os dois.

[44] Sobre isto, v. Luís Brito Correia, *Direito Comercial*, 2.º vol., *Sociedades Comerciais*, Lisboa, AAFDL, 1989, pp. 93 e ss., Jorge Henrique Pinto Furtado, *Curso de Direito das Sociedades*, cit., pp. 27 e ss., Jorge Manuel Coutinho de Abreu, *Curso de Direito Comercial*, vol. II, *Das Sociedades*, cit., pp. 51 e ss., Pedro Maia, «Tipos de Sociedades Comerciais», ***in*** *Estudos de Direito das Sociedades* (coordenação de J. M. Coutinho de Abreu), cit., pp. 11 e 12, Filipe Cassiano dos Santos, *Estrutura Associativa e Participação Societária Capitalística*, Coimbra, Coimbra Editora, 2006, pp. 201 e ss., Pedro Pais de Vasconcelos, *A Participação Social nas Sociedades Comerciais*, 2.ª ed., Coimbra, Almedina, pp. 39 e ss., bem como o meu *Tipicidade e Atipicidade dos Contratos*, Coimbra, Almedina, 2000, p. 106, mormente na nota 354.

21. O impacto da figura

Já se escreveu que a adopção de um regulamento sobre a SPE causará pouco menos do que uma revolução na área do direito comunitário das sociedades[45]. A meu ver, poderá causar mesmo uma revolução - e não só no direito como na realidade empresarial!

Embora a SPE tenha sido pensada sobretudo como forma para as pequenas e médias empresas e dentro destas primacialmente para as que desenvolvem actividade internacional, a verdade é que, como já ficou sublinhado, nada impedirá que qualquer empresa, de qualquer dimensão, tenha ou não actividade internacional, adopte a forma em causa - desde que não pretenda ser uma sociedade aberta.

O «rótulo europeu» será certamente um elemento de atracção suficientemente forte para que a SPE passe a ser a forma normal das sociedades fechadas com sede na Comunidade, ou, pelo menos, *uma* forma normal dessas sociedades.

É certo que esse rótulo não revelará toda a verdade: várias e relevantes matérias das SPE serão reguladas pelos direitos dos Estados-membros. Certo é também que esse lado frágil da figura não será ultrapassável num futuro próximo, pois a auto-suficiência do seu regime implicaria a necessidade de acordar na regulação de muitas mais matérias. Apesar disso, estou em crer que as empresas que adoptarão a forma de SPE se contarão aos milhares[46].

A esse impacto economicamente directo soma-se o inerente ao carácter de exemplo que o Regulamento terá para os direitos dos Estados-membros, estimulando a adopção, em cada um, de regras semelhantes e diminuindo, portanto, as diferenças que existem entre eles.

Só assim não será se o regime consagrado se vier a mostrar inadequado - o que leva a que deva ser feito um esforço para reponderar a Proposta, na tentativa de a melhorar.

[45] Steef M. Bartman, «The SPE Revolution», *in European Company Law*, vol. 5, fasc. 6, Dezembro 2008, p. 270.

[46] E não às dezenas como sucede com a sociedade anónima europeia (*societas europaea*) - v. os sítios da Internet www.seeurope-network.org (não actualizado a partir de Maio de 2007) e www.worker-participation.eu.

22. Reflexões finais

Não para ser ouvido por quem tem poder de decisão ou influência, mas como exercício de diálogo com o leitor, apresento, para finalizar, algumas reflexões sobre a Proposta de Regulamento, sob a forma de sugestões de melhoramento do seu texto.

Em primeiro lugar, julgo que é possível simplificar o texto, sobretudo no respeitante à quantidade de matérias que o contrato de sociedade tem de regular, que pode ser diminuída.

Em segundo lugar, julgo que é possível tornar o texto mais claro, sobretudo no respeitante à estrutura orgânica da sociedade.

Em terceiro lugar, julgo que se impõe um esforço de convergência entre as várias versões linguísticas do texto, pois as existentes têm diferenças que é possível reduzir.

Em quarto lugar, julgo que seria muito útil que o Regulamento viesse a incorporar um anexo com um texto-tipo de estatutos (além do mais, isso diminuiria os custos das empresas relativos a honorários de advogados!).

Em quinto lugar, julgo que há que criar um registo europeu de firmas – sob pena de fácil ocorrência de casos de confundibilidade e de concorrência desleal.

RESUMO: As «Sociedades Gestoras de Participações Sociais» (SGPS), vulgarmente denominadas sociedades «holding», constituem uma das mais relevantes formas jurídico-organizativas para a cúpula hierárquica de um grupo de sociedades. O presente estudo visa analisar a noção, as características e o regime jurídico deste tipo especial de sociedade, incluindo os aspectos relativos à sua constituição, ao seu objecto, à sua administração e fiscalização, à sua reorganização e coligação, e à sua dissolução.

ABSTRACT: The «Sociedades Gestoras de Participações Sociais» (SGPS), currently named as holding company, is one of the most important legal and organizational models of the headquarters of groups of companies. The present article analyses the concept, the main features and the legal regime of this special type of company, including the norms concerning its formation, its business purpose, its management and control, its reorganization, and its dissolution.

JOSÉ A. ENGRÁCIA ANTUNES

As Sociedades Gestoras de Participações Sociais

I – ASPECTOS GERAIS

1. Noção Preliminar

A benefício de ulterior explicitação, a sociedade gestora de participações sociais (comummente conhecida pela sigla SGPS) constitui um *tipo especial de sociedade comercial, previsto e regulado pelo Decreto-Lei nº 495/88, de 30 de Dezembro*[1], *que tem por objecto a gestão estratégica de participações sociais como forma indirecta de exercício de actividades económicas.*[2]

[1] Este diploma legal, doravante designado abreviadamente por LSGPS (Lei das SGPS), foi objecto das rectificações introduzidas pelo Diário da República, I série, suplemento, de 28 de Fevereiro de 1989 (págs. 878-8), tendo vindo a ser alterado pelos Decretos-Lei nº 318/94, de 24 de Dezembro, e nº 378/98, de 27 de Agosto, e pela Lei nº 109-B/2001, de 27 de Dezembro.

[2] Sobre a figura, podem confrontar-se, na literatura portuguesa, BORGES, António/ MACEDO, João, *Sociedades Gestoras de Participações Sociais – Aspectos Jurídicos, Fiscais e Contabilísticos*, 4ª edição, Área Editora, Lisboa, 2007; CASTRO, C. Osório/ BRITO, D. Lorena, «A Concessão de Crédito por uma SGPS às Sociedades Estrangeiras por ela Dominadas (Ou às Sociedades Nacionais Indirectamente Dominadas através de uma Sociedade Estrangeira) e o Artigo 481.º, nº 2 do C.S.C.», in: 136 *RevOD* (2004), 131-155; CORDEIRO, A. Menezes, *Sociedades Gestoras de Participações Sociais*, in: 133 *RevOD* (2001), 557-579; DUARTE, J. Miguel,

2. As SGPS no Universo Geral das «Holdings»

O fenómeno da participação de sociedades comerciais no capital de outras sociedades constitui um dos traços característicos do mundo económico e empresarial hodierno. Na literatura nacional e internacional, generalizou-se o uso de expressões como «*sociedade holding*» ou, simplesmente, «*holding*», para designar aquelas sociedades comerciais que têm por objecto, exclusivo ou principal, a titularidade e administração de um conjunto ou carteira de participações sociais.[3]

A titularidade e administração de uma carteira de participações sociais, todavia, pode assumir uma enorme variedade de modalidades e finalidades – o que significa que também as próprias «holdings» poderão assumir

«Actos Praticados pelas Sociedades Gestoras de Participações Sociais», in: 89 *VJud* (2005), 12-19; DUARTE, J. Miguel, «Negociação de Valores Mobiliários por Sociedades Gestoras de Participações Sociais», in: 20 *CadMVM* (2005), 8-16; GUERREIRO, T. Caiado, *O Novo Regime Jurídico-Fiscal das SGPS*, Vida Económica, Porto, 2008; LOPES, N. Brito, «Os Aspectos Jurídico-Societários das SGPS», in: 58 *ROA* (1998), 1177-1208; MELO, M. Pinto, *A Tributação das Mais-Valias Realizadas na Transmissão Onerosa de Partes de Capital pelas SGPS*, Almedina, Coimbra, 2007; MOURA, L. Graça, «A Nova Tributação do Regime das SGPS: Reflexões acerca da Tributação de Mais-Valias no Quadro do Princípio da Segurança Jurídica», in: 10 *RJUPort* (2003), 71-140; OLIVEIRA, J. Brito, «Regime das Mais-Valias Fiscais e SGPS», in: 21 *RevE* (2004), 53-58; PERES, J. Vieira, «O Caso Modelo SGPS S.A.: Da Legalidade dos Emolumentos Notariais nas Escrituras de Modificação de Contrato de Sociedade», in: 1 *ForI* (2000), 43-49; SANTOS, H. Moredo, «SGPS: Gestão de Participações Sociais como Forma Indirecta de Exercício de Actividades Económicas», in: AAVV, *Direito dos Valores Mobiliários*, vol. VIII, 357-445, Coimbra Editora, 2008; SILVA, J. Calvão, «Sociedades Gestoras de Participações Sociais (Holdings)», in: AAVV, *A Evolução do Direito no Séc. XXI – Estudos de Homenagem ao Professor Arnoldo Wald*, 187-203, Coimbra, Almedina, 2007; VENTURA, Raúl, *Participações Unilaterais de Sociedades em Sociedades e Sociedades Gestoras de Participações noutras Sociedades*, Scientia Ivridica, separata, Braga, 1980; XAVIER, V. Lobo/ CASTRO, C. Osório, «Limites à Aquisição de Participações Sociais por Sociedades Gestoras», in: XXXII *RDES* (1990), 1-16. Por seu turno, é bastante escassa a jurisprudência nacional sobre o tema: entre outros, vide o Acórdão do STJ de 29.IX.98, in: 479 *BMJ* (1998), 647-665.

[3] Utilizamos aqui a expressão num sentido estrito: como é óbvio, num sentido amplo, o termo «holding» (do inglês, «to hold» ou deter) pode ser utilizado para designar toda e qualquer sociedade que possua uma singela participação no capital de outra ou que seja sócia de outra, bastando para tal uma única acção ou quota (BONBRIGHT, Michel/ MEANS, Gardiner, *The Holding Company – Its Public Significance and Regulation*, 7, McGraw Hill, New York, 1933). Sobre a figura geral das «holdings», entre as obras fundamentais, vide, no direito alemão, LUTTER, Marcus (Hrsg.), *Holding-Handbuch – Recht, Management, Steuern*, 4. Aufl., Verlag Otto Schmidt, Köln, 2004; no direito anglo-saxónico, BONBRIGHT, Michel/ MEANS, Gardiner, *The Holding Company*, McGraw Hill, New York, 1932; no direito francês, COURET, Alain/ MARTIN, Didier, *Les Sociétés Holding*, PUF, Paris, 1997; no direito italiano, VELLA, Francesco, *Le Società Holding*, Giuffrè, Milano, 1993; e no direito brasileiro, LODI, J. Bosco/ LODI, E. Pires, *Holding*, Ed. Pioneira, S. Paulo, 1987.

diferentes tipos ou configurações concretas. Assim, de acordo com o critério da exclusividade dessa titularidade e administração, tornou-se usual distinguir entre *«holdings» puras* e *«holdings» mistas*: ao passo que as primeiras têm por objecto social único ou exclusivo a detenção e gestão da carteira de participações sociais, as últimas caracterizam-se pela manutenção de um objecto social de natureza industrial ou comercial, paralelamente à aquisição e gestão de participações noutras sociedades com objectos de natureza idêntica ou diversa[4]. Por outro lado, tomando por critério a finalidade da referida titularidade e administração de carteira, é ainda corrente distinguir entre *«holdings» financeiras* e *«holdings» directivas*: ao passo que nas primeiras a gestão das participações tem em vista um objectivo de frutificação ou rentabilização estável dos capitais investidos de acordo com uma lógica de diversificação dos riscos, nas segundas tal gestão persegue o objectivo de, através do exercício dos direitos sociais inerentes às participações em carteira («maxime», direitos de voto), intervir ou controlar activamente a vida das sociedades participadas[5]. Finalmente, de acordo com o critério do grau hierárquico da sociedade participante ou da nacionalidade das participadas, costuma-se ainda distinguir entre *«holdings» e «sub-holdings»* – consoante a sociedade participante é a cúpula hierárquica da rede de participações intersocietárias ou, ao invés, é ela própria participada por outra sociedade participante – e entre *«holdings» nacionais e internacionais* – consoante as sociedade participante e participadas têm todas a sua sede em território nacional ou em diferentes estados.[6]

[4] Sobre esta distinção entre «holdings» puras e mistas no direito comparado (por exemplo, a distinção entre «echte Holding» e «Mischholding» no direito alemão), vide *infra* I.4.

[5] Dito de outro modo: ao passo que, no primeiro caso, a gestão das participações sociais detidas constitui um *fim em si mesmo*, no sentido de que a sociedade participante visa apenas fruir passivamente da eventual valorização e dividendos por aquelas gerados, no segundo caso, a aquisição e gestão da carteira de participações sociais constitui apenas um *meio em relação a um fim*, já que a sociedade participante visa intervir activamente, através das posições de voto naquelas incorporadas, na condução dos negócios sociais das respectivas participadas. Sobre esta distinção entre «holdings» financeiras e directivas no direito comparado (v.g., entre as «Vermögensholding» e as «Führungsholding» germânicas, entre as «sociétés de controle» e as «sociétés de financement» e «sociétés d'investissement» francesas, etc.), vide para maiores desenvolvimentos *infra* Parte I.4.

[6] As «holdings» correspondem usualmente ao topo hierárquico ou cúpula de uma empresa plurissocietária («Dachholding»), mas podem desempenhar igualmente o papel de «sub-holdings» ou «holdings» intermédias ou sectoriais («Zwischen Holding»). Além disso, as sociedades participadas podem ter todas a mesma nacionalidade da participante («nationaler Holdingkonzern») ou algumas ter nacionalidade diferente («internationaler Holdingkonzern»). Cf. Lutter, Marcus, «Begriff und Erscheinungsformen der Holding», 15 e seg., in: AAVV, *Holding-Handbuch – Recht, Management, Steuern*, 1-29, 4. Aufl., Verlag Otto Schmidt, Köln, 2004.

Como melhor veremos oportunamente, neste mapa-múndi jurídico das «holdings», as sociedades gestoras de participações sociais, previstas na LSGPS portuguesa, configuram um *tipo societário especial cujo regime legal as reconduz às «holdings» de tipo puro, directivo e internacional.*[7]

3. História

As sociedades gestoras de participações sociais ou SGPS tiveram o seu antecessor histórico nas chamadas *«sociedades de controlo»* consagradas pelo Decreto-Lei nº 271/72, de 2 de Agosto[8]. Este importante diploma, surgido no âmbito de uma reorganização geral do ordenamento jurídico-financeiro português, veio prever e disciplinar «as sociedades que tivessem por objecto a gestão de uma carteira de títulos» (art. 1.º), distinguindo ou agrupando depois tais sociedades gestoras em três categorias fundamentais: as sociedades de controlo, de investimento e de aplicação de capitais.

As «sociedades de controlo» eram aí definidas como sendo aquelas que tenham por objecto estatutário exclusivo «a gestão de participações noutras sociedades como forma indirecta de exercício de actividades comerciais ou industriais» (art. 2.º, nº 1). Aspecto importante é o conjunto de pressupostos de que a lei fez depender a qualificação da gestão de participações sociais como uma forma indirecta de exercício de actividades comerciais – e assim, a própria qualificação de uma sociedade como «de controlo»: para tal necessário seria que, nos termos dos respectivos estatutos sociais, um mínimo de 70% do valor total contabilístico dos títulos em carteira fosse constituído por participações em sociedades comerciais ou industriais, em sociedades de cuja gestão esteja encarregue em consequência de especiais vínculos contratuais, ou noutras sociedades de controlo desde que a participação detida fosse igual ou superior a 30% do capital destas (art. 2.º, nº 2, a)), além da previsão da proibição de conceder crédito ou prestar garantias a débitos das sociedades participadas (art. 2.º, nº 2, b) e c))[9]. Por seu

[7] Sobre a matriz pura das SGPS, vide *infra* II.3.; sobre a sua matriz directiva, vide *infra* II.2.; e sobre a sua matriz internacional, vide *infra* II.1.

[8] Para um excurso histórico desenvolvido, em particular sobre as «sociedades de controlo», vide VENTURA, Raúl, *Participações Unilaterais de Sociedades em Sociedades e Sociedades Gestoras de Participações noutras Sociedades*, 49, Scientia Ivridica, separata, Braga, 1980.

[9] Como salienta Raúl VENTURA, daqui resultam duas características fundamentais destas sociedades: por um lado, estas sociedades possuem uma certa *«transparência»* no sentido em que elas são um veículo para exercer uma influência efectiva na gestão das sociedades participadas; por outro, justamente em virtude dessa sua especial teleologia, as participações sociais detidas em carteira são *«participações de intervenção»*, que possuem deter-

turno, as «sociedades de investimento» eram definidas como sendo aquelas que, não constituindo sociedades de controlo, estivessem autorizadas estatutariamente a adquirir e deter participações sociais superiores a 10% do capital das sociedades participadas e do seu próprio capital (art. 3.º); e «as sociedades de aplicação de capitais» como aquelas que estivessem autorizadas estatutariamente a adquirir e deter participações sociais representativas de 10% ou menos do capital das sociedades participadas e do seu próprio capital (art. 4.º).[10]

Finalmente, saliente-se ainda que estes três tipos de sociedades gestoras estavam sujeitos a um regime jurídico comum, em matérias tais como, designadamente, o conteúdo obrigatório dos seus estatutos sociais (art. 5.º), os requisitos da sua constituição (art. 6.º), as operações vedadas à sociedade gestora e suas participadas (arts. 8.º e 9.º), os deveres dos seus administradores (art. 10.º), certas regras de direito transitório (art. 14.º), ou o regime fiscal (art. 15.º) e sancionatório (art. 17.º) A par desse regime comum, assinale-se, todavia, a existência de importantes especialidades: assim, por exemplo, ao contrário das sociedades de controlo, as sociedades de investimento e de aplicação de capitais eram qualificadas como instituições parabancárias, sujeitas às autorizações, registos e fiscalização das autoridades de supervisão bancária (art. 2.º, nº 4 do citado diploma e Decreto-Lei nº 46 302, de 27 de Abril de 1965).[11]

4. Direito Comparado

As sociedades «holding» – já atrás o dissemos – constituem um fenómeno bem conhecido tanto da «praxis» como dos ordenamentos jurídico-societários de todo o mundo. Todavia, é curioso observar que, na esma-

minadas características (mormente, de montante percentual) que permitem à sociedade participante exercer tal influência (*Participações Unilaterais de Sociedades em Sociedades e Sociedades Gestoras de Participações noutras Sociedades*, 39 e 54, Scientia Ivridica, separata, Braga, 1980).

[10] A estas três espécies, acrescentava-se ainda uma quarta categoria por equiparação – a da «sociedade mista», equiparada a sociedade de investimento e definida como sendo aquela sociedade que, de facto, seja titular de participações sociais superiores a 100 mil contos ou metade do capital social da participante (art. 13.º). Sobre esta figura, vide Ventura, Raúl, *Participações Unilaterais de Sociedades em Sociedades e Sociedades Gestoras de Participações noutras Sociedades*, 55 e segs., Scientia Ivridica, separata, Braga, 1980.

[11] Retenham-se ainda as importantes alterações introduzidas pelo Decreto-Lei nº 137/79, de 18 de Maio, que veio revogar as sociedades de aplicação de capitais e reformular o conceito e regime jurídico das sociedades de investimento.

gadora maioria dos direitos estrangeiros, o acolhimento legislativo destas sociedades não passou pela criação de um tipo societário especial equivalente ao da SGPS portuguesa: na generalidade dos países, a regulamentação deste fenómeno tem sido, no essencial, abandonada aos princípios gerais do direito das sociedades comerciais, sem prejuízo da relevância subsidiária das normas legais sobre as coligações e grupos societários (v.g., Alemanha, Inglaterra, Itália) e da previsão de regimes jurídicos especiais de natureza contabilística, fiscal, financeira ou outra.

Assim, nos países da «Common Law», ressaltam os casos dos Estados Unidos da América e da Inglaterra. Os *Estados Unidos da América*[12] são provavelmente um dos países de maior implantação actual das sociedades «holding»: de acordo com Melvin A. Eisenberg, para a maior parte dos sectores económicos, as «holdings» tornaram-se na forma predominante de organização das grandes empresas norte-americanas[13]. A sua emergência histórica deu-se com a adopção da famosa «holding-clause» pelo estado norte-americano de New Jersey em 1888, a qual veio permitir, pela primeira vez na história do direito societário, a livre aquisição e detenção por uma sociedade de participações noutras sociedades[14]. Desde então, as «holding companies» designam genericamente aquelas sociedades que são titulares de um conjunto de participações sociais de controlo noutras sociedades[15]: tais sociedades podem constituir «holdings» puras, mas correspondem na sua maioria a «holdings» mistas que mantêm simultanea-

[12] Sobre a figura no direito americano, vide Bonbright, Michel/ Means, Gardiner, *The Holding Company – Its Public Significance and Regulation*, McGraw Hill, New York, 1933; Conard, Alfred, *Corporations in Perspective*, 168 e segs., Foundation Press, New York, 1976; Eisenberg, M. Aron, *The Structure of the Corporation – A Legal Analysis*, 277 e segs., Little, Brown & Co., Boston, 1976.

[13] *The Structure of the Corporation – A Legal Analysis*, 279, Little, Brown & Co., Boston, 1976. Segundo este autor, uma variante deste fenómeno consiste nas chamadas «megasubsidiaries», uma espécie de «sub-holdings» que, sendo controladas por uma «holding»-mãe, são titulares de uma vasta carteira de participações em sociedades comerciais (Eisenberg, M. Aron, «Megasubsidiaries: The Effect of Corporate Structure on Corporate Control», in: 84 *HarvLR* (1971), 1577-1616).

[14] Sobre esta evolução histórica, vide Robinson, M. H., «The Holding Company», in: 18 *Yale Law Review* (1912), 390-407; Freedland, Martin, «History of the Holding Company Legislation in New York State: Some Doubts as to the "New Jersey First" Tradition», in: 24 *FordLR* (1955), 369-411. Sobre o significado desta consagração legislativa no direito societário mundial, vide Antunes, J. Engrácia, *Liability of Corporate Groups*, 51 e segs., 146 e segs., Kluwer, Deventer/ Boston, 1994.

[15] Neste sentido, Conard, Alfred, *Corporations in Perspective*, 168, Foundation Press, New York, 1976; Eisenberg, M. Aron, *The Structure of the Corporation – A Legal Analysis*, 277, Little, Brown & Co., Boston, 1976; Hamilton, Robert, *Corporate Finance*, 509, 2nd edition, West Publishing, St. Paul, 1989.

mente uma actividade produtiva directa (v.g., «General Motors», «AT&T», «Western Union»)[16]; do mesmo modo, podem ser constituídas de raiz, ou inversamente resultar da transformação ou cisão de uma sociedade comercial com objecto económico directo («up-stream holding»)[17]. Sublinhe-se ainda que, de acordo com alguma doutrina norte-americana, a mesma nomenclatura é por vezes utilizada para designar sociedades que são titulares de participações intersocietárias com um mero fito de investimento («portfolio holding companies»). Em *Inglaterra*[18], a figura da «holding company» é conhecida de longa data[19], sendo o seu conceito utilizado actualmente pelo legislador num sentido equivalente ao de sociedade dominante: com efeito, nos termos da sec. 1159 (1) do «Companies Act» de 2006, uma sociedade «holding» é definida como sendo aquela que «a) é titular noutra sociedade da maioria dos votos; b) é sócia de outra e tem o direito de eleger ou destituir a maioria dos membros do seu órgão de administração; c) é sócia de outra e controla, graças a acordo celebrado com outros sócios, a maioria dos direitos de voto». Por outro lado, tenha-se ainda presente que são consagradas separadamente as chamadas «investment companies», definidas como sendo aquelas que têm por objecto realizar aplicações rentáveis em valores mobiliários seguindo um princípio de diversificação de risco (sec. 833 e segs. do «Companies Act»). Donde resulta, de forma muito sumária, que o conceito britânico de «holding» se afigura algo diverso do seu congénere norte-americano, sendo, a um tempo, mais amplo (indo para além das sociedades titulares de participações sociais de controlo) e menos amplo (por excluir expressamente as sociedades gestoras de investimento em carteiras de participações).

[16] Como nota Alfred Conard, «most of holding companies are not pure holding companies; they are both "operating" and "holding"» (*Corporations in Perspective*, 168, Foundation Press, New York, 1976).

[17] Para um levantamento dos fundamentos económicos deste tipo de metamorfose societária, vide Shapiro, Benjamin, «The One-Bank Holding Company Movement: An Overview», 297 e segs., in: 86 *BankLJ* (1969), 291-312.

[18] Sobre a figura no direito inglês, vide Farrar, John/ Hannigan, Brenda, *Company Law*, 533 e segs., 4th edition, Butterworths, London, 1988; GOWER, Lawrence C., *Principles of Modern Company Law*, 121 e seg., 5th edition, Sweet & Maxwell, London, 1992; Schmitthoff, Clive, *Palmer's Company Law*, 24th edition, 1066 e segs., Stevens & Sons/ Green & Son, London/ Edinburg, 1987.

[19] Segundo alguns autores, o primeiro exemplo acabado da figura na história do direito societário provém mesmo deste país, com a «Imperial Continental Gas Association» constituída em 1824 (Hill, N. K., *The History of the Imperial Continental Gas Association, 1824-1900*, Diss., London, 1950).

Nos países da «Civil Law», a figura é também conhecida de longa data. Assim, na *Alemanha*[20], as operações de reestruturação das grandes e médias empresas germânicas conduziram à progressiva emergência de «holdings»[21] titulares de uma carteira de participações de capital num número muito vasto de sociedades comerciais operativas, sendo usual distinguir entre quatro tipos ou modalidades fundamentais[22]: as «holdings» financeiras ou patrimoniais («Vermögensholding»), que são aquelas que possuem um objecto e finalidade puramente financeiros, circunscrevendo a sua actividade à mera aquisição e detenção de uma carteira de participações sociais como forma de investimento de capital a gerir segundo uma óptica de pura rentabilização[23]; as «holdings» de direcção ou gestão («Führungsholding»), que são aquelas que possuem um objecto financeiro mas uma finalidade de administração estratégica, no sentido em que, não exercendo qualquer actividade económica ou produtiva directa no mercado, são titulares de um conjunto de participações sociais através das quais se propõem realizar uma intervenção activa na condução das actividades das sociedades participadas[24]; as «holdings» mistas («Mischholding»), que se contradistinguem das demais por possuírem um objecto miscigenado ou compósito, ou seja, por conservarem uma actividade económica directa em mercado ao mesmo tempo que, por via da detenção de um leque de participações no capital de outras

[20] Sobre a figura no direito alemão, vide HOMMELHOFF, Peter, «Holding-Gesellschaften und Gruppen-Leitung», in: AAVV, *I Gruppi di Società*, vol. II, 1389-1429, Giuffrè, Milano, 1996; KELLER, Thomas, *Unternehmensführung mit Holdingskonzepten*, 2. Aufl., Schäffer/ Poeschel, Berlin, 2002; LUTTER, Marcus (Hrsg.), *Holding-Handbuch – Recht, Management, Steuern*, 4. Aufl., Verlag Otto Schmidt, Köln, 2004.

[21] Tenha-se presente que, neste país, as «holdings» podem revestir a forma, além de sociedades de capitais, também de sociedades de pessoas, fundações, ou até mesmo pessoas singulares: cf. KRAFT, Ernst-Thomas, «Entstehung der Holding», 49 e segs., in: AAVV, *Holding-Handbuch – Recht, Management, Steuern*, 43-120, 4. Aufl., Verlag Otto Schmidt, Köln, 2004.

[22] Sobre as tipologias funcionais das «holdings», vide desenvolvidamente LUTTER, Marcus, «Begriff und Erscheinungsformen der Holding», 10 e segs., in: AAVV, *Holding-Handbuch – Recht, Management, Steuern*, 1-29, 4. Aufl., Verlag Otto Schmidt, Köln, 2004.

[23] Como nota Peter HOMMELHOFF, este tipo de «holding» limita-se à detenção de participações em sociedades nas quais aquela se abstém do exercício de qualquer tipo de influência de carácter estratégico ou operativo, podendo ainda as participações ser alienadas a fim de optimizar o rendimento global da carteira (*Holding-Gesellschaften und Gruppen-Leitung*, 1392, in: AAVV, *I Gruppi di Società*, vol. II, 1389-1429, Giuffrè, Milano, 1996).

[24] Sobre este tipo de «holding» directiva (também designada «geschäftsführende Holding»), vide ainda BÜHNER, Rolf/ WEINBERGER, Hans-Joachim, *Management-Holding – Unternehmensstruktur der Zukunft*, 2. Aufl., Moderne Industrie Verlag, Landsberg/ Lech, 1992.

sociedades, conduzem indirectamente a actividade económica destas[25]; e as «holdings» virtuais («virtuelle Holding»), caracterizadas pelo facto de as respectivas unidades constituintes carecerem de autonomia jurídica própria[26]. As sociedades «holdings» não deram até hoje origem a qualquer tipo societário próprio – ressalvado o caso particular das «Unternehmensbeteiligungsgesellschaften» e das «Kapitalanlagegesellschaften» e «Investmentaktiengesellschaften»[27], que representam figurinos societários filiados nas chamadas «holdings» financeiras[28] –, sendo a sua regulação jurídica fundamentalmente obtida através do recurso à disciplina geral dos grupos de sociedades («Konzernrecht»), além de um mosaico pluridisciplinar que vai do direito fiscal[29] e contabilístico[30] até

[25] Uma variante das «holdings» mistas são as chamadas «casas-mãe» («Stammhaus»), que designam um tipo de grupo empresarial cuja cúpula hierárquica mantém uma forte actividade económica directa própria no mercado e cujas sociedades participadas se assemelham a meras extensões produtivas dessa actividade, sujeitas a intensa centralização (EVERLING, Wolfgang, «Konzernführung durch eine Holdinggesellschaft», in: *DB* (1981), 2549-2554).

[26] SCHWARK, Eberhard, «Virtuelle Holding und Bereichsvorstände – Eine aktien- und konzern-rechtliche Betrachtung», in: *Festschrift für Peter Ulmer*, 605-626, De Gruyter, Berlin, 2002.

[27] As primeiras, reguladas pela «Gesetz zur Regelung der Unternehmensbeteiligungsgesellschaften» (UBGG) de 1986, são um tipo societário especial que tem por objecto específico a titularidade de participações em sociedades de pequena e média dimensão não cotadas em bolsa como instrumento de apoio à sua expansão ou reestruturação – aproximando-se assim das sociedades de capital de risco portuguesas ou, mais genericamente, das chamadas sociedades de «private equity» (FOCK, Till, *UBGG – Gesetz über Unternehmensbeteiligungsgesellschaften – Recht und Steuern des Kapitalbeteiligungsgeschäfts*, 2, Beck, München, 2005). As últimas, reguladas pela «Investmentgesetz» (InvG) de 2003, são sociedades gestoras de fundos de investimento (§§ 6 e segs.) ou sociedades de investimento mobiliário com capital variável (§§ 95 e segs.) – equivalentes em parte às figuras societárias associadas aos organismos de investimento colectivo mobiliário portugueses (BÖDECKER, Carsten, *Handbuch Investmentrecht*, Uhlenbruch Verlag, Bad Soden, 2007; FROMM, Andreas, *Die Investmentaktien-gesellschaft mit veränderlichem Kapital*, Peter Lang, Frankfurt am Main, 2008).

[28] HOMMELHOFF, Peter, «Holding-Gesellschaften und Gruppen-Leitung», 1392, in: AAVV, *I Gruppi di Società*, vol. II, 1389-1429, Giuffrè, Milano, 1996.

[29] SCHAUMBURG, Harald/ LENHARD, Jesse, «Die nationale Holding aus steuerrechtlicher Sicht», in: AAVV, *Holding-Handbuch – Recht, Management, Steuern*, 637-931, 4. Aufl., Verlag Otto Schmidt, Köln, 2004.

[30] SCHEFFLER, Eberhard, «Die Rechnungslegung der Holding», in: AAVV, *Holding-Handbuch – Recht, Management, Steuern*, 423-635, 4. Aufl., Verlag Otto Schmidt, Köln, 2004.

ao direito laboral[31], financeiro[32] e insolvencial[33]. Em *França*[34], o conceito de sociedade «holding» é predominantemente utilizado para designar aquelas sociedades que são titulares de carteiras de participações no capital de outras sociedades com um objectivo estratégico de controlo e intervenção na respectiva gestão[35]: destas sociedades (também denominadas «sociétés de controle») costuma a doutrina gaulesa distinguir as «sociétés de financiement» - que têm por objecto fundamental aportar recursos financeiros a sociedades existentes ou a constituir, mormente mediante a aquisição de participações no seu capital (designadamente, as «société de capital-risque»[36]) - e as «sociétés d'investissement» - cujo objecto reside no investimento colectivo em carteiras de valores mobiliários (nomeadamente, as «société d'investissement à capital variable» ou SICAV[37])[38]. Não sendo objecto de regulação legal expressa, a sua existência e organização ficam assim sujeitas aos princípios societários gerais, tendo a sua validade jurídica sido confirmada reiteradamente pela jurisprudência superior fran-

[31] WACKERBARTH, Ulrich, «Arbeitsrecht in der Holding», in: AAVV, *Holding-Handbuch - Recht, Management, Steuern*, 340-435, 4. Aufl., Verlag Otto Schmidt, Köln, 2004.

[32] THIESEN, M. René, «Finanzwirtschaft der Holding», in: AAVV, *Holding-Handbuch - Recht, Management, Steuern*, 468-522, 4. Aufl., Verlag Otto Schmidt, Köln, 2004.

[33] KREMER, Thomas, «Liquidation und Insolvenz», in: AAVV, *Holding-Handbuch - Recht, Management, Steuern*, 1067-1079, 4. Aufl., Verlag Otto Schmidt, Köln, 2004.

[34] Sobre a figura no direito francês, vide BARALO, Jean, *Le Holding: Régime Juridique et Fiscal*, Paris, 1981; COURET, Alain/ MARTIN, Didier, *Les Sociétés Holding*, PUF, Paris, 1997; DRUMMOND, France, *Les Sociétés Dites "Holdings"*, Diss., Paris, 1993.

[35] Neste sentido, que abrange na formulação de alguns autores tanto as «holdings» puras como mistas, vide COZIAN, Maurice/ VIANDIER, Alain, *Droit des Sociétés*, 600, 9ème édition, Litec, Paris, 1996; GUYON, Yves, *Droit des Affaires*, Tome 1, 629, 12ème édition, Economica, Paris, 2003; LE CANNU, Paul, *Droit des Sociétés*, 874, 2ème édition, Montchrestien, Paris, 2004; MERLE, Phillipe, *Droit Commercial - Sociétés Comerciales*, 9ème édition, 760, Dalloz, Paris, 2003; RIPERT, George/ ROBLOT, René, *Traité de Droit Commercial*, tome I, 1519, 17ème ed., LGDJ, Paris, 1998.

[36] BERTREL, Jean-Pierre, «Les Sociétés de Capital-Risque», in: *RevDBB* (1987), 40-49.

[37] SENN, J. Patrice, *Les Sociétés d'Investissement en Droit Français et Droit Comparé*, Diss., Nancy, 1956. Sobre as SICAV, vide GALLAIS-HAMONNO, Georges, *SICAV et Fonds de Placement - Les OPCVM en France*, 2ème édition, PUF, Paris, 2007.

[38] Sobre esta tripartição, vide RIPERT, George/ ROBLOT, René, *Traité de Droit Commercial*, tome I, 1519, 17ème ed., LGDJ, Paris, 1998. Figuras vizinhas, que não se confundem igualmente com as «holdings», são as «entreprises d'investissement», que têm por objecto a prestação de serviços de investimento em instrumentos financeiros, ou os «prifons» («private equity fonds»), fundos de capital de risco.

cesa[39]. Na *Itália*[40], onde também não existe uma consagração legal directa da figura, o conceito «holding» é utilizado frequentemente na doutrina para designar a cúpula hierárquica de um grupo societário cujo objecto distintivo consiste em, através de participações sociais de controlo ou também de outros vínculos de direito ou de facto, exercer uma direcção unitária estratégica sobre um conjunto de sociedades produtoras de bens ou serviços[41]: destas entidades (usualmente, mas não necessariamente, sociedades de capitais) distinguem-se as «società finanziarie», cujo objecto consiste na aquisição e detenção de participações com finalidades de puro investimento de capital.[42]

Enfim, e por último, assinale-se que as sociedades «holding» representam hoje uma espécie de diagonal fulgurante do direito societário comparado, sendo conhecidas da prática, ou mesmo reconhecidas pela lei, de numerosos países espalhados pelos quatro cantos do mundo, tais como, apenas a título de exemplo, a *Austrália*[43], a *Holanda*[44], a *Suíça*[45], o *Luxemburgo*[46], a *Bélgica*[47], ou o *Brasil*.[48]

[39] No caso *«Rivoie et Carret – Lustucru»*, a «Cour de Cassation» afirmou a validade de uma sociedade «holding» resultante de acordos de voto concluídos entre várias sociedades e destinados a definir a composição dos seus órgãos de administração (Acórdão da Cassação Comercial de 24 de Fevereiro de 1987, in: *BulJS* (1987), 213).

[40] Sobre a figura no direito italiano, vide GALGANO, Francesco, «Qual è l'Oggetto della Società Holding?», in: 2 *CeImp* (1986), 327-343; LIBONATI, Berardino, *Holding e Investment Trusts*, Giuffré, Milano, 1977; VELLA, Francesco, *Le Società Holding*, Giuffrè, Milano, 1993.

[41] GALGANO, Francesco, «Qual è l'Oggetto della Società Holding?», in: 2 *CeImp* (1986), 327-343. Mas existem outros entendimentos, considerando a «holding» como uma sociedade que tem por objecto a assunção e gestão de participações sociais com finalidades diversas (GUERRA, Pietro, «Appunti in Tema di Holding», 116, in: *RivDCom* (1954), 104-123), com uma finalidade primordial de intermediação na circulação de capitais (LIBONATI, Berardino, *Holding e Investment Trusts*, 77, Giuffré, Milano, 1977), ou até como empresa de prestação de serviços de assistência técnica e financeira (VELLA, Francesco, *Le Società Holding*, 154 e segs., Giuffrè, Milano, 1993).

[42] Sobre a diferença entre «holding» e «società finanziaria», vide ainda GALGANO, Francesco, *I Gruppi di Società*, 80, Utet, Torino, 2001.

[43] FORD, H. J. A./ AUSTIN, R.P., *Ford's Principles of Corporation*, 158 e segs., 6th edition, Butterworths, Sidney, 1992.

[44] DAEMZ, Herman, *The Holding Company and Corporate Control*, M. Nijhoff, Leiden, 1978.

[45] ZWEIFEL, Martin, *Holdinggesellschaft und Konzern*, 131 e segs., Diss., Zürich, 1973.

[46] GIROD, Amandine, *La Création de Sociétés Holdings au Grand-Duché du Luxembourg*, Diss., Paris, 1981.

[47] DE WOLF, Patrick, «La Société Holding en Belgique: Définition et Régime Juridique», in: *DrFiscB* (2004), 1-44; CHENY, Christian/ LAURENT, Christophe, *Le Régime Fiscal des Sociétés Holdings en Belgique*, Larcier, Bruxelles, 2008.

[48] LODI, J. Bosco/ LODI, E. Pires, *Holding*, Ed. Pioneira, S. Paulo, 1987.

5. Figuras Afins

Neste esforço de caracterização preliminar, importa ainda distinguir as SGPS de outras *figuras afins*. Com efeito, o legislador português consagrou um conjunto de outros tipos societários especiais cujo objecto envolve igualmente a aquisição e a detenção de participações sociais, mas com os quais aquela não se pode confundir.

As *sociedades gestoras de fundos de investimento mobiliário* «têm por objecto principal a gestão de um ou mais fundos de investimento mobiliário», ou seja, a gestão de patrimónios colectivos destinados ao investimento colectivo de capitais recebidos do público em carteiras diversificadas de activos financeiros e mobiliários, com particular destaque para as participações sociais (arts. 31.º e segs. do RJOIC, aprovado pelo Decreto-Lei nº 252/2003, de 28 de Abril): ao contrário das SGPS, estas sociedades gestoras são sociedades financeiras (art. 6.º, nº 1, d) do RGICSF) que gerem um património alheio recolhido do público investidor (e não um património próprio formado a partir das contribuições de um número limitado de sócios), sendo essa gestão realizada de acordo com uma pura perspectiva financeira de rentabilização do investimento (e não uma perspectiva estratégica de intervenção nas entidades alvo do investimento).[49]

As *sociedades de investimento* são «instituições de crédito que têm por objecto exclusivo uma actividade bancária restrita à realização de operações financeiras e prestação de serviços conexos», entre as quais se inclui a tomada de participações no capital de sociedades (arts. 1.º e 3.º, nº 1, c) do Decreto-Lei nº 260/94, de 22 de Outubro): ao contrário das SGPS, estas sociedades são instituições de crédito especializadas sempre sujeitas à regulação e supervisão bancária (art. 3.º, f) do RGICSF), além de o seu investimento em carteiras de participações sociais ter um carácter não exclusivo e puramente ancilar do desenvolvimento de operações financeiras.[50]

[49] Como nota Maria João Tomé, «os princípios da divisão e da limitação dos riscos afiguram-se incompatíveis com a realização de operações de carácter especulativo, de financiamento directo e de controlo das empresas» (*Fundos de Investimento Mobiliário Abertos*, 53, Almedina, Coimbra, 1997). Num sentido idêntico, Veiga, A. Brandão, *Fundos de Investimento Mobiliário e Imobiliário*, 89 e segs., Almedina, Coimbra, 1999.

[50] Estas sociedades são herdeiras das «sociedades de investimento» consagradas no Decreto-Lei nº 271/72, de 2 de Agosto, as quais, recorde-se, se contradistinguiam das «sociedades de controlo» justamente pelo facto de a titularidade de participações sociais não constituir uma forma indirecta de exercício de actividades comerciais e industriais (cf. *supra* I.3.). Sobre estas sociedades, vide Cordeiro, A. Menezes, *Direito Bancário*, 873, 3ª edição, Almedina, Coimbra, 2006; no direito comparado, vide Senn, J. Patrice, *Les Sociétés d'Investissement en Droit Français et Droit Comparé*, Diss., Nancy, 1956.

As *sociedades de capital de risco* são sociedades que têm por objecto principal a realização de investimentos em instrumentos de capital próprio e alheio de empresas com elevado potencial de desenvolvimento, por forma a beneficiar da respectiva valorização (arts. 2.º e 6.º do Decreto-Lei nº 357/2007, de 8 de Novembro), «maxime», participações no capital de outras sociedades: apesar de alguns pontos de contacto, a aquisição e detenção de participações sociais visa aqui fundamentalmente apoiar o arranque, reestruturação e expansão das sociedades participadas (sendo em regra, por isso também, meramente temporária e desembocando na alienação de tais participações), e não propriamente assegurar uma gestão coordenada das actividades do conjunto dessas empresas societárias.[51]

Enfim, as *sociedades gestoras de patrimónios* são sociedades que têm por «objecto exclusivo o exercício de actividade de administração de conjuntos de bens, que se designam por carteiras, pertencentes a terceiros» (art. 1.º do Decreto-Lei nº 163/94, de 4 de Junho): ao invés das SGPS, trata-se de sociedades financeiras (art. 6.º, nº 1, f) do RGICSF) que administram carteiras de activos patrimoniais pertencentes a terceiros, as quais, de resto, podem incluir ou não participações sociais.

6. Finalidades

As SGPS são, no direito português, fundamentalmente uma *forma jurídico-organizativa para a cúpula hierárquica ou topo de um grupo de sociedades* (ou de um certo sector deste, funcionando então como uma «sub-holding» ou «holding» sectorial).[52]

Com efeito, é sabido que o processo natural de expansão das empresas modernas conduziu estas a abandonar a sua originária forma unissocietária em favor de uma forma plurissocietária, ou seja, a organizar-se como um conjunto mais ou menos vasto de sociedades juridicamente autóno-

[51] Por maioria de razão, não se confundem também com as SGPS os chamados «business angels», designados entre nós «investidores de capital de risco», organizados sob a forma de sociedades unipessoais por quotas (art. 9.º do Decreto-Lei nº 357/2007, de 8 de Novembro). Sobre estas sociedades, embora à luz do direito pretérito, vide Soares, A. Ferreira, «Breves Notas sobre o Novo Regime Jurídico das Sociedades de Capital de Risco e dos Fundos de Capital de Risco», in: 15 *CadMVM* (2002), 233-241.

[52] Utilizamos aqui a expressão grupo num sentido económico ou amplo, não no sentido das normas sobre sociedades coligadas previstas no CSC. Sobre os grupos de sociedades, em particular no seu confronto com a figura da «holding», Antunes, J. Engrácia, *Os Grupos de Sociedades – Estrutura e Organização Jurídica da Empresa Plurissocietária*, 88 e segs., 2ª edição, Almedina, Coimbra, 2002.

mas subordinadas à direcção unitária exercida por uma delas sobre as demais. Ora, o crescimento e a maturação dos próprios grupos societários veio tornar inevitável que, uma vez atingida determinada dimensão ou complexidade internas, a sociedade-mãe se veja forçada a abandonar o exercício da sua primitiva actividade económica directa e própria para se concentrar exclusivamente na administração do próprio grupo ou empresa plurissocietária, mediante a gestão estratégica da carteira de participações detidas em sociedades-filhas operativas no mercado[53]. As SGPS visaram justamente dar tradução regulatória a essa necessidade prática de reestruturação dos grupos, oferecendo às cúpulas grupais um tipo societário especialmente concebido para desempenhar tal função exclusiva de gestão estratégica do conjunto das participadas: isso mesmo foi confirmado pelo próprio legislador, que, no Preâmbulo da LSGPS, expressamente atribuiu à introdução da figura em Portugal a intenção de assim criar condições «que facilitem e incentivem a criação de grupos económicos, enquanto instrumentos adequados a contribuir para o fortalecimento do tecido empresarial português»[54]. E não surpreende assim que seja também esse o entendimento pacífico da doutrina portuguesa, onde é amiúde sublinhado que as SGPS «constituem um modelo organizativo especial para o vértice dos grupos»[55], que «na actualidade, elas servem, predominantemente, finalidades de reestruturação dos grupos e de empresas»[56], que constituem «o centro decisor donde emanam as orientações que conjugam os interesses do grupo face às sociedades compreendidas no seu perímetro»[57], ou que a

[53] Sobre a evolução dos grupos industriais para os chamados grupos financeiros e mistos, vide Antunes, J. Engrácia, *Os Grupos de Sociedades – Estrutura e Organização Jurídica da Empresa Plurissocietária*, 82 e segs., 2ª edição, Almedina, Coimbra, 2002.

[54] Esta vocação primacial das SGPS foi confirmada ainda nas revisões posteriores da LSGPS, mormente na introduzida pelo Decreto-Lei nº 319/94, de 24 de Dezembro, onde se pode ler: «As sociedades gestoras de participações sociais (SGPS) têm vindo a desempenhar na economia nacional um papel significativo na consolidação de uma estrutura empresarial sólida, favorecendo a criação de grupos económicos».

[55] Castro, C. Osório/ Brito, D. Lorena, «A Concessão de Crédito por uma SGPS às Sociedades Estrangeiras por ela Dominadas (Ou às Sociedades Nacionais Indirectamente Dominadas através de uma Sociedade Estrangeira) e o Artigo 481.º, nº 2 do C.S.C.», 133, in: 136 *RevOD* (2004), 131-155.

[56] Cordeiro, A. Menezes, «Sociedades Gestoras de Participações Sociais», 575, in: 133 *RevOD* (2001), 557-579.

[57] Santos, H. Moredo, «SGPS: Gestão de Participações Sociais como Forma Indirecta de Exercício de Actividades Económicas», 360 e seg., in: AAVV, *Direito dos Valores Mobiliários*, vol. VIII, 357-445, Coimbra Editora, 2008.

gestão de participações sociais encontra «a sua principal função no seio do grupo de sociedades em que se integre».[58]

Para além desta função primordial, as SGPS podem naturalmente servir outros tipos de *finalidades secundárias ou complementares*, tais como finalidades de natureza pessoal (v.g., estabilidade da propriedade accionista face a vicissitudes familiares e sucessórias), empresarial (v.g., imagem de marca integrada, preparação de equipas dirigentes), financeira (v.g., reforço do poder de mercado e de negociação de crédito), fiscal (v.g., planeamento fiscal), ou outra.[59]

II - CARACTERIZAÇÃO: O OBJECTO SOCIAL DAS SGPS

Para a noção e caracterização da SGPS enquanto tipo societário especial, é absolutamente nodal a definição prevista no preceito inaugural da LSGPS: «As sociedades gestoras de participações sociais, adiante abreviadamente designadas por SGPS, têm por único objecto contratual a gestão de participações sociais noutras sociedades como forma indirecta de exercício de actividades económicas» (art. 1.º, nº 1). Os elementos-chave da definição legal são, pois, os seguintes três: o conceito de *participações sociais*; o de *gestão dessas participações como forma indirecta do exercício de actividades económicas*; e o de *exclusividade* dum objecto social assim definido.[60]

[58] Lopes, N. Brito, «Os Aspectos Jurídico-Societários das SGPS», 1196, in: 58 *ROA* (1998), 1177-1208.

[59] Sobre as finalidades das «holdings» em geral, bem como as suas vantagens e inconvenientes, vide Lodi, J. Bosco/ Lodi, E. Pires, *Holding*, 3 e segs., Ed. Pioneira, S. Paulo, 1987; Scheffler, Eberhard, «Vor- und Nachteile der Holding», 32 e segs., in: AAVV, *Holding-Handbuch – Recht, Management, Steuern*, 30-42, 4. Aufl., Verlag Otto Schmidt, Köln, 2004.

[60] Sobre a questão do objecto social das SGPS, vide Castro, C. Osório/ Brito, D. Lorena, «A Concessão de Crédito por uma SGPS às Sociedades Estrangeiras por ela Dominadas (Ou às Sociedades Nacionais Indirectamente Dominadas através de uma Sociedade Estrangeira) e o Artigo 481.º, nº 2 do C.S.C.», 134 e seg., in: 136 *RevOD* (2004), 131-155; Cordeiro, A. Menezes, «Sociedades Gestoras de Participações Sociais», 573 e segs., in: 133 *RevOD* (2001), 557-579; Duarte, J. Miguel, «Actos Praticados pelas Sociedades Gestoras de Participações Sociais», 13 e segs., in: 89 *VJud* (2005), 12-19; Lopes, N. Brito, «Os Aspectos Jurídico-Societários das SGPS», 1183 e segs., in: 58 *ROA* (1998), 1177-1208; Silva, J. Calvão, «Sociedades Gestoras de Participações Sociais (Holdings)», 189 e segs., in: AAVV, *A Evolução do Direito no Séc. XXI – Estudos de Homenagem ao Professor Arnoldo Wald*, 187-203, Coimbra, Almedina, 2007; Ventura, Raúl, *Participações Unilaterais de Sociedades em Sociedades e Sociedades Gestoras de Participações noutras Sociedades*, Scientia Ivridica, separata, Braga, 1980; Xavier, V. Lobo/ Castro, C. Osório, «Limites à Aquisição de Participações Sociais por Sociedades Gestoras», 14 e segs., in: XXXII *RDES* (1990), 1-16. Para questão congénere no direito estrangeiro – com a ressalva, já feita, da inexistência aí de tipos socie-

1. As Participações Sociais

O primeiro elemento definidor do objecto social das SGPS tem que ver com as *participações sociais*: trata-se, na verdade, de um tipo societário que se contradistingue por ter por objecto a titularidade de uma carteira mais ou menos vasta de participações no capital de outras sociedades.[61]

Em via geral, tais participações intersocietárias podem ser realizadas em qualquer tipo de sociedades de capitais - podendo assim consistir em acções ou em quotas (art. 3.º, nº 1 da LSGPS)[62], incluindo de outras SGPS[63] -, de direito português ou estrangeiro - ou seja, regidas pelo CSC ou cuja «lex societatis» seja uma lei estrangeira, ressalvadas as limitações decorrentes desta lei ou dos estatutos sociais[64] -, podem ser originárias ou

tários equivalentes à SGPS portuguesa -, vide Galgano, Francesco, «Qual è l'Oggetto della Società Holding?», in: 2 *CeImp* (1986), 327-343; Keller, Thomas, «Die Führung der Holding», in: AAVV, *Holding-Handbuch - Recht, Management, Steuern*, 121-174, 4. Aufl., Verlag Otto Schmidt, Köln, 2004; Lodi, J. Bosco/ Lodi, E. Pires, *Holding*, 19 e segs., Ed. Pioneira, S. Paulo, 1987.

[61] A formulação legal é defeituosa, por redundante ou pleonástica, ao falar de «participações sociais noutras sociedades», já que as participações sociais são detidas necessariamente noutras sociedades: se decerto uma SGPS pode adquirir e deter acções próprias nos termos estritos permitidos do CSC (cf. a revogação da proibição originariamente prevista no art. 5.º, através do Decreto-Lei nº 318/94, de 24 de Dezembro), já não é concebível que o seu objecto pudesse consistir na gestão de participações sociais na própria sociedade (ou seja, de autoparticipações).

[62] As sociedades participadas podem assim ser sociedades anónimas, por quotas ou em comandita por acções, ficando já excluídas as participações em sociedades em nome colectivo, em sociedades em comandita simples (ou participações comanditadas em comanditas por acções), ou sociedades civis, as quais já são admitidas, observados certos pressupostos, para as sociedades comerciais em geral (art. 11.º, nº 5 do CSC). Sobre a questão geral da participação societária em sociedades de pessoas, vide Ventura, Raúl, *Participações Unilaterais de Sociedades em Sociedades e Sociedades Gestoras de Participações noutras Sociedades*, 28 e segs., Scientia Ivridica, separata, Braga, 1980; e das SGPS em particular, vide Santos, H. Moredo, «SGPS: Gestão de Participações Sociais como Forma Indirecta de Exercício de Actividades Económicas», 378 e segs., in: AAVV, *Direito dos Valores Mobiliários*, vol. VIII, 357-445, Coimbra Editora, 2008.

[63] Tal significa que, à semelhança do que sucede noutros países, as SGPS podem corresponder a «holdings», ocupando o topo hierárquico ou cúpula de um grupo plurissocietário («Dachholding»), ou a meras *«sub-holdings»*, que desempenham o papel de «holding» intermédia ou cúpula de um determinado sector do grupo («Zwischen Holding»). Cf. também Lutter, Marcus, «Begriff und Erscheinungsformen der Holding», 15 e seg., in: AAVV, *Holding-Handbuch - Recht, Management, Steuern*, 1-29, 4. Aufl., Verlag Otto Schmidt, Köln, 2004.

[64] A lei refere que a aquisição ou detenção de participações em sociedades de direito estrangeiro é permitida às SGPS «nos mesmos termos em que podem adquirir e deter participações em sociedades sujeitas ao direito português» (art. 3.º, nº 2 da LSGPS): tal

supervenientes – isto é, resultar da aquisição de novas acções ou quotas, no momento da respectiva emissão (constituição da sociedade participada ou aumento de capital desta), ou da sua aquisição derivada em momento diverso (arts. 1.º, nº 4, e 3.º, nº 1 da LSGPS) –, e podem ser directas ou indirectas – ou seja, ser detidas directamente pela SGPS em nome próprio ou indirectamente através de sociedades dependentes (art. 1.º, nº 2 da LSGPS). Todavia, em homenagem à matriz distintiva das SGPS, o legislador cominou expressamente que a carteira de participações sociais apenas poderá ser constituída por dois tipos de participações – que aqui designaremos por *«participações regra»* e *«participações excepção»*.

Designam-se por *participações-regra* as participações sociais de natureza duradoura e de montante igual ou superior a 10% do capital com direito de voto da sociedade participada (art. 1.º, nº 2 da LSGPS). Em princípio, pois, uma SGPS apenas pode ser titular de participações intersocietárias que preencham cumulativamente um requisito temporal e quantitativo: por um lado, a participação deve possuir carácter duradouro ou estável, não meramente temporário ou ocasional, entendendo por tal a sua detenção por período superior a 1 ano (art. 1.º, nº 3 da LSGPS); por outro lado, a participação deve ser representativa de 10% ou mais do capital votante da sociedade participada, não sendo relevantes para este cômputo as acções ou quotas privadas de direitos de voto, v.g., acções preferenciais sem voto (art. 1.º, nº 2 da LSGPS).[65]

Ao lado destas participações-regra – que constituem, por assim dizer, o núcleo obrigatório da carteira de participações destas sociedades –, o legislador admitiu ainda, em homenagem a interesses de ordem vária, que as SGPS possam ser titulares de participações sociais que não observam tais requisitos gerais de natureza temporal ou quantitativa. Tais *participações-excepção* são relativamente numerosas e importantes[66]: assim, de forma

parece significar que as sociedades participadas estrangeiras deverão revestir um tipo social equivalente aos das sociedades anónimas («public companies limited by shares», «Aktiengesellschaften», «sociétés anonymes», «società per azioni», etc.) e por quotas («private limited companies», «Gesellschaften mit beschränkter Haftung«, «sociétés à responsabilité limitée», «società a responsabilità limitata», etc.). Daqui resulta também que as SGPS podem corresponder a *«holdings» nacionais ou internacionais*, no sentido em que as sociedades participadas podem ter ou não a mesma «nacionalidade» da participante – sem prejuízo das especialidades de regime aplicável ao respectivo estatuto e relações (mormente, arts. 3.º e 481.º, nº 2 do CSC).

[65] Questão diversa é a de saber se, para além dos casos de privação estatutária do voto, serão aqui também relevantes as fracções de capital cujo direito de voto se encontra temporariamente suspenso por força da lei (v.g., arts. 251.º, 381.º, nº 6, 485.º, nº 3 do CSC).

[66] Sublinhe-se que as participações-regra e as participações-excepção (por vezes também designadas participações «residuais» ou «excepcionadas») consubstanciam participações

muito sumária, a lei admitiu que uma SGPS possa deter participações de carácter ocasional, alienando-as antes de decorrido um ano de detenção, sempre que tal alienação seja feita a uma sociedade dependente, por troca com outras participações sociais legalmente relevantes (isto é, outras participações «regra» ou «excepção»), ou o produto da alienação seja reinvestido no prazo de seis meses noutras participações relevantes (art. 5.º, nº 1, b), «in fine» da LSGPS)[67]; do mesmo modo, a lei admitiu ainda que uma SGPS possa deter participações de montante inferior ao limiar mínimo legal (10%) desde que o seu valor contabilístico não ultrapasse 30% do valor total das participações-regra constantes do último balanço aprovado ou do balanço do exercício inicial[68], que o valor da sua aquisição seja igual ou superior a cerca de 5 milhões de euros de acordo com o último balanço aprovado[69], que a aquisição resulte de fusão ou cisão da

societárias elegíveis que se encontram, no essencial, em pé de igualdade para efeitos da aplicação do regime da LSGPS. Sobre o sentido e o alcance destas excepções legais, vide desenvolvidamente LOPES, N. Brito, «Os Aspectos Jurídico-Societários das SGPS», 1189 e segs., in: 58 *ROA* (1998), 1177-1208; SILVA, J. Calvão, «Sociedades Gestoras de Participações Sociais (Holdings)», 189 e segs., in: AAVV, *A Evolução do Direito no Séc. XXI – Estudos de Homenagem ao Professor Arnoldo Wald*, 187-203, Coimbra, Almedina, 2007; SANTOS, H. Moredo, «SGPS: Gestão de Participações Sociais como Forma Indirecta de Exercício de Actividades Económicas», 417 e segs., in: AAVV, *Direito dos Valores Mobiliários*, vol. VIII, 357-445, Coimbra Editora, 2008; XAVIER, V. Lobo/ CASTRO, C. Osório, «Limites à Aquisição de Participações Sociais por Sociedades Gestoras», in: XXXII *RDES* (1990), 1-16.

[67] Tal prazo poderá ser dilatado até ao final do exercício seguinte àquele em que ocorreu a alienação da participação, quando o valor desta seja igual ou superior a cerca de 5 milhões de euros (art. 5.º, nº 5 da LSGPS).

[68] Exemplificando, de um modo algo simplista, por cada 1000 euros de participações-regra constantes do último balanço aprovado, uma SGPS poderá investir até 300 euros em participações-excepção de montante inferior a 10% do capital votante das participadas. Sublinhe-se que a inobservância daquele limite máximo não afecta a validade da aquisição das participações, sujeitando antes a SGPS à obrigatoriedade de regularização da situação no prazo de seis meses, sem prejuízo da possibilidade de concessão de uma prorrogação (art. 3.º, nºs 4 e 5 da LSGPS), bem assim como à aplicação de sanções contra-ordenacionais (art. 13.º, nº 1 da LSGPS) e, no limite, à sua dissolução judicial a requerimento do Ministério Público (art. 13.º, nº 2 da LSGPS).

[69] Na verdade, a lei determina que «o valor de aquisição de cada participação não seja inferior a 1 milhão de contos» (art. 3.º, nº 3, b) da LSGPS), o que corresponde a 4.987.978,97 Euros. Tal excepção destina-se fundamentalmente a permitir que as SGPS possam adquirir e deter participações de capital em sociedades de grandes dimensões, mormente sociedades anónimas abertas (art. 13.º do CVM) cuja magnitude do capital social e sua dispersão pelo público torna frequente que o montante médio das participações detidas pelos seus accionistas de referência seja inferior ao limiar de 10% do capital votante. Sobre o fenómeno da dispersão de capital («zersplitterte Anteilbesitz», «frantumazione delle partecipazioni») e seu relevo no montante percentual das participações intersocietárias de

sociedade participada (cf. arts. 94.º e 118.º do CSC)[70], ou que a aquisição seja feita em sociedade subordinada (cf. art. 492.º do CSC) (art. 3.º, nº 3 da LSGPS).[71]

2. A Gestão Estratégica

Um segundo elemento da definição legal - verdadeiramente decisivo no recorte desta figura societária - consiste na «gestão das participações sociais como forma indirecta do exercício de actividades económicas» (art. 1.º, nº 1 da LSGPS).

Desde logo, o objecto da SGPS consiste na *gestão*, e não na mera titularidade de participações sociais. Ao contrário de outras sociedades que visam simplesmente deter acções ou quotas ou até actuar como meras depositárias destas fracções de capital (v.g., certas sociedades «off-shore», intermediários financeiros: cf. arts. 16.º, nº 3, 291.º, a) e 293.º do CVM), as SGPS têm por função própria a de gerir ou administrar essas participações[72]. Mais importante ainda, o objecto da SGPS não consiste numa qualquer gestão da carteira de participações sociais mas numa *gestão estratégica* dessas participações. Ao contrário de outros tipos societários em que a gestão de carteira de participações sociais representa um «fim em si mesmo» - no sentido de que a sociedade participante persegue um objectivo puramente financeiro de aplicação e frutificação dos capitais investidos (como sucede, por exemplo, nas sociedade gestoras de fundos de investimento mobiliário e nas sociedades gestoras de patrimónios) -, na

controlo, vide Antunes, J. Engrácia, *Os Grupos de Sociedades – Estrutura e Organização Jurídica da Empresa Plurissocietária*, 505 e segs., 2ª edição, Almedina, Coimbra, 2002.

[70] Sobre esta modalidade em particular, vide Santos, H. Moredo, «SGPS: Gestão de Participações Sociais como Forma Indirecta de Exercício de Actividades Económicas», 421 e segs., in: AAVV, *Direito dos Valores Mobiliários*, vol. VIII, 357-445, Coimbra Editora, 2008.

[71] Estes três últimos tipos de «participação-excepção» (em função do valor da aquisição, da forma de aquisição, e da relação de grupo contratual preexistente) não estão assim sujeitos ao limite percentual previsto para a «participação-excepção» referida na alínea a) do art. 3.º, nº 1 da LSGPS. Sustentando já esse entendimento à face da versão originária do preceito (posteriormente alterado pelo Decreto-Lei nº 318/94, de 24 de Dezembro), vide Xavier, V. Lobo/ Castro, C. Osório, «Limites à Aquisição de Participações Sociais por Sociedades Gestoras», 3 e segs., in: XXXII *RDES* (1990), 1-16.

[72] Neste sentido também entre nós, Nuno de Brito Lopes, ao afirmar que «a SGPS é, no conceito que foi consagrado no seu regime jurídico, um instrumento de gestão de um determinado tipo de activos, gerador de valor acrescentado pela gestão integrada dos mesmos, e não um mero «cofre» de participações sociais» («Os Aspectos Jurídico-Societários das SGPS», 1183, in: 58 *ROA* (1998), 1177-1208).

SGPS ela representa apenas um «meio em relação a um fim»: mediante o exercício das posições de voto inerentes às participações sociais em carteira, o que verdadeiramente a sociedade participante pretende é assumir a «gestão estratégica» do conjunto das actividades e negócios sociais das respectivas participadas. Numa palavra, as SGPS portuguesas reconduzem-se *ao modelo das «holdings» directivas*, afastando-se assim inequivocamente das chamadas «holdings» financeiras.

Este entendimento - que tem sido também o adoptado pela maioria da doutrina nacional[73] - estriba-se em várias ordens de razões. Por um lado, ele resulta da própria *letra da lei*. Ao afirmar que a gestão da carteira de participações sociais se traduz numa «forma indirecta de exercício de actividades económicas» (art. 1.º, nº 1 da LSGPS), torna-se evidente que o objecto da SGPS pode e deve ir muito para além de um objectivo puramente financeiro de rentabilização e fruição de mais-valias, sendo a detenção de tais participações vista como instrumental de uma intervenção activa e coordenada nos órgãos responsáveis pela condução dos negócios das participadas[74]. Além disso, só assim se compreendem, quer as exigências particulares feitas pelo legislador relativamente à composição dessa mesma carteira - a qual, justamente, apenas pode ser constituída nuclearmente por participações sociais que, pela sua estabilidade (superior a 1 ano) e montante (superior a 10% do capital votante), são susceptíveis de permitir uma tal intervenção activa (art. 1.º, nºs 2 e 3 da LSGPS)

[73] Sobre esta matriz directiva da SGPS portuguesa, vide, embora com diferentes formulações, A. Menezes Cordeiro: «A SGPS não é, assim, um *holding* puramente financeiro (...). Ela é uma "*holding* de direcção" (Führungsholding). Ela tem como objecto exclusivo a detenção de participações sociais de outras sociedades para, por essa via, intervir no desenvolvimento das respectivas actividades» («Sociedades Gestoras de Participações Sociais», 574, in: 133 *RevOD* (2001), 557-579); N. Brito Lopes: «Este diploma legal privilegia claramente uma vertente de gestão "activa" na vida da sociedade participada, em detrimento de uma mera detenção de participações e usufruto dos seus rendimentos ou eventuais mais valias» («Os Aspectos Jurídico-Societários das SGPS», 1183, in: 58 *ROA* (1998), 1177-1208); C. Osório de Castro e D. Lorena Brito falam igualmente de «uma noção ampla de gestão de participações sociais, que se não limita a uma mera detenção e passiva recolha de dividendos» («A Concessão de Crédito por uma SGPS às Sociedades Estrangeiras por ela Dominadas (Ou às Sociedades Nacionais Indirectamente Dominadas através de uma Sociedade Estrangeira) e o Artigo 481.º, nº 2 do C.S.C.», 135, in: 136 *RevOD* (2004), 131-155).

[74] Confortando este entendimento, o próprio Preâmbulo da Lei em apreço: «O presente diploma visa, em conformidade, proporcionar aos empresários um quadro jurídico que lhe permita reunir numa sociedade as suas participações sociais, em ordem à sua gestão centralizada e especializada».

-[75], quer a permissão legal expressa de a SGPS desenvolver actividades complementares de gestão para o conjunto das sociedades participadas - incluindo a prestação de serviços técnicos de administração e gestão (art. 4.º)[76]. Por outro lado, esta interpretação é também corroborada pela *história da lei*: como atrás se assinalou, as antigas «sociedades de controlo» - instituídas pelo Decreto-Lei nº 271/72, de 2 de Agosto, e antecessoras históricas das actuais SGPS - diferenciavam-se das demais sociedades gestoras de carteiras de títulos justamente por essa sua vocação instrumental de gestão estratégica e indirecta das sociedades participadas[77]. Por outro lado ainda, neste sentido aponta igualmente o *sistema da lei*: o confronto da SGPS com vários outros tipos societários especiais, consagrados pelo legislador português, cujo objecto principal ou exclusivo consiste igualmente na aquisição e gestão de participações sociais por conta própria ou alheia com puros escopos financeiros («maxime», as sociedades gestoras de fundos de investimento mobiliário, as sociedades gestoras de patrimónios, ou as sociedades de investimento), demonstra que, no tipo societário previsto pelo Decreto-Lei nº 495/88, de 30 de Dezembro, a gestão das participações vai instrumentalizada ou preordenada a um escopo estratégico de direcção do conjunto das participadas - só a título excepcional ou

[75] Recorde-se que o montante de 10% do capital social (votante e não votante) representa um limiar percentual fundamental nas leis societárias e mercantis em vigor, a que vai associado um vasto e importante conjunto de direitos e efeitos jurídicos: por exemplo, o direito colectivo à informação (art. 291.º do CSC), os direitos especiais de minoria na eleição dos membros dos órgãos de administração, fiscalização e supervisão (arts. 392.º, nº 6, 418.º e 435.º, nº 3 do CSC), o dever de divulgação das participações dos accionistas (art. 448.º do CSC), a existência de relações de simples participação e participações recíprocas (arts. 483.º e 485.º do CSC), o bloqueamento do mecanismo da aquisição potestativa conducente ao domínio total (art. 490.º do CSC), ou as participações qualificadas em sociedades abertas (art. 16.º do CVM). Sobre a relevância desse limiar percentual, vide em geral Antunes, J. Engrácia, *Os Grupos de Sociedades - Estrutura e Organização Jurídica da Empresa Plurissocietária*, 330 e segs., 341 e seg., 2ª edição, Almedina, Coimbra, 2002.

[76] Sobre este ponto, vide ainda *infra* III.2.

[77] Cf. *supra* I.3. Dir-se-ia assim que é o próprio sistema da lei, antes que proibir ou excluir, a permitir ou pressupor afinal que as SGPS desenvolvam actividades complementares e acessórias no confronto das respectivas participadas desde que circunscritas ao perímetro interno do próprio grupo (*actividades «intragrupo»*). Actividade económica directa - como tal proibida e sancionada pelo sistema da lei - existirá sim, e apenas, caso a SGPS desenvolva actividades fora do grupo e perante público em geral (*actividades «extragrupo»*): apenas ao oferecer no mercado os seus serviços de gestão ou ao prestá-los a terceiros, essa sociedade, exorbitando do seu escopo legal e estatutário de «gestão estratégica», se exporia ao risco de dissolução e das demais sanções contra-ordenacionais.

secundário, aliás, se admitindo o puro escopo financeiro[78]. Finalmente, não é despicienda a lição de *direito comparado*: como resulta da análise dos ordenamentos jurídico-societários atrás revistos, a figura da «holding» é frequentemente associada em vários países à cúpula ou topo hierárquico de grupos plurissocietários, ou seja, ao papel de uma sociedade-mãe que, através de uma rede de participações intersocietárias, exerce um controlo sobre o conjunto das sociedades-filhas participadas.[79]

Evidentemente, apurar qual o conteúdo e alcance concretos dessa *gestão estratégica de participações intersocietárias* é questão que apenas caso a caso poderá ser, em definitivo, respondida. Considerando que, ao menos no comum dos casos, a SGPS constitui a cúpula hierárquica de um conjunto mais ou menos vasto de sociedades participadas[80], semelhante gestão estratégica há-de traduzir-se, à partida e em abstracto, no exercício de uma direcção económica integrada sobre esse conjunto plurissocietário de modo a assegurar a coesão das suas políticas empresariais, a coordenação estratégica das suas actividades económicas, e a maximização da rentabilidade global do todo. A LSGPS consagrou expressamente alguns dos tipos de actos concretos em que se pode traduzir semelhante direcção integrada, ao admitir o desenvolvimento de actividades e serviços de gestão (art. 4.º), de crédito e tesouraria (art. 5.º, nº 1, c), «in fine») ou de titularidade imobiliária (art. 5.º, nº 1, a), «in fine») no seio do grupo. Saber que outros tipos de actos estarão ainda por aquela abrangidos, é algo que apenas «in casu» poderá ser determinado, tendo em conta a natureza económica do agrupamento intersocietário (horizontal, vertical, conglomerado), o seu grau de centralização (que pode ir do controlo centralizado das participadas a formas mitigadas de descentralização), o montante das participações sociais detidas (minoritárias, maioritárias, totalitárias) e os regimes jurídicos de coligação a elas associados (pense-se, designada-

[78] Com efeito, como já atrás fizemos referência, o legislador permitiu apenas a título excepcional que as SGPS possam ser titulares de participações de montante inferior a 10% do capital votante (arts. 1.º, nºs 2 e 4, 3.º, nº 3 da LSGPS) e as possam alienar no curto-prazo (arts. 1.º, nº 3 e 5.º, nºs 1, b) e 5 da LSGPS): ou seja, justamente aquele tipo de participações sociais que correspondem usualmente a «meras aplicações financeiras» (Silva, J. Calvão, «Sociedades Gestoras de Participações Sociais (Holdings)», 189 e segs., in: AAVV, *A Evolução do Direito no Séc. XXI – Estudos de Homenagem ao Professor Arnoldo Wald*, 187-203, Coimbra, Almedina, 2007) ou cuja aquisição e detenção vai mais presumivelmente preordenada ao mero encaixe dos eventuais dividendos gerados anualmente ou das eventuais mais-valias resultantes da subida do seu preço de mercado ou cotação (similarmente Cordeiro, A. Menezes, «Sociedades Gestoras de Participações Sociais», 574, in: 133 *RevOD* (2001), 557-579).

[79] Cf. *supra* I.4.

[80] Sobre esta finalidade fundamental do instituto jurídico das SGPS, vide *supra* I.6.

mente, no amplo poder de direcção existente nas relações de grupo), além de uma enorme variedade de outras circunstâncias concretas (v.g., eventuais acordos parassociais, «free float», grau de internacionalização, etc.).

3. A Exclusividade do Objecto Social

A terminar, como derradeiro traço caracterizador das SGPS, importa referir a *exclusividade* do objecto social atrás definido: recorde-se que, nos termos do art. 1.º, nº 1, estas sociedades «(...) têm por único objecto contratual» a gestão das participações sociais como forma indirecta de exercício económico. Deste requisito resultam consequências relevantes, tanto pela positiva como pela negativa.

Positivamente, ele implica que *as SGPS devem possuir como objecto social exclusivo* a referida gestão estratégica de participações sociais. Esta exclusividade, todavia, deve ser interpretada habilmente. De acordo com uma exegese meramente literal e isolada do preceito, poder-se-ia ser tentado a pensar que tais sociedades estariam condenadas a abdicar em absoluto do exercício de qualquer outro tipo de actividades que não o de uma pura aquisição, detenção e alienação de acções ou quotas, bem como o exercício dos competentes direitos e obrigações sociais. Ora, assim não é: por um lado, como se acabou de sugerir atrás, a gestão estratégica de participações sociais, implicando uma direcção económica integrada do conjunto das próprias participadas, poderá consubstanciar-se no desenvolvimento pela SGPS de um conjunto muito variado de actividades que transborda esse círculo estrito de actos (v.g., recolha de informação regular sobre as sociedades participadas, monitorização dos respectivos resultados e «performance», medidas de assistência e aconselhamento, desenvolvimento de parcerias e plataformas de coordenação, definição de políticas integradas, medidas de racionalização interna, etc.)[81]; por outro lado, justamente corroborando esta interpretação, está a circunstância de o próprio legislador ter vindo reconhecer expressamente[82] a possibilidade de

[81] Como sublinha Nuno de Brito Lopes, «dado que o conceito de gestão de participações sociais é um conceito complexo, este deverá poder integrar actividades que o complementem e possibilitem uma gestão mais eficaz e «participativa» por parte da SGPS, assumindo, assim, a sua principal função no seio do grupo de sociedades em que se insere» («Os Aspectos Jurídico-Societários das SGPS», 1196, in: 58 *ROA* (1998), 1177-1208).

[82] Ou implicitamente. Um exemplo é a *aquisição de obrigações pelas SGPS*. Esta operação era proibida na versão originária do art. 5.º da LSGPS, que vedava a estas sociedades «adquirir obrigações de sociedades em que não tenham participação, com excepção das que sejam convertíveis em acções e das que confiram direito de subscrever acções». Ora, o

a SGPS desenvolver determinadas actividades acessórias próprias dessa direcção económica global, tais como, designadamente, a prestação de serviços técnicos de administração e gestão (art. 4.º da LSGPS), de serviços de tesouraria (art. 5.º, nº 3 da LSGPS e art. 9.º, nº 2, d) do RGICSF)[83], e de serviços de concessão de crédito (art. 5.º, nºs 1, c), «in fine», 2 e 3 da LSGPS)[84]. Em suma, o requisito legal da exclusividade tem em vista simplesmente acentuar que o modelo português das SGPS corresponde ao das *«holdings» puras*, com exclusão das chamadas «holdings» mistas: ao contrário de outros países, as SGPS estão impedidas de, a par de uma actividade de gestão estratégica das sociedades participadas, surgir no mercado como uma empresa operativa que desenvolve actividades económicas próprias (de natureza comercial, industrial, financeira, ou outra) e oferece os seus próprios bens ou serviços ao público em geral, sob pena da sua dissolução administrativa (art. 8.º, nº 2, segunda parte, da LSGPS).[85]

Decreto-Lei nº 318/94, de 24 de Dezembro, veio eliminar esta proibição, com fundamento na necessidade de atenuar «algumas restrições às actividades das SGPS através da possibilidade de realização de outras operações, tais como a aquisição (...) de obrigações de outras sociedades»: tal significa, pois, que uma SGPS pode afinal, na verdade, realizar aplicações financeiras e ser titular de outros valores mobiliários que não acções.

83 «À SGPS, enquanto figura vocacionada para assumir o lugar de cúpula (ou sub-cúpula para determinada zona de negócios) do grupo, cabe precisamente essa tarefa de gerir as disponibilidades financeiras do todo, distribuindo-as e redistribuindo-as em função das opções estratégicas que lhe compete tomar e impulsionar» (Castro, C. Osório/ Brito, D. Lorena, «A Concessão de Crédito por uma SGPS às Sociedades Estrangeiras por ela Dominadas (Ou às Sociedades Nacionais Indirectamente Dominadas através de uma Sociedade Estrangeira) e o Artigo 481.º, nº 2 do C.S.C.», in: 136 *RevOD* (2004), 131-155).

84 Trata-se de ideia sublinhada frequentemente na doutrina: «Da actividade principal da SGPS derivam *duas actividades acessórias*, definidas no nº 1 do art. 4.º do Decreto-Lei em análise, consistindo, a primeira, na aplicação de excedentes de tesouraria na aquisição de participações financeiras, e, a segunda, na prestação de serviços técnicos de administração às participadas» (Melo, Miguel Pinto, *A Tributação das Mais-Valias Realizadas na Transmissão Onerosa de Partes de Capital pelas SGPS*, 17, Almedina, Coimbra, 2007); «A SGPS pode prestar serviços técnicos de administração e gestão às sociedades em que detenha participações previstas no nº 2 do art. 1.º (...). A prestação de serviços corresponde à sua *actividade acessória principal*» (Borges, António/ Macedo, João, *Sociedades Gestoras de Participações Sociais – Aspectos Jurídicos, Fiscais e Contabilísticos*, 14, 4ª edição, Área Editora, Lisboa, 2007). Mas também na jurisprudência: «O exclusivo objecto das sociedades gestoras de participações sociais é a gestão de participações sociais, sem prejuízo de, complementarmente, prestarem serviços técnicos de administração e gestão a todas ou algumas sociedades participadas» (Acórdão do STJ de 29.IX.98, in: 479 *BMJ* (1998), 647-665).

85 Questão diversa é a de apurar qual a validade jurídica dos actos praticados pelas SGPS que, ultrapassando os confins do seu objecto estatutário, se traduzam na exploração directa de uma determinada actividade económica própria (v.g., exploração de unidade fabril, compra, venda ou administração de estabelecimentos comerciais, celebração de

Negativamente, o requisito em apreço implica ainda que *apenas as SGPS podem ter por objecto social exclusivo* a referida gestão de participações sociais. Também aqui tal exclusividade deve ser correctamente entendida. Como é sabido, as sociedades comerciais que exercem directamente actividades económicas podem ser titulares - e são-no efectivamente amiúde - de participações no capital de outras sociedades: ora, como expressamente resulta do art. 11.°, n° 5 do CSC, nada impede que tais sociedades, a par do seu objecto principal, desenvolvam a título secundário ou acessoriamente uma actividade de aquisição e gestão de uma carteira de participações sociais[86]. O que o legislador quis verdadeiramente impedir foi que sociedades comerciais de direito comum, com um objecto social de natureza económica directa, perdessem qualquer dimensão operativa no mercado para passar a dedicar-se unicamente à actividade de gestão estratégica de participações sociais que é própria do tipo societário especial consagrado no Decreto-Lei n° 495/88, de 30 de Dezembro. Em suma, o sentido fundamental a associar a esta dimensão negativa do requisito legal da exclusividade parece ser tão-só o de sublinhar que o modelo português das SGPS corresponde ao das *«holdings» de direito*, com exclusão das «holdings» de facto: terá sido, aliás, por essa mesma razão que o legislador português curou, não apenas de facilitar os mecanismos de transição para o tipo societário da SGPS por parte de sociedades comerciais de direito comum que desejem autonomizar uma tal gestão estratégica (art. 8.°, n° 1 da LSGPS, art. 124.°, n° 1, a) do CSC), mas sobretudo de proibir expressamente a divergência entre objecto estatutário e real, sancionando esta com a dissolução administrativa da sociedade, além de penalidades contra-ordenacionais (arts. 8.°, n° 2, primeira parte, e 13.° da LSGPS).

III - REGIME JURÍDICO

Exposto o conceito geral da SGPS e analisados os seus traços caracterizadores fundamentais, cumpre fazer finalmente referência aos aspectos principais do regime ou estatuto jurídico deste tipo societário.

contratos comerciais, etc.). Sobre a questão, vide Duarte, J. Miguel, «Actos Praticados pelas Sociedades Gestoras de Participações Sociais», 13 e segs., in: 89 *VJud* (2005), 12-19; Duarte, J. Miguel, «Negociação de Valores Mobiliários por Sociedades Gestoras de Participações Sociais», 9 e segs., in: 20 *CadMVM* (2005), 8-16.

86 Em sentido semelhante, vide Lopes, N. Brito, «Os Aspectos Jurídico-Societários das SGPS», 1179, in: 58 *ROA* (1998), 1177-1208; Santos, H. Moredo, «SGPS: Gestão de Participações Sociais como Forma Indirecta de Exercício de Actividades Económicas», 371, in: AAVV, *Direito dos Valores Mobiliários*, vol. VIII, 357-445, Coimbra Editora, 2008.

1. Constituição

À semelhança de muitos outros tipos societários especiais previstos na legislação portuguesa[87], as SGPS apenas podem revestir a *forma* de sociedades anónima ou por quotas (art. 2.º, nº 1 da LSGPS). A firma destas sociedades deve sempre conter a expressão «sociedade gestora de participação social» ou a sigla «SGPS» (art. 2.º, nº 4 da LSGPS), seguida, nos termos gerais, do aditamento obrigatório «Limitada» ou «L.da» (no caso de se tratar de sociedade por quotas: cf. art. 200.º, nº 1 do CSC)[88] e «Sociedade Anónima» ou «S.A.» (no caso das sociedades anónimas: cf. art. 275.º, nº 1 do CSC)[89]. Além disso, tenha-se ainda presente a possibilidade de constituição de *sociedades anónimas europeias gestoras de participações sociais* («SE-Holding»): tal possibilidade encontra-se expressamente prevista e regulada nos arts. 32.º a 34.º do Regulamento CE/2157/2001, de 8 de Outubro, bem como nos arts. 11.º e 12.º do «Regime Jurídico das Sociedades Anónimas Europeias».[90]

A *génese* ou o processo constitutivo de uma SGPS pode ser extremamente diverso, variando em função das próprias finalidades subjacentes ao seu nascimento (formação ou reestruturação de um grupo de sociedades, concentração de participações, benefícios fiscais, estabilidade face às vicissitudes familiares e sucessórias das estruturas accionistas, etc.). Assim, essa génese pode ser de natureza originária ou derivada - consoante a SGPS é constituída de raiz ou «ex novo», ou, inversamente, resulta de uma sociedade comercial já existente com objecto económico directo (v.g., por

[87] Qualificando também a SGPS como um tipo societário especial, vide Santos, H. Moredo, «SGPS: Gestão de Participações Sociais como Forma Indirecta de Exercício de Actividades Económicas», 372, in: AAVV, *Direito dos Valores Mobiliários*, vol. VIII, 357-445, Coimbra Editora, 2008.

[88] Ou ainda das locuções «sociedade unipessoal» ou «unipessoal», no caso específico da SGPS ter um único sócio e adoptar a forma de sociedade por quotas unipessoal (cf. art. 270.º-B do CSC).

[89] A firma propriamente dita poderá ser constituída exclusivamente pelo nome ou firma dos sócios (completos ou abreviados, de todos ou alguns: firma subjectiva), exclusivamente por expressões de fantasia (firma fantasiosa), ou simultaneamente por quaisquer dos elementos anteriores (firma mista). Apesar de admissível nos termos gerais, a chamada firma objectiva (exclusivamente formada por expressão relativa ao objecto social) será pouco frequente, por redundante: nesse sentido também a parte final do art. 2.º, nº 4 da LSGPS, ao considerar que os aditamentos obrigatórios constituirão «indicação suficiente do objecto social».

[90] Sobre este processo de constituição, desenvolvidamente, vide Lérida, M. Navarro, *El Proceso de Constitución de una Sociedade Europea Holding*, especialmente 103 e segs., Thomson/Aranzadi, Navarra, 2008.

transformação, cisão, alteração do objecto estatutário) –, de natureza descendente ou ascendente – consoante a SGPS resulta da concentração de um lote de participações de capital detidas num conjunto de sociedades comerciais («holding de reprise») ou, inversamente, da desconcentração ou desmembramento operativo de única sociedade comercial («up-stream holding»)[91] –, de natureza imediata ou mediata – consoante a SGPS é constituída pelos seus sócios graças a entradas em espécie consistentes em lotes de acções ou quotas que justamente formarão a sua carteira de participações sociais, ou apenas mediante entradas em dinheiro destinadas a ser investidas na respectiva aquisição futura –, e assim por diante.

Finalmente, a lei previu expressamente algumas regras especiais em matéria dos seus *estatutos sociais* – as quais, em boa verdade, sempre resultariam já, na sua esmagadora maioria, da aplicação das regras jussocietárias gerais. Assim, os estatutos da SGPS devem mencionar expressamente como objecto social único «a gestão de participações sociais noutras sociedades, como forma indirecta de exercício de actividades económicas» (art. 2.º, nº 2 da LSGPS): em linha com o atrás exposto, tal não impede – sendo até frequente na prática – que as cláusulas estatutárias relativas ao objecto destas sociedades procedam a uma indicação discriminada dos vários tipos de actividades, principais e acessórias, em que consiste a gestão estratégica de participações sociais[92]. Por outro lado, os estatutos podem fixar limitações ou condições relativamente ao «tipo, objecto, nacionalidade das sociedades participadas» e «ao montante das participações» (art. 2.º, nº 3 da LSGPS): naturalmente, tais limitações devem respeitar as balizas imperativas do ordenamento jussocietário, sejam estas impostas pela lei geral (v.g., as relativas às competências orgânicas em sede de aquisição, oneração e alienação de participações sociais, fixadas nos arts. 11.º, nºs 4 e 5, 246.º, nº 2, d), 406.º, e 490.º do CSC) ou pela própria LSGPS em particular (v.g.,

[91] Trata-se da distinção entre «holdings par le haut» e «holdings par le bas», frequentemente referida na literatura francesa: ao passo que, no primeiro caso, os accionistas de uma ou mais sociedades comerciais decidem criar «ab ovo» uma sociedade «holding» para onde transferem a totalidade ou parte das suas participações sociais (também conhecida por «holding de reprise»), no último caso uma sociedade comercial com actividade económica directa, mediante cisão simples, decide transferir parcelas do seu património e negócios para novas sociedades, conservando uma actividade de pura gestão das participações sociais nestas últimas (cf. Merle, Phillipe, *Droit Commercial – Sociétés Comerciales*, 9ème édition, 762, Dalloz, Paris, 2003).

[92] Isto é válido, desde logo, para aquelas actividades e operações particulares cuja admissibilidade o legislador expressamente consagrou, tais como as actividades de tesouraria e concessão de crédito intragrupo (nos termos do art. 5.º, n.ºs 1, c), parte final, 2 e 3 da LSGPS) e as actividades de serviços de gestão e administração intragrupo (art. 4.º da LSGPS). Cf. *supra* Parte I, §1, II.3.

não podendo franquear «in minimis» os limiares legais do seu art. 1.º, nº 2, ou «in maius» os limiares da alínea a) do seu art. 3.º, nº 1) – e isto sem prejuízo de um efeito funcionalmente equivalente poder ser atingido porventura por outras vias («maxime», através de acordos parassociais).

2. Administração

Em via geral, pode afirmar-se que o exercício e a organização das funções de administração no âmbito do tipo societário especial SGPS se encontram disciplinados pelas disposições aplicáveis às sociedades comerciais: «grosso modo», essa administração está confiada a *órgãos sociais próprios* («Gerência» no caso de se tratar de sociedade por quotas, «Conselho de Administração» ou «Conselho de Administração Executivo» no caso de se tratar de sociedade anónima), a quem compete genericamente a gestão da actividade social e a prossecução do respectivo objecto, além da sua representação no tráfico jurídico geral (arts. 252.º, nº 1, 259.º, 405.º, 406.º, 408.º, e 431.º do CSC).[93]

Os órgãos de administração de uma SGPS (anónima) encontram-se assim investidos em *poderes plenos e exclusivos de gestão social* (arts. 373.º, nº 3, 405.º, nº 1 e 406.º do CSC), com as únicas especialidades decorrentes das normas da LSGPS relativas ao seu particular objecto social ou estatutário (art. 1.º, nº 1) e a um leque de operações singulares legalmente reguladas (arts. 4.º e 5.º). Quanto ao primeiro aspecto, tal significa dizer que os administradores de uma SGPS serão competentes para praticar todos os actos ou operações relativos à chamada «gestão estratégica» das participações societárias: como já vimos, tal está longe de se confinar a uma mera actividade de aquisição, detenção ou alienação de participações noutras sociedades, e ao concomitante exercício dos direitos e obrigações inerentes, para se consubstanciar em quaisquer actos necessários ou convenientes à implementação de uma direcção económica global e integrada do conjunto das sociedades participadas[94]. Já quanto ao último aspecto, há que frisar ter o legislador previsto expressamente um conjunto de *ope-*

[93] Sobre a disciplina geral da constituição, funcionamento e competência dos órgãos de administração das sociedades de capitais, vide Cordeiro, A. Menezes, *Manual de Direito das Sociedades*, vol. II, 397 e segs., 749 e segs., Almedina, Coimbra, 2006; Cunha, P. Olavo, *Direito das Sociedades Comerciais*, 507 e segs., 3ª edição, Almedina, Coimbra, 2007.

[94] Isso também significa que a enumeração exemplificativa do art. 406.º do CSC é aqui perfeitamente válida, com ressalva das compressões que porventura resultem para determinados actos ou categorias de actos de gestão do elenco legal das operações vedadas, adiante referido no texto: assim sucede, por exemplo, com a competência genérica de

rações singulares atinentes à gestão da SGPS, submetendo-as a um regime especial: estas podem dividir-se genericamente em «operações proibidas» - que os órgãos de administração estão impedidos de praticar: fundamentalmente, a aquisição ou titularidade de bens imóveis em geral (art. 5.º, nº 1, a) da LSGPS) e a concessão de crédito a terceiros (art. 5.º, nº 1, c) da LSGPS) -[95] e «operações permitidas» - que àqueles é lícito desenvolver uma vez reunidos certos pressupostos: tal é o caso da titularidade imobiliária e da concessão de crédito no perímetro grupal (parte final das alíneas a) e c) do art. 5.º, nº 1 da LSGPS), das operações intersocietárias de tesouraria (art. 5.º, nº 3 da LSGPS), e, muito em particular, da prestação de serviços de administração e gestão às sociedades do grupo, mediante o competente contrato oneroso (art. 4.º)[96]. Trata-se, neste último caso, de uma importante ilustração da vocação primacial da SGPS como cúpula hierárquica de grupos de sociedades: ao permitir expressamente à administração da SGPS chamar a si determinados serviços de gestão comuns ao universo plurissocietário por aquela liderado, o legislador visou assegurar-lhe uma maior eficácia no exercício da sua função de gestão estratégica das participações sociais, incrementando a coordenação e integração entre as sociedades participadas e assegurando uma maior racionalização dos recursos ao nível global.[97]

3. Fiscalização

Tal como a respeito da administração, pode afirmar-se que o exercício e a organização das funções de fiscalização no seio de uma SGPS releva

«aquisição, alienação ou oneração de bens imóveis» (art. 406.º, e) do CSC), que aqui apenas poderá subsistir nos precisos termos previstos no art. 5.º, nº 1, a) da LSGPS.

[95] O exercício de qualquer destas operações proibidas pode ser fonte de sanções civis («maxime», nulidade dos actos: cf. art. 220.º do CC), societárias (dissolução social: cf. art. 13.º, nºs 2 e 3 da LSGPS), contra-ordenacionais (v.g., art. 13.º, nº 1 da LSGPS, art. 211.º, a) do RGICSF), ou outras (v.g., art. 72.º do CSC, art. 212.º do RGICSF).

[96] Falamos aqui das sociedades de um grupo «de facto» ou mesmo «de direito» liderado pela SGPS, e não apenas das sociedades participadas, já que foi o próprio legislador a advertir expressamente que tais serviços podem ser prestados às sociedades com as quais aquela possua um contrato de subordinação (art. 4.º, nº 1, «in fine» da LSGPS).

[97] Nas palavras de Nuno Brito Lopes, «esta possibilidade é particularmente vantajosa quando a SGPS constitua a sociedade-mãe de um grupo de empresas (ou a sociedade-mãe de um determinado ramo de actividade num grupo), pois permite que as sociedades participadas tenham uma estrutura administrativa diminuta ou mesmo inexistente, sendo a organização centralizada na SGPS (com as inerentes economias de escala) («Os Aspectos Jurídico-Societários das SGPS», 1197, in: 58 *ROA* (1998), 1177-1208).

fundamentalmente das regras aplicáveis às sociedades comerciais em geral: numa formulação consabidamente genérica, pode afirmar-se que tais funções estão confiadas a órgãos próprios («Conselho Fiscal», «Fiscal Único», «Comissão de Auditoria», ou «Conselho Geral e de Supervisão» nas sociedades anónimas, e, em certos casos, nas sociedades por quotas), a quem compete, também muito genericamente e com diversas e relevantes especialidades, fiscalizar a actividade dos órgãos administrativos, controlar a conformidade legal e estatutária do funcionamento social, e verificar a regularidade das contas sociais (arts. 262.º, nº 2, 413.º, 420.º, 423.º-F, e 441.º do CSC).[98]

A principal especialidade resulta aqui do art. 10.º, nº 2 da LSGPS, preceito segundo o qual estas sociedades «devem designar e manter um revisor oficial de contas ou uma sociedade de revisores oficiais de contas, desde o início de actividade, excepto se tal designação já lhes for exigida nos termos de outras disposições legais». Daqui resulta que a SGPS se encontra obrigada a proceder *à designação «ad hoc» ou isolada de um ROC ou sociedade de ROC* apenas se e quando, por efeito das regras jussocietárias gerais aplicáveis, não dispuser já de um tal revisor ou sociedade no seio dos seus órgãos de fiscalização instituídos: ou seja, tratando-se de sociedade anónima organizada segundo o modelo clássico (art. 278.º, nº 1, a) do CSC), o seu Conselho Fiscal não inclua um ROC ou sociedade de ROC (art. 413.º, nºs 1 e 2 do CSC), e, tratando-se de sociedade por quotas, não tenha franqueado os limiares previstos no art. 262.º, n.º 2 do CSC[99]. Além disso, tenha-se ainda em conta que é obrigatória a existência de um ROC ou sociedade de ROC autónomos no caso das SGPS que revistam a natureza de «entidade de interesse público», isto é, que sejam titulares de participações em empresas seguradoras ou da maioria de votos em instituições de crédito sujeitas a revisão legal de contas (art. 3.º do Decreto-Lei nº 225/2008, de 20 de Novembro).[100]

[98] Sobre a disciplina geral da constituição, funcionamento e competência dos órgãos de fiscalização das sociedades de capitais, vide Antunes, J. Engrácia, *A Fiscalização das Sociedades Comerciais*, Banco de Portugal, Lisboa, 1997.

[99] Semelhante designação poderá mesmo nestes casos ser dispensada, caso os estatutos sociais da SGPS prevejam a inclusão de um ROC ou sociedade de ROC nos respectivos órgãos de fiscalização (v.g., ao abrigo do disposto no art. 262.º, nº 1 do CSC).

[100] Relembre-se ainda que, nos termos do mesmo diploma, as referidas SGPS que adoptem o modelo germânico devem constituir obrigatoriamente uma comissão para matérias financeiras (art. 3.º, nº 3 do Decreto-Lei nº 225/2008, de 20 de Novembro, art. 444.º do CSC) e, no caso do modelo latino, devem incluir um membro independente e tecnicamente habilitado no domínio da auditoria e contabilidade (art. 3.º, nº 2 do Decreto-Lei nº 225/2008, de 20 de Novembro).

Em qualquer dos casos, designado isoladamente ou no contexto dos órgãos sociais de fiscalização, impende sobre o ROC ou sociedade de ROC, para além dos seus deveres gerais (art. 446.º do CSC, art. 62.º do Decreto-Lei nº 487/99, de 16 de Novembro, com as alterações do Decreto-Lei nº 224/2008, de 20 de Novembro)[101], o dever especial de comunicação à Inspecção-Geral de Finanças de todas as infracções imputáveis à SGPS de normas legais reguladoras do seu tipo específico, se e logo que delas hajam tido conhecimento (art. 10.º, nº 2 da LSGPS).

4. Coligação

Forma organizativa por excelência da cúpula hierárquica dos grupos societários (ou de sectores ou segmentos destes), cujo objecto precípuo consiste na gestão estratégica de participações sociais enquanto veículo de exercício de uma direcção económica integrada ou mesmo unitária do conjunto das participadas, não surpreende que as SGPS se encontrem sujeitas às regras gerais da *coligação de sociedades*: para que disso não restassem quaisquer dúvidas, foi a própria LSGPS a esclarecer expressamente no seu art. 11.º, nº 1, que «o disposto neste diploma não prejudica a aplicação das normas respeitantes a sociedades coligadas, as quais constam do título VI do Código das Sociedades Comerciais».[102]

O alcance deste preceito é significativo.

Nenhumas dúvidas especiais se podem suscitar quanto à aplicação, com as necessárias adaptações, do regime jurídico das *relações de simples participação* (arts. 483.º e 484.º do CSC), de *participações recíprocas* (arts. 485.º, 487.º, 325.º-A e 325.º-B do CSC), e *de domínio* (art. 486.º do CSC) às relações entre a SGPS e as sociedades por si participadas. Com efeito, ressalvados certos casos especiais (v.g., as «participações-excepção» previstas no art. 3.º, nº 3 da LSGPS, as participações detidas em sociedades estrangeiras nos termos do art. 3.º, nº 2 da LSGPS, etc.), as SGPS encon-

[101] Cf. Dias, G. Figueiredo, «Controlo de Contas e Responsabilidade dos ROC», in: AAVV, *Temas Societários*, 153-207, Almedina, Coimbra, 2006.

[102] Como bem sublinham C. Osório de Castro e D. Lorena Brito, apesar da formulação restritiva da lei, a remissão deve ser entendida como feita, não apenas para os arts. 481.º e segs. do CSC, mas genericamente para quaisquer outras normas em matéria das coligações jussocietárias, previstas no CSC (v.g., arts. 6.º, nº 3, 84.º, 290.º, nº 1, etc.) ou fora dele (v.g., art. 13.º, nº 3 do RGICSF, art. 21.º, nº 2 do CVM, etc.) («A Concessão de Crédito por uma SGPS às Sociedades Estrangeiras por ela Dominadas (Ou às Sociedades Nacionais Indirectamente Dominadas através de uma Sociedade Estrangeira) e o Artigo 481.º, n.º 2 do C.S.C.», 143, in: 136 *RevOD* (2004), 131-155).

tram-se, em princípio, sujeitas ao dever de comunicação previsto no art. 484.º, nº 1 do CSC em face das respectivas participadas[103]; do mesmo modo, as SGPS estão abrangidas pelo regime das participações recíprocas simples (art. 485.º do CSC) e qualificadas (arts. 485.º, nº 4, 487.º, 325.º-A e 325.º-B do CSC)[104]; enfim, relevantes são também para a disciplina das SGPS a noção geral e presunções legais concretas do domínio intersocietário (art. 486.º do CSC), circunstância, aliás, expressa e amiudadamente corroborada pelo próprio legislador (cf. arts. 1.º, nº 2, 5.º, nº 1, b) e c), nºs 2 e 3 da LSGPS).[105]

Mas o mesmo se diga, no essencial, do regime das próprias *relações de grupo* (arts. 488.º e segs. do CSC): sempre que uma SGPS seja titular de participações totalitárias no capital das participadas ou, sendo-o apenas de participações minoritárias ou maioritárias legalmente relevantes, possuir com estas um contrato de subordinação (cf. arts. 3.º, nº 1, d), 4.º, nº 1 da LSGPS), a SGPS totalmente dominante ou directora passará a ser titular de um poder de instruir as administrações das sociedades totalmente dominadas ou subordinadas (arts. 493.º, nº 1 e 503.º, nº 1 do CSC), bem assim como de uma responsabilidade pelas respectivas dívidas e perdas sociais (arts. 501.º e 502.º do CSC). É certo que existe doutrina sustentando entendimento contrário, por considerar que a emissão de instruções directas pela SGPS redundaria num exercício directo de actividades económicas, vedado pelos arts. 1.º, nº 1 e 8.º, nº 2 da LSGPS[106]. Tal enten-

[103] Entre outras especialidades de regime, há que ter em conta que o montante das «participações-regra» detidas pelas SGPS é aferido pelo capital com direito de voto (art. 1.º, nº 2 da LSGPS), ao invés do que sucede nas normas dos arts. 483.º e 484.º do CSC, que se referem a quaisquer participações de capital, independentemente do poder de voto que lhes vai associado em concreto. Cf. Antunes, J. Engrácia, *Os Grupos de Sociedades – Estrutura e Organização Jurídica da Empresa Plurissocietária*, 339 e segs., 2ª edição, Almedina, Coimbra, 2002.

[104] Sustentando a revogação tácita do art. 11.º, nº 2 da LSGPS, que prevê um regime especial mais gravoso, vide desenvolvidamente Silva, J. Calvão, «Sociedades Gestoras de Participações Sociais (Holdings)», 193 e segs., in: AAVV, *A Evolução do Direito no Séc. XXI – Estudos de Homenagem ao Professor Arnoldo Wald*, 187-203, Coimbra, Almedina, 2007.

[105] Tal significa dizer também que, até prova em contrário, a SGPS será reputada sociedade dominante sempre que, de forma directa ou indirecta, seja titular de uma participação maioritária no capital das participadas, ou mesmo quando, sendo titular de uma simples participação minoritária, disponha de mais de metade dos votos da participada ou tenha a possibilidade de designar mais de metade dos membros do respectivo órgão de administração ou órgão de fiscalização (art. 486.º, nº 2 do CSC).

[106] Cordeiro, A. Menezes, «Sociedades Gestoras de Participações Sociais», 578 e seg., in: 133 *RevOD* (2001), 557-579; Santos, H. Moredo, «SGPS: Gestão de Participações Sociais como Forma Indirecta de Exercício de Actividades Económicas», 373, in: AAVV, *Direito dos Valores Mobiliários*, vol. VIII, 357-445, Coimbra Editora, 2008.

dimento, todavia, parece ser de recusar – a vários títulos. Dum lado, tal implicaria um desequilíbrio total do regime jurídico da relação de grupo instituída, penalizando injustificadamente a SGPS totalmente dominante ou directora: seria aceitável ou sequer porventura crível que uma SGPS ficasse vinculada a responder ilimitadamente pelas dívidas e perdas de sociedades cuja administração, afinal, estivesse impedida de comandar directamente?[107] Doutro lado, a posição em apreço incorre aparentemente numa confusão entre instruções directas aos órgãos de administração das sociedades-filhas (art. 503.º, nº 1 do CSC) e exercício directo de actividades económicas (art. 1.º, nº 1 da LSGPS): com efeito, não se pode desconhecer que as sociedades-filhas permanecem entes colectivos dotados da sua própria organização e património social, encabeçando o conjunto das respectivas relações jurídicas e económicas, pelo que a sociedade-mãe – investida embora num poder de endereçar aos órgãos de administração aquelas instruções vinculativas em matéria de gestão – jamais se poderá substituir a estes órgãos (actuando nas vestes de uma espécie de procurador plenipotenciário dessas sociedades), nem muito menos determinar a actuação dos seus demais órgãos sociais («maxime», assembleia geral e órgãos de fiscalização).[108]

[107] Relembre-se que o regime das relações de grupo assenta num sinalagma funcional entre «poder de direcção» da sociedade-mãe e «tutela especial» da sociedade-filha e dos seus sócios e credores sociais: trata-se, por assim dizer, de «duas faces da mesma moeda», não se podendo compreender uma sem a existência da outra. Sobre o ponto, vide entre nós ANTUNES, J. Engrácia, *Os Grupos de Sociedades – Estrutura e Organização Jurídica da Empresa Plurissocietária*, 717 e seg., 2ª edição, Almedina, Coimbra, 2002; noutros quadrantes, KOPPENSTEINER, Hans-George, *Kölner Kommentar zum Aktiengesetz*, Band 6 (§§ 291-328), 66, 2. Aufl., Carl Heymanns, Köln, 1987.

[108] Sobre o alcance e o sentido do direito de dar instruções como instrumento do poder de direcção, vide ANTUNES, J. Engrácia, *Os Grupos de Sociedades – Estrutura e Organização Jurídica da Empresa Plurissocietária*, 729 e seg., 2ª edição, Almedina, Coimbra, 2002. Vistas as coisas desta perspectiva, o regime das relações de grupo não afecta a natureza fundamental da SGPS como tipo societário «de segundo grau», destinado à gestão estratégica de um conjunto de participações de capital em sociedades «de primeiro grau» ou operativas que desenvolvem actividades económicas directas – limitando-se apenas a influenciar o grau de centralização dessa gestão e os instrumentos de direcção ao dispor da SGPS. No essencial, dir-se-ia que, ao passo que as SGPS titulares de relações de grupo podem dirigir às respectivas participadas instruções de gestão vinculativas (de acatamento obrigatório: cf. art. 503.º, nº 1 do CSC) e até prejudiciais (contrárias ao interesse social destas: cf. art. 503.º, nºs 2 e 4), as SGPS que mantenham meras relações de domínio com as suas participadas, podendo impor o cunho da sua vontade no seio dos órgãos deliberativos e executivos destas, não dispõem de qualquer direito de instruir os respectivos administradores, além de deverem conformar a sua actuação ao respeito do interesse social próprio dessas sociedades (v.g., arts. 58.º, nº 1, b), 64.º, nº 1, b), 83.º, nº 4 do CSC).

5. Reorganização. Dissolução. Sanções.

As SGPS encontram-se sujeitas às regras gerais em matéria de *reorganização da sua superestrutura jurídica*, podendo ser objecto de fusões (arts. 94.º e segs. do CSC), cisões (arts. 118.º e segs. do CSC) ou transformações (arts. 131.º e segs. do CSC): tais operações, naturalmente, haverão de respeitar as balizas legais próprias do tipo societário em questão, sendo inválidas no caso da sua violação (v.g., transformação de uma SGPS anónima numa SGPS em comandita ou em nome colectivo). A transmutação de «holdings» mistas em SGPS foi também agilizada pelo legislador, seja através de operações de cisão-simples (art. 124.º, nº 1, a) do CSC)[109], seja mediante a constituição «ex novo» de SGPS anónimas ou por quotas unipessoais (art. 8.º, nº 1 da LSGPS, arts. 270.º-A e 488.º, nº 1 do CSC).[110]

As SGPS encontram-se igualmente sujeitas às regras gerais em matéria de *dissolução* das sociedades comerciais (arts. 141.º e segs. do CSC), mormente, às causas legais de dissolução de natureza imediata (art. 141.º do CSC) e diferida (arts. 142.º e 143.º do CSC). A estas, todavia, veio o legislador adicionar duas ulteriores causas dissolutivas especiais: o exercício de facto pelas SGPS de actividades económicas directas (art. 8.º, nº 2 da LSGPS) e a violação grave dos limites legais em sede das chamadas «participações-excepção» e da concessão de crédito (art. 13.º, nº 2 da LSGPS)[111]. A primeira constitui uma causa dissolutiva de eficácia diferida e administrativa aplicável às chamadas *«holdings» mistas*: sempre que uma SGPS exerça uma actividade económica directa (v.g., produzindo bens ou prestando serviços no mercado, adquirindo ou administrando directamente empresas comerciais ou industriais, desenvolvendo negócios próprios com o público em geral), tal evento, conquanto não a despoletando automaticamente, abre caminho à sua dissolução mediante o procedi-

[109] Vasconcelos, Joana, *A Cisão de Sociedades*, 138 e segs., UCP Editora, Lisboa, 2001; Ventura, Raúl, *Fusão, Cisão, Transformação de Sociedades*, 391, Almedina, Coimbra, 1990.

[110] Considerando que as SGPS podem revestir indistintamente a forma de sociedades anónimas e por quotas pluripessoais (art. 2.º, nº 1 da LSGPS), e considerando ainda que a figura da sociedade unipessoal por quotas era desconhecida do direito português à entrada em vigor do Decreto-Lei nº 495/88, de 30 de Dezembro, cremos que, por argumento «ad pari», o preceito do art. 8.º, nº 1 do mesmo diploma deverá ser objecto de uma interpretação actualista no sentido de admitir igualmente a existência de SGPS unipessoais.

[111] O legislador previu ainda uma outra causa dissolutiva relativa, não às SGPS, mas às demais sociedades comerciais de direito comum ou especial: nos termos do citado art. 8.º, nº 2 da LSGPS, «as sociedades que, tendo diferente objecto contratual, tenham como único objecto a gestão de participações noutras sociedades (...) serão dissolvidas pelo tribunal, nos termos do artigo 144.º do Código das Sociedades Comerciais, sem prejuízo da aplicação da sanção cominada pelo nº 1 do artigo 13.º deste diploma».

mento administrativo de dissolução de sociedades comerciais (art. 144.º do CSC)[112]. Considerando, contudo, que semelhante previsão legal pouco ou nada acrescenta àquilo que já resultaria das regras gerais – que justamente prevêem como causa dissolutiva geral a divergência entre o objecto estatutário e real (art. 142.º, nº 1, d) do CSC) –, apenas a segunda se pode reputar, com inteira propriedade, de nova causa dissolutiva: a particularidade desta causa reside no facto de representar hoje um dos poucos eventos dissolutivos que conserva uma autónoma natureza judicial (cf. ainda os arts. 141.º, nº 1, e) e 142.º, nº 4 do CSC), devendo ainda salientar-se a legitimidade activa atribuída ao Ministério Público, sob iniciativa própria ou a comunicação da Inspecção-Geral de Finanças (arts. 10.º, nº 4 e 13.º, nº 2 da LSGPS).

Finalmente, ao lado da disciplina penal e contra-ordenacional aplicável aos ilícitos jurídico-societários em geral (arts. 509.º e segs. do CSC), importa ter presente a previsão de um quadro especial de sanções *contra-ordenacionais*, aplicáveis pela Inspecção-Geral de Finanças (art. 10.º, nº 4 da LSGPS), em caso de violação dos preceitos legais em sede da menção estatutária do objecto social (art. 2.º, nº 2), da firma (art. 2.º, nº 4), do regime das «participações-excepção» (art. 3.º, nºs 3 a 5), da forma do contrato de prestação de serviços de gestão (art. 4.º, nº 2), das operações proibidas (art. 5.º), entre várias outras (art. 13.º, nº 1, todos da LSGPS).

6. Regime Fiscal e Financeiro

As SGPS encontram-se finalmente sujeitas a outros regimes jurídicos especiais, mormente de natureza fiscal e financeira.

Desde logo, as SGPS estão sujeitas à *supervisão* de entidades públicas. No comum dos casos, estas sociedades são supervisionadas pela Inspecção-Geral de Finanças, mormente através da realização de inspecções, da aplicação de sanções contra-ordenacionais, e da comunicação ao Ministério

[112] A dissolução judicial, prevista no originário art. 144.º do CSC, foi substituída pela dissolução administrativa por força do Decreto-Lei nº 76-A/2006, de 29 de Março. O referido procedimento, previsto nos arts. 4.º a 14.º do «Regime Jurídico dos Procedimentos Administrativos de Dissolução e Liquidação de Entidades Comerciais» (aprovado pelo Anexo III do citado Decreto-Lei), pode ser requerido nas conservatórias do registo comercial pela própria sociedade, qualquer sócio ou sucessor, ou credor social, com fundamento num dos eventos acima referidos (art. 4.º, nº 1, proémio, do citado Regime), considerando-se a sociedade dissolvida na data do registo comercial da dissolução promovido pelo conservador (com efeitos retroactivos à data da apresentação do requerimento: cf. arts. 6.º e 13.º do citado Regime).

Público de infracções com relevo dissolutivo (art. 10.º, nº 4 da LSGPS)[113]. Todavia, uma SGPS será equiparada a sociedade financeira, ficando por conseguinte sujeita à supervisão do Banco de Portugal (arts. 73.º e segs. do RGICSF, art. 17.º da «Lei Orgânica do Banco de Portugal»)[114], sempre que as participações sociais por si detidas, directa ou indirectamente, lhe confiram a maioria dos direitos de voto em uma ou mais instituições de crédito ou sociedades financeiras (art. 10.º, nº 5 da LSGPS, art. 117.º, nº 1 do RGICSF)[115]: quer isto dizer, em termos práticos, que as SGPS que sejam cúpulas hierárquicas ou intermédias de grupos financeiros se encontram sujeitas ao seu registo especial junto da autoridade de supervisão bancária (arts. 65.º e segs. do RGICSF), ao controlo prévio da idoneidade e qualificação profissional dos membros dos seus órgãos de administração e fiscalização (arts. 30.º e 31.º, «ex vi» do art. 117.º, nº 4 do RGICSF), e às regras de supervisão em base consolidada (arts. 130.º e segs. do RGICSF).[116]

Particularmente relevante é a circunstância de as SGPS se encontrarem sujeitas a um *regime fiscal* especial[117] – aspecto absolutamente decisivo na consagração legal da figura entre nós, sem o qual, nas palavras do próprio

[113] Por seu turno, um conjunto de entidades está sujeito a deveres especiais de comunicação *perante* a mesma Inspecção-Geral de Finanças: os conservadores do registo comercial devem comunicar-lhe os actos constitutivos de SGPS e respectivas alterações, com a competente documentação (art. 9.º, nº 1); o revisor oficial de contas deve comunicar-lhe as infracções de que tome conhecimento (art. 10.º, nº 3); e as próprias SGPS devem enviar-lhe anualmente o inventário das participações incluídas nos investimentos financeiros constantes do último balanço (art. 9.º, nºs 2 a 4, todos da LSGPS).

[114] Já anteriormente, vide a Portaria nº 23-A/91, de 10 de Janeiro.

[115] Sublinhe-se que as SGPS que sejam titulares de meras participações qualificadas (art. 13.º, 7º do RGICSF) em instituições de crédito ou sociedades financeiras podem ainda, por decisão do Banco de Portugal, ficar sujeitas à supervisão deste, excepto quando já o estejam ao Instituto de Seguros de Portugal (art. 117.º, nºs 2 e 3 do RGICSF).

[116] Sobre o ponto, vide Antunes, J. Engrácia, *A Supervisão Consolidada dos Grupos Financeiros*, UCP Editora, Porto, 2000.

[117] Sobre este regime fiscal – de longe, aquele que mais atenção tem atraído na literatura portuguesa –, vide desenvolvidamente Domingues, R. Teutónio/ Lopes, C. Mota, «O Regime de Tributação do Rendimento das SGPS – Estudo Comparativo da União Europeia», in: 98/ 99 *RevTOC* (2008), 56-61 e 34-43; Guimarães, Vasco, «Sobre a Tributação das "Holding"», in: 19 *RF* (1990), 12-15; Guerreiro, T. Caiado, *O Novo Regime Jurídico-Fiscal das SGPS*, Vida Económica, Porto, 2008; Melo, M. Pinto, *A Tributação das Mais-Valias Realizadas na Transmissão Onerosa de Partes de Capital pelas SGPS*, Almedina, Coimbra, 2007; Moura, L. Graça, «A Nova Tributação do Regime das SGPS: Reflexões Acerca da Tributação de Mais-Valias no Quadro do Princípio da Segurança Jurídica», in: 10 *RJUPort* (2003), 71-140; Neves, A. Beja, «O IVA e as SGPS: Breve Reflexão», in: 12 *RF* (2001), 3-14; Oliveira, J. Brito, «Regime das Mais-Valias Fiscais e SGPS», in: 21 *RevE* (2004), 53-58; Oliveira, J. Costa, «O Regime Fiscal das Sociedades Holding», in: 6 *RF* (1989), 13-18.

legislador, «tais sociedades teriam viabilidade duvidosa ou pouco interesse prático»[118]. Esse regime fiscal, originariamente previsto no art. 7.º (entretanto revogado pelo Decreto-Lei nº 318/94, de 31 de Dezembro), sofreu uma assinalável e rocambolesca evolução ao longo dos tempos - a ponto de se poder dizer que terá perdido em parte o brilho de outros tempos. Na presente data, ele consubstancia-se fundamentalmente em dois aspectos: as SGPS beneficiam de um sistema especial de eliminação da dupla tributação económica dos dividendos distribuídos pelas suas participadas - que são assim deduzidos ao seu lucro tributável, independentemente do montante e tempo de detenção das participações detidas (art. 32.º, nº 1 do «Estatuto dos Benefícios Fiscais» e art. 46.º do Código do IRC) - e de tributação das mais e menos valias geradas com a alienação de participações - as quais não concorrem para a formação do referido lucro tributável da SGPS desde que se trate de participações detidas por período igual ou superior a 1 ano, ressalvado um conjunto de situações especiais previstas na lei (art. 32.º, nºs 2 e 3 do «Estatuto dos Benefícios Fiscais»)[119]. Para além dos dividendos e mais-valias geradas pelas participações sociais, uma SGPS pode ainda possuir outras fontes de rendimento, tais como, v.g., juros decorrentes da concessão de crédito às suas dominadas (art. 5.º, nº 1, c) da LSGPS) ou remunerações de prestações de serviços de gestão às participadas (art. 4.º): tais juros ou remunerações são tratados, nos termos gerais do art. 20.º, nº 1, a) e c) do Código do IRC, como proveitos ou ganhos que concorrem para a formação do lucro tributável da SGPS.

[118] Cf. Preâmbulo do Decreto-Lei nº 495/88, de 30 de Dezembro, in: Diário da República, I série, nº 301, 6º suplemento, pág. 5146-(554).
[119] Esta vantagem fiscal é, em certa medida, anulada pelo facto de, ainda segundo o mesmo preceito, os encargos financeiros suportados com a aquisição das participações não serem tidos como custos elegíveis, não concorrendo assim para o cálculo do lucro tributável da SGPS (cf. art. 32.º, nº 2 do «Estatuto dos Benefícios Fiscais»).

RESUMO: O texto analisa a sociedade unipessoal por quotas como mecanismos societário transposto para o exercício individual e para a estruturação de grupos e, em geral, para a reorganização empresarial. Identifica-a como sub-tipo da sociedade por quotas. Em função das especificidades, aborda a não absolutização da sua personificação e trata os casos de abuso como reimputações das relações constituídas. Trata depois a identificação da unipessoalidade para efeitos de aplicação do regime especial, da constituição e da concentração nos casos de reorganização empresarial. Por fim, aborda-se o problema da formação de decisões sociais.

ABSTRACT: This text examines the one-person limited liability company (sociedade unipessoal por quotas) as a corporate mechanism for the individual exercise, as well as the group structuring, and, in general, for entrepreneurial reorganization. Such company is identified as a sub-type of the limited liability company (sociedade por quotas). Due to the specialities of this figure, the non-absolutization of its legal personality is dealt with, being herein proposed the treatment of cases of abuse as the «re-imputation» of legal relationships. Moreover, an analysis is made of the question of identifying the «one-personality», relevant in terms of the applicability of the special legal regime, as well as the incorporation and concentration, in cases of entrepreneurial reorganization. Finally, attention is paid to the formation of company's decisions.

FILIPE CASSIANO DOS SANTOS*

Sociedades unipessoais por quotas, exercício individual e reorganizações empresariais – reflexões a propósito do regime legal[1]

1. A sociedade unipessoal por quotas: ideia geral

Desde 1996, a lei portuguesa admite a existência de sociedades por quotas com um só sócio, as sociedades unipessoais por quotas, as quais tanto podem ser constituídas originariamente (a sociedade é constituída

* Professor da Faculdade de Direito da Universidade de Coimbra

[1] O presente texto segue de perto, em muitos passos, ainda que com um enfoque específico, um texto em curso de publicação (FILIPE CASSIANO DOS SANTOS, *A Sociedade Unipessoal por Quotas – Comentários e anotações aos artigos 270.º-A e seguintes do Código das Sociedades Comerciais*, Coimbra, Coimbra Editora, 2009), obra que pode ser consultada para ulteriores desenvolvimentos e para a abordagem de pontos que ora são omitidos.

logo como unipessoal e por quotas), como resultar da «transformação» ou conversão de uma sociedade inicialmente pluripessoal em unipessoal (o que pressupõe que a sociedade era inicialmente uma sociedade por quotas ou que foi transformada, nos termos gerais do Código das Sociedades Comerciais, nesse tipo social).

Estas sociedades são em primeira linha sociedades por quotas, e por isso, nada estabelecendo em contrário a sua disciplina especial (constante dos arts. 270.º-A a 270.º-G do CSC), aplicam-se a estas sociedades as regras que valem para o tipo societário sociedade por quotas (art. 270.º-G). Da aplicação desse regime geral, resulta designadamente que para a sociedade unipessoal vale o regime de inexistência de responsabilidade do sócio pelas dívidas sociais (art. 197.º, n.º 3, aplicável, naturalmente, por força da remissão do art. 270.º-G) – aplicação que não prejudica a existência de estipulação em contrário nos termos do art. 198.º, aplicável também por força do mesmo preceito, ainda que uma tal hipótese seja de todo improvável, na generalidade dos casos, por ser justamente a limitação da responsabilidade que é procurada por quem adopta o mecanismo[2].

A diferença entre a (nova) sociedade unipessoal e a sociedade por quotas clássica (com dois ou mais sócios) está, desde logo, na génese e no mecanismo que as constitui: a sociedade clássica, pluripessoal, tendo a participação de vários sujeitos (que se apresentam no acto constitutivo como contraentes e se vão transmutar em sócios por força da constituição da nova estrutura[3]), tem origem contratual; a outra, a nova sociedade unipessoal, tendo apenas a participação de um sujeito, tem uma origem assente numa declaração ou acto unilateral. Mas esta observação não expõe a diferença fundamental entre sociedade por quotas unipessoal e sociedade por quotas pluripessoal. Na verdade, essa diferença genética vai-se reflectir necessariamente no plano da sociedade enquanto estrutura disposta para o exercício de actividades económicas[4], na medida em que um criador, apenas, não pode deixar de dar simplesmente origem à existência

[2] Para mais desenvolvimentos, quer sobre a fundamentação da conclusão relativa à responsabilidade limitada, quer sobre a aplicação do regime do tipo sociedade por quotas, cf. Filipe Cassiano dos Santos, *A Sociedade Unipessoal por Quotas, cit. na n.1*, Preliminar, 1.

[3] Sobre *isto, v.* Filipe Cassiano dos Santos, *Estrutura associativa e participação societária capitalística. Contrato de sociedade, estrutura societária e participação do sócio nas sociedades capitalísticas*, Coimbra, Coimbra Editora, 2006, *pp. 183 e ss.*.

[4] A sociedade em geral é uma estrutura associativa dirigida ao exercício de actividades económicas e o contrato institui uma nova estrutura subjectiva, de tipo associativo, distinta e autónoma dos sócios – sobre isto, e sobre a interpretação do art. 980.º do Código Civil sobre o contrato de sociedade, v. Filipe Cassiano dos Santos, *Estrutura associativa e participação societária capitalística*, **cit.**, *pp. 115-125 e 180-201.*

de uma estrutura subjectivada de configuração não associativa. Assim, na sociedade unipessoal, a entidade que vai ser posta em acto pela declaração unilateral é também uma estrutura supra-individual (isto é, que se distingue do sócio e da sua pessoa, quer no plano da individualidade quer no plano da actuação, e à qual é imputada a actividade), mas essa estrutura não pressupõe a participação nela de mais do que um sujeito e é estruturada nessa base de participação de apenas esse sujeito. Por esta razão, o sócio vai ter na sociedade unipessoal um papel e um relevo distintos dos comuns sócios, e, do mesmo modo, a separação entre estrutura e participante (sócio) tem que ser colocada em moldes não coincidentes com os clássicos da relação de socialidade.

Falta, portanto, na sociedade unipessoal o interesse na associação de dois ou mais indivíduos com vista ao exercício de actividades económicas – o mecanismo e a sua admissibilidade, bem como o seu regime, não podem ignorar a falta desta «justificação». Contudo, é certo que existe uma estrutura subjectiva autónoma. A sociedade unipessoal corresponde assim ao aproveitamento de um mecanismo que originariamente é predisposto para satisfazer um interesse específico, colectivo e de origem contratual, transpondo-o, com as inerentes adaptações, para a satisfação de fins estritamente individuais. Isto significa que um mecanismo que estava tipicamente ao serviço de interesses de associação – colectivos, portanto – passou a ser posto ao serviço de interesses de uma pessoa só[5].

Na medida em que a extensão com carácter geral e sem alteração de regime do mecanismo societário se dá apenas ao nível da sociedade por quotas, pode concluir-se que o mais significativo desses fins individuais é o da limitação da responsabilidade do sócio pelas dívidas contraídas pela nova estrutura subjectiva, tipicamente em projectos empresariais de pequena ou média dimensão. Sucede que a vantagem inerente à ausência de responsabilidade do sócio, como é evidente, é constituída à custa dos interesses dos credores comuns (pois que os grandes credores ou aqueles que têm uma maior força negocial conseguirão normalmente uma responsabilização pessoal do sócio ou garantias reais). A não ser possibilitado o acesso por transposição ou adaptação do mecanismo societário clássico à formação de uma sociedade unipessoal, o sujeito ver-se-ia compelido a actuar em nome individual ou, em alternativa, e se não quisesse correr o

[5] Ferrer Correia, *Sociedades fictícias e unipessoais, Coimbra, 1948, pp. 312, 325 e 334 e ss.*, referia já este efeito-transposição ao sublinhar que, se, materialmente, a sociedade em geral é «o simples instrumento forjado para a satisfação de certos interesses individuais (dos sócios)», a unipessoal, por seu lado, «acha-se votada ao serviço do interesse de um único indivíduo«.

risco das dívidas[6], a renunciar à actuação, ou, ainda, a recorrer a soluções artificiosas. Por isto, pode afirmar-se que são basicamente interesses dos credores da actuação mercantil em sociedade unipessoal que são colocadas em jogo e que se apresentam na primeira linha da tutela por parte do regime legal.

A sociedade unipessoal por quotas é um subtipo mercantil do tipo sociedade por quotas. Pode, assim, ser constituída pelo sócio único para exercer actividades comerciais, o que significa (grossomodo) que podem ter por objecto actividades que vão desde a agricultura e actividades conexas, desde que empresarializadas, às prestações de serviços, passando pela indústria e pela comercialização de bens Mas pode também ter por objecto o exercício de actividades económicas não comerciais – a agricultura tradicional, o artesanato e as profissões liberais. Ponto é, em qualquer caso, que se trate de actividades económicas, isto é, actividades em que se dá a criação de um novo valor (ou valor acrescentado) destinado à troca (em sentido amplo: ao mercado)[7].

2. A sociedade unipessoal por quotas como subtipo do tipo sociedade por quotas

Caracterizada a sociedade unipessoal, coloca-se de seguida a questão de saber se a sociedade unipessoal por quotas é um novo tipo de sociedade, que se aditou aos que estavam já previstos no Código, ou se, pelo contrário, se trata de um subtipo do tipo sociedade por quotas. A nossa resposta vai, sem reservas e na esteira de alguma doutrina[8], neste último sentido. Fundamo-nos não tanto na designação por que o legislador de 1996 optou (sociedade unipessoal .. por quotas) – a qual sugere logo que

[6] *V.*, sobre regime o regime de dívidas no exercício individual e no EIRL, Filipe Cassiano dos Santos, *Direito Comercial Português. Vol. I, Dos actos de comércio às empresas: o regime dos contratos e mecanismos comerciais no Direito Português, Coimbra, Coimbra Editora, 2007, pp. 300-301, e A Sociedade Unipessoal por Quotas, cit. na n.1,* Preliminar, 1.

[7] Para mais desenvolvimentos, *v.* Filipe Cassiano dos Santos, *A Sociedade Unipessoal por Quotas, cit. na n.1,* Preliminar, 2., e *Direito Comercial Português, cit.*, pp. 33 e *ss.*,64 e *ss.*, 76 e *ss.* (*esp.* 83-84) e 91 e *ss.*.

[8] *V., entre outros,* Ricardo Costa, *A sociedade por quotas unipessoal no direito português,* Coimbra, Almedina, 2002, *pp. 277 e ss. – na falta de especial menção, será esta a obra do autor referida sob a indicação ob. cit.* -., Margarida Azevedo de Almeida, «*O problema da responsabilidade do sócio único perante os credoress da sociedade por quotas unipessoal*«, *in Revista de Ciências Empresariais e Jurídicas, n.º 3, 2005, p. 70, e* A. Pereira de Almeida, *Sociedades comerciais e valores mobiliários,* Coimbra Editora, 2007, *p.* 386.

estamos em face de uma sociedade por quotas, que se apresenta com a característica adicional de ser unipessoal, mas que é uma sociedade por quotas – mas sobretudo na inserção sistemática por que o legislador de 1996 optou ao prever e regular a sociedede unipessoal logo após o (longo) tratamento dado às sociedades por quotas, num Capítulo (o X) aditado ao Título dedicado a este tipo e antes do título dedicado à sociedade anónimia, com numeração aditada ao último dos artigos do regime das sociedades por quotas – tudo sugerindo uma relação com aquele tipo clássico do direito societário – e mais ainda na indicação decorrente da remissão do art. 270.º-G para o regime (geral) das sociedades por quotas. A par disto, assinale-se que o preceito em que se enumeram os tipos comerciais não foi alterado, nem aquando da introdução da sociedade unipessoal por quotas nem nas reformas subsquentes do Código, com o resultado de que continuam a ser enumerados como tipos societário mercantis disponíveis (e de adopção obrigatória sempre que se pretenda constituir uma sociedade cujo objecto seja total ou parcialmente comercial) as sociedades em nome colectivo, em comandita simples e por acções, as anónimas e as por quotas – mas não também as sociedades unipessoais por quotas, que não foram aditadas ao nº 2 do art. 1.º, decerto por não serem propriamente um novo tipo. Mas a estes argumentes literais-sistemáticos junta-se fundamental e decisivamente um argumento substancial: os tipos societários previstos no Código, na linha da caracterização que classicamente assumem, identificam-se essencialmente pela configuração da participação social (e não apenas pelo seu modo de transmissão – de resto, hoje menos diferenciado no que às sociedades por quotas e anónimas se reporta), pela responsabilidade que o sócio assume e pela estruturação orgânica que cada uma apresenta; ora, ponderados estes aspectos, é fácil constatar que a nova sociedade unipessoal não tem diferenças relevantes em qualquer destes aspectos[9].

3. Personalidade jurídica da sociedade unipessoal: a remissão para o art. 5.º do CSC; *desconsideração*

O art. 270.º-G remete, entre outros preceitos, para o art. 5.º do Código: daí decorre que a sociedade unipessoal por quotas registada tem personalidade jurídica própria – e é por isso um sujeito distinto do seu sócio. Mesmo na falta de remissão – ou a entender-se a remissão de modo literal

[9] Mais desenvolvimentos em Filipe Cassiano dos Santos, *A Sociedade Unipessoal por Quotas, cit. na n.1*, Preliminar, 3..

apenas para o regime especial das sociedades por quotas, contra o que nos parece mais correcto – tal conclusão resultaria logo do campo de aplicação do próprio art. 5.º: todas as sociedades previstas no Código, e, portanto, também agora as unipessoais por quotas, adquirem personalidade jurídica com o registo.

O que se diz não implica, no entanto, que antes do registo, a sociedade unipessoal por quotas não assuma já uma dimensão subjectiva, nos termos gerais aplicáveis às sociedades em constituição: designadamente, mesmo antes do registo, ela já é titular de direitos sobre as entradas, que adquire com a celebração do contrato - incluindo os direitos reais, por força do art. 408, n.º 1, do Código Civil. Aliás, naquela que se nos afigura a melhor interpretação do art. 5.º, a sociedade já existe antes do registo e da personalização: quando se diz, nesse preceito, que as sociedades gozam de personalidade jurídica e *existem como tais* [itálico nosso] a partir da data do registo definitivo do contrato (nas unipessoais, com a adaptação que se impõe, a partir da data do registo do acto unilateral), tal significa que as sociedades existem personalizadas após essa data, e não que a própria sociedade só a partir daí surge. Aliás, a não haver sociedade antes, não se compreenderia o regime dos arts. 36.º e seguintes e do art. 19.º – que aliás depõem literalmente no sentido que sustentamos – nem a possibilidade de o seu património responder em primeira linha pelas dívidas (nem, de resto, a possibilidade de haver dívidas próprias ...)[10].

Não obstante o que se concluiu quanto à personalização das sociedades unipessoais, a diferença ao nível do substrato não é destituída de consequências em matéria de personalização. Com efeito, pressupondo em regra a personalidade jurídica um substrato pessoal plural, a unipessoalidade implica «adaptações» ao nível do grau de personalização ou da intensidade desta, permitindo uma desconsideração fundada em circunstâncias específicas: a sociedade tem personalidade própria, distinta da do seu sócio, mas, na medida em que a personalidade da sociedade é um desdobramento da personalidade de um único sócio, que apenas se separa deste para serem prosseguidos os fins típicos previstos ou pressupostos na lei (basicamente: a actuação económica com responsabilidade limitada sujeita a regras), o círculo da personalidade restringe-se à actuação da actividade que suscita a pretensão à limitação da responsabilidade e que, mesmo dentro desse círculo, cede e é desconsiderada não apenas sempre que o sócio único instrumentaliza a sociedade para prosseguir fins proibidos, não previstos

[10] Não valem, assim, os argumentos que podem ser invocados contra a aplicação do art. 5.º: v., sobre isso, FILIPE CASSIANO DOS SANTOS, *A Sociedade Unipessoal por Quotas, cit. na n.1*, Preliminar 4..

ou que não são aqueles que foram pressupostos pela lei para permitir esse desdobramento (a personalidade jurídica da sociedade unipessoal é condicionada ao respeito pelos específicos fins prosseguidos pela lei com a admissibilidade da sociedade), como sucede em particular logo que há violação violação sistemática ou grave das regras concretas instituídas para a sociedade unipessoal bem como daquelas que, valendo em geral, assumem especialíssimo relevo na sociedade unipessoal. A personalidade jurídica da sociedade unipessoal é, em alguma medida, apenas relativa.

Note-se que a diferença não é essencial no que concerne à desconsideração da personalidade colectiva em geral: sucede apenas que a unipessoalidade como que restringe o círculo ou âmbito da personalidade e enfraquece-a e torna-a mais vulnerável, aditando situações de desconsideração em relação ao que sucede com a personalidade jurídica em geral.

Quanto ao enfraquecimento (que redunda numa mais fácil desconsideração), não basta, note-se também, para este que se verifique, que a utilização da sociedade coloque os credores em situação pior do que aquela que teriam caso o exercício fosse individual (não societário): para lá dos casos gerais de desconsideração, o enfraquecimento da personalidade tem que ser sustentado na violação das regras específicas que regem a sociedade unipessoal e em particular as relações sócio-sociedade que visam proteger o tráfico, ou de regras gerais das sociedades a que preside o mesmo objectivo e cuja inobservância é potenciada pela existência de um só sócio, com o inerente risco acrescido para os credores.

A utilização abusiva da personalidade jurídica de uma sociedade por quotas unipessoal conduz à imputação da actuação ao sócio: a conduta ilícita e as obrigações ou a responsabilidade emergentes de um negócio ou contrato, por exemplo, são imputadas directamente ao sócio. Não há, em bom rigor, uma responsabilização directa por dívidas, mas antes uma re-imputação das relações por via da não consideração da personalidade jurídica da sociedade: e essa re-imputação será concreta, reportada à relação jurídica no quadro da qual se verificou a violação, ou será genérica, se a actuação violadora das regras se apresentou como reiterada ou grave e redundou numa impossibilidade de distinção sistemática das esferas jurídicas de sócio e sociedade para efeitos de imputação. Pensamos, pois, que não há que optar, no caso, entre qualificar a responsabilidade como solidária ou subsidiária – embora seja por acção do credor ou da outra parte que se opera a re-imputação e isso redunde, na prática, numa espécie de subsidiariedade, pois que ele só actuará nesse sentido (e só terá efectivo interesse) caso o património da sociedade se revele insuficiente.

Mas há que ter presente que, para lá desse plano da utilização abusiva da personalidade, actos do sócio e actos da sociedade são distintos, imputando-se, nos termos gerais, a cada um. Assim, se o sócio único actua enquanto gerente, é à sociedade que essa actuação é imputada, salvo utilização indevida da personalidade jurídica.

4. Identificação da sociedade unipessoal: critério e casos de existência de sócio único

O n.º 1 do art. 270.º- A, estabelece, em primeiro lugar, que sociedade unipessoal por quotas é aquela que é constituída por um sócio único, que é titular da totalidade do capital. A definição, com esta amplitude, reporta-se à sociedade unipessoal por quotas em geral, seja inicial seja superveniente: para haver sociedade unipessoal, tem que haver sempre um só sócio, o que significa que esse sujeito é o titular da totalidade do capital (melhor, das participações-quotas), e este requisito, para efeitos de qualificação, tanto pode (e deve) verificar-se na constituição da sociedade como na conversão da sociedade pluripessoal em unipessoal. O n.º 2 do preceito concretiza para a unipessoalidade superveniente o requisito inscrito no n.º 1, reportando-se também à situação de um só sujeito concentrar na sua titularidade as quotas.

Sócio único é assim aquele que é titular da quota única ou da totalidade das quotas e esta é a única e unitária condição de base para a aplicação do regime especial[11].

Mas não basta a existência de um só sócio para haver sociedade unipessoal por quotas: na constituição, tem que haver a declaração de querer constituir uma sociedade desse (sub)tipo; na conversão, carece-se de uma declaração nesse específico sentido.

Sendo sócio único aquele que detém a quota única ou a totalidade das quotas, não se deve todavia absolutizar ou formalizar esta noção. Há, pois, que encontrar um critério seguro para determinar a unicidade de sócio. Ora, quanto a este ponto, e sinteticamente, parece-nos que a sociedade com sócio único é aquela que, a não ser unipessoal por quotas, fica sujeita ao regime da dissolução da alínea a) do n.º 1 do art. 142.º, conjugado com o n.º 2 do art. 7.º (caso em que determinante é a existência de um sócio único a título de propriedade)[12], e ainda aquela em que, por força de uma especial situação jurídico-societária da quota (e não de uma mera situação de facto ou de um acordo parassocial),

[11] Sobre isto, com desenvolvimentos e problematização, v. Ricardo Costa, *A sociedade por quotas unipessoal, cit. na n.1, , pp.* 401 *e ss. e esp.* 414 e *ss.*.

[12] Neste sentido estrito, *v. tb.* Ricardo Costa, *ob. cit., p.* 421.

há unicidade de interesses relativos ao exercício dos direitos inerentes à condição de sócio ou à quota, em termos de ser o mesmo sujeito a determinar a formação da vontade social - isto é, a sociedade em que, ainda que, havendo formalmente proprietários distintos, o exercício dos direitos compete a um só sócio e as demais participações não são exercidas com autonomia, em termos de não haver participação efectivamente plural na sociedade. Trata-se de situações autónomas, e não de requisitos cumulativos.

Os dois casos que se apontam têm uma diferença prática assinalável: enquanto no primeiro a sociedade está sujeita a dissolução e deve ser emitida a declaração de conversão para escapar a ela (há uma espécie de unipessoalidade «obrigatória» ou, mais exactamente, há como que um ónus), no segundo caso haverá também sócio único, para efeitos do art. 270.º-A, mas a submissão da sociedade ao regime especial, mediante a declaração prevista no n.º 3 do artigo, não é forçada pela ameaça da dissolução - sendo que, em qualquer dos casos, note-se bem, a conversão em unipessoal por quotas é sempre, em bom rigor, voluntária. Quer dizer: o legislador não impôs a sujeição ao regime da unipessoalidade, neste segundo caso, nem sequer pela via indirecta da ameaça da dissolução, mas estando presentes os perigos para os credores e para o tráfico que se detectam no primeiro, não se vê justificação substancial para impedir o acesso ao regime dos arts. 270.º-A e seguintes.

As hipóteses que se apontam como ilustrativas do segundo caso são as de usufruto e penhor constituídos por um sócio a favor do outro, numa sociedade com dois sócios. Eles não devem ser parificadas, no entanto: só o usufruto, em princípio, preenche o pressuposto da unipessoalidade. Com efeito, atendendo ao critério da unicidade de participação, as situações num e noutro caso são diferentes: ponderando as soluções legais para os dois direitos que, sob a perspectiva que releva, são decisivos, verificamos que, ao passo que, no usufruto, quem vota e quem recebe os lucros é o usufrutuário (isto é, na hipótese que se concebe, o outro único sócio: v. o art. 23.º, n.º 2), no penhor passa-se exactamente o oposto - o que implica que a participação do titular se mantenha com autonomia (salvo a hipótese de convenção em contrário: art. 23.º, n.º 4). Por isto, a regra no penhor é a de que não pode haver conversão, ao passo que ela é possível no usufruto - suposto, naturalmente, que se trate de sociedade por quotas ou que há transformação nesse tipo.

Já o caso em que um sujeito adquire supervenientemente (originariamente tal não é possível, dado o princípio da unidade da quota) a titularidade da totalidade das quotas, mas constitui sobre uma delas um penhor ou um usufruto, não se coloca no mesmo plano. Para todos os efeitos, em ambas as situações há apenas um sócio, e a sociedade fica sujeita a dissolução; e, em qualquer delas, a dissolução pode ser evitada, justamente porque o pressuposto suficiente para a unipessoalidade dos arts. 270.º-A e seguintes, a existência de um sócio com a titularidade da totalidade das quotas, se verifica, e tanto basta para desencadear a aplicação do regime especial. Nesta medida, mas apenas nela, há uma dimensão formal da noção de unipessoalidade.

O critério que se vem sustentando permite também resolver uma outra hipótese que divide a doutrina: a de contitularidade da quota. Neste caso, o exercício da participação é unitário, através de representante comum – sendo absolutamente excepcional o funcionamento da condução directa por maioria (n.º 4 do art. 222.º); mesmo sendo tomada deliberação sobre o sentido do exercício, nos termos do art. 224.º, a participação exerce-se sob uma orientação única. Logo, há um sócio pelo critério formal, e o n.º 3 do art. 7.º é expressão disso: na constituição, contam como «uma só parte» – isto é, um só constituinte e um só «sócio» – as pessoas que adquiram em contitularidade; mas também pelo critério material da unicidade de interesses na condução da participação se verifica o pressuposto da unipessoalidade. Aliás, está-se mesmo perante um caso em que, originariamente, e não havendo outro sócio, só é possível, em face daquele n.º 3 do art. 7.º, constituir uma sociedade unipessoal por quotas; e se a situação de contitularidade se constituir supervenientemente, ou há conversão, ou a sociedade se sujeita a dissolução[13].

5. A constituição de sociedade unipessoal

a) *Constituição comum – especificidades do acto constitutivo*

O Código das Sociedades Comerciais permite que um só sujeito constitua uma sociedade unipessoal (n.º 1). Neste caso, não haverá contrato, como é evidente, mas antes um acto unilateral constituído por um conjunto de declarações do sujeito (que com o acto se torna sócio), que têm por base e se centram na declaração de querer constitutir uma sociedade e de adoptar o subtipo unipessoal por quotas. De forma mais ou mesmo expressa, devem constar do acto unilateral constitutivo as declarações que inscrevam os elementos do art. 980.º do Código Civil, para o qual o art.

[13] Sobre outros casos (designadamente o de quota que é bem comum do casal e o de sócio único em sociedade com quotas próprias), v. Filipe Cassiano dos Santos, *A Sociedade Unipessoal por Quotas, cit. na n.1,* , anot. 3. ao art. 270.º-A.

1.º, n.º 2, do Código das Sociedades remete implicitamente: o sócio deve assim declarar querer constituir uma estrutura nova, distinta da sua pessoa e de configuração societária (bastará para o efeito a declaração geral de querer constituir uma sociedade unipessoal por quotas), para a qual se deve a obrigar a entrar com bens (por aplicação do art. 202.º, n.º 1, por força do art. 270.º-G, não se admitem entradas em serviços), à qual deve fixar o exercício de actividades económicas comerciais ou não comerciais mas que não sejam de mera fruição (n.ºs 3 e 4 do art. 1.º: tratar-se-á no primeiro caso de uma sociedade comercial e no segundo de uma sociedade civil sob forma comercial) - fixação que se faz na cláusula que determina o objecto da sociedade - e para a qual estabelece a prossecução de um escopo lucrativo. Como contrapartida da sua obrigação de entrada e da constituição da estrutura, ele recebe uma quota.

Os art. 270.º-A e seguintes não contêm preceitos especiais neste domínio, com excepção do previsto no art. 270.º-B, em matéria de firma: os interesses em jogo na sociedade unipessoal não implicam qualquer derrogação do regime geral - sendo que este, hoje, quanto à celebração do próprio contrato de sociedade, se caracteriza pela sujeição a forma simplificada. Vale, na matéria, a regra do art. 270.º-G: as disposições gerais vigentes para o contrato de sociedade aplicam-se, com as devidas adaptações à unipessoalidade[14].

b) Constituição em operações de reorganização empresarial: cisão e cisão-fusão

Também em consequência de cisão se podem criar sociedadedes unipessoais. Vejamos como.

Na cisão por destacamento e criação de nova sociedade (dita simples) e na cisão por dissolução e criação de novas sociedades (chamada cisão-dissolução), as participações sociais da nova ou novas sociedades ficam a pertencer aos sócios da sociedade cindida, na medida em que eles acordarem entre si ou, na falta de acordo *ad hoc*, na medida das participações que detinham na sociedade inicial. É o que decorre, para a cisão-dissolução, do art. 127.º, mas é o que se deve passar também no caso de cisão simples, por tal ser inerente à natureza da operação de cisão - pois que os sócios perdem a montante (na sociedade que pré-existia e de que eram sócios), com a desvalorização ou extinção das suas participações, mas recebem

[14] Para mais desenvolvimentos, v. Filipe Cassiano dos Santos, *A Sociedade Unipessoal por Quotas, cit. na n.1,* , anot. 4a) ao art. 270.º-A.

a compensação a jusante, com a aquisição de participações na nova ou novas sociedades, nas quais estão os valores que saíram da cindida. Aliás, a ser a própria sociedade a deter as participações da sociedade nova, não haverá sequer cisão, mas simples aquisição de participações em outra sociedade (art. 11.º) ou, se for o caso, grupo (se se tratar, de ambos os lados, de sociedades anónimas, por quotas ou em comandita por acções, supondo-se que a sociedade-mãe fica com a totalidade das participações: art. 481.º, n.º 1).

Ora, quando uma sociedade pluripessoal ou unipessoal se cinde em duas (ou mais), extinguindo-se, uma das novas sociedades pode ser unipessoal (com a ressalva de que, por força da proibição do n.º 1 do art. 270.º-C, o resultado não pode ser o de ficarem duas sociedades unipessoais detidas pelo mesmo sujeito pessoa singular ou humana. Pode, assim, constituir-se uma unipessoal por quotas em consequência de operação de cisão.

Igualmente se dará origem a uma nova sociedade unipessoal se uma sociedade pluripessoal se cindir por cisão simples, afectando parte do seu património à criação de uma unipessoal por quotas, no quadro de um acordo *ad hoc* (acordo sempre possível, nos termos do art. 127º, como vimos *supra*) entre os seus sócios (por exemplo, ficando um como sócio da sociedade original e outro como sócio da nova; neste caso, a sociedade cindida converter-se-á em unipessoal).

Pode também dar-se a constituição de uma sociedade unipessoal por quotas no quadro de uma cisão-fusão. É o caso em que uma sociedade unipessoal se cinde, destacando parte do seu património, para constituir uma nova sociedade, enquanto ela própria se funde com outra (unipessoal, desde que detida por outro sócio, ou pluripessoal – não importa) por incorporação, com o sócio ou sócio da incorporada a entrar para a sociedade incorporante. Em tal suposto (que pode responder a um interesse frequente: A tem uma unipessoal, decide fundir parte dos seus activos com outra sociedade, e reserva para uma unipessoal «sua» a parte não «fundida dos activos») a nova sociedade criada pode, naturalmente, ser unipessoal – e a sociedade inicial pode eventualmente converter-se em pluripessoal.

Já na fusão sem cisão prévia terá menos sentido a constituição *ex novo* de uma sociedade unipessoal por quotas – ainda que não haja impossibilidade prática ou legal, no caso da alínea b) do n.º 4 do art. 97.º, se houver acordo no sentido de, na nova sociedade resultante da operação de fusão, participar apenas um dos sócios das sociedades fundidas ou se se der exoneração de todos menos um.

Uma sociedade unipessoal pode cindir-se em duas unipessoais (hipótese coberta pela previsão genérica da alínea b) do n.º 1 do art. 118.º), desde que pelo menos uma venha a ter, *uno acto*, por via de aumento de capital ou de cessão de quotas, outro sócio - de modo a não incorrer em violação da proibição do n.º 1 do art. 270.º-C. Em tal suposto, a nova sociedade que fica unipessoal sucede à sociedade cindida, mas é uma nova sociedade (art. 112.º, aplicável por força do art. 120.º) - não havendo, em rigor, nem subsistência da sociedade inicial nem qualquer modificação dela.

Em geral, há apenas que ressalvar que não haverá lugar à constituição de uma sociedade unipessoal sujeita ao regime do Título X se o sócio único reunir os pressupostos do estabelecimento de uma relação de grupo.

6. Um caso especial de utilização do mecanismo: a concentração de quotas em operações de reorganização

Haverá concentração, com conversão em unipessoal, no já assinalado caso de uma sociedade pluripessoal se cindir por cisão simples, afectando parte do seu património à criação de uma outra sociedade (que poderá ser, e será normalmente, uma unipessoal por quotas), no quadro de um acordo *ad hoc* (acordo sempre possível) entre os seus sócios, pelo qual um fica como sócio único da sociedade original e outro como sócio único da nova; neste caso, a sociedade cindida converter-se-á em unipessoal. Ressalva-se o caso apenas de o sócio ser uma sociedade e de se constituir imperativamente uma relação de grupo.

A concentração pode também dar-se - ainda que se trate de caso raro - no quadro de uma fusão por incorporação de uma sociedade pluripessoal ou unipessoal numa sociedade por quotas pluripessoal (ou, se esta não tiver este tipo, com transformação simultânea) em que esta fique reduzida a um sócio, por acordo entre os sócios das sociedades fundidas pelo qual um (ou mais) ceda (cedam) ao outro (ou outros) o direito (ou direitos) a participar na sociedade incorporante (o direito está consagrado na alínea a) do n.º 4 do art. 97.º e pode, nos termos gerais, ser transmitido: veja-se a previsão expressa da lei da faculdade de alienar a posição em aumento de capital, feita pelo art. 458.º, n.º 3), ou por força de exoneração dos demais sócios (art. 105.º).

7. A formação da vontade social por decisões do sócio (com apuramento de uma vontade transpessoal mas solitária) e a aplicação de regras relativas à assembleia geral

O Código das Sociedades Comerciais fugiu a um certo vocabulário de tom aparentemente institucionalista, e refere-se sistematicamente à assembleia geral como assembleia ou reunião de sócios ou simplesmente como «os sócios». Trata-se apenas de uma opção semântica (que, de resto, em nada contribui para tornar mais claro o discurso jurídico, pois ignora a dimensão institucional da sociedade e desconsidera que os sócios actuam na assembleia enquanto membros desta). No entanto, o n.º 1 do art. 270.º-E – significativa e excepcionalmente – refere-se às competências «transferidas» para o sócio único como sendo as «das assembleias gerais»: são pois as competências deste órgão que cabem ao sócio único. Nesta sede, o CSC português, decerto por se tratar de preceito introduzido ulteriormente, e que não foi harmonizado com a redacção geral do Código, é mais rigoroso no plano terminológico.

A transferência das competências da assembleia para o sócio único determinada no n.º 1 não significa que na unipessoal por quotas exista a assembleia com um só sujeito: a assembleia não existe na sociedade unipessoal. Mas, sendo assim, é também certo que, ao mesmo tempo, ele actua enquanto sócio, ou seja, não na mera qualidade de indivíduo mas na de membro da estrutura: é por isso que tem que inscrever as decisões que toma nessa qualidade (relativas à sociedade, por definição) em acta que se reporte à esfera da sociedade, não valendo, assim, uma qualquer decisão do sujeito, mas apenas aquelas em que se manifeste ou revele a vontade de exprimir a vontade da sociedade.

O sócio actua assim individual e pessoalmente como órgão da sociedade unipessoal, embora não se constitua uma assembleia – vale isto por dizer que o sócio é ele próprio órgão da sociedade e, quando decide sobre matérias relativas à sociedade que competiriam à assembleia nas sociedades pluripessoais, actua em modo social (porque se metamorfoseia de indivíduo e mero sócio em sócio que determina sozinho a vontade da sociedade). Outra perspectiva corresponderá a uma artificialização da estrutura da sociedade unipessoal, que não é de todo necessária.

Não tem pois o sócio que se constituir em assembleia – não há esse órgão na sociedade unipessoal. Há, simplesmente, decisões sociais do sócio único.

Mas como as decisões referidas no n.º 1 são decisões sociais, ele tem que colocar ou situar a sua actuação no plano da sociedade. Isto analisa-se na expressão de uma vontade de imputar a concreta decisão à sociedade e na inscrição nesses termos em acta, de modo a que se revele essa imputação.

Não se tratando embora de deliberações e de assembleia, aplicam-se, ainda assim, ao sócio-órgão algumas regras sobre a assembleia geral, previstas no regime geral, por força da remissão geral do art. 270.º-G.

Vejamos um primeiro caso. Não havendo então deliberações da assembleia, mas decisões do órgão-sócio, o órgão de fiscalização, se existir, ou o gerente, se for não-sócio (a hipótese não tem sentido para o próprio sócio-gerente), podem, com base no n.º 1 e no n.º 4 do art. 57.º, expor a nulidade de decisão (mas não propor a sua renovação, pois esta só é possível em casos que não se podem configurar na sociedade unipessoal) e até requerer judicialmente a declaração de nulidade (n.º 3 do citado preceito). É mesmo um necessário mecanismo de defesa do gerente (é relativo a ele o caso mais plausível), ainda que esta possa ser a sua última acção ... Em todo o caso, não é, evidentemente, em reunião da assembleia que se dá essa exposição: ela deve ser feita directamente ao sócio, nesta sua qualidade. A norma geral carece da devida adaptação, na falta de disposição específica.

Por outro lado, é certo que, porque não há assembleia mas órgão unipessoal, e a lei impõe no Capítulo X apenas um requisito de forma a que a decisão deve obedecer (a inscrição em acta), não há, em qualquer caso que seja, que aplicar os preceitos sobre convocação da assembleia. Mas também aqui se trata somente de uma regra geral. Na verdade, alguns preceitos há que, devidamente adaptados, podem ter sentido na sociedade unipessoal. Pense-se, de novo, no caso de sociedade com gerente que não é o sócio. Pode também neste caso haver interesse do gerente em «convocar» o sócio para decidir, se os procedimentos informais não funcionarem ou forem impossíveis e se o gerente entender que há interesse numa decisão. Vale assim a competência prevista no art. 248.º, n.º 3, do CSC, mas com a adaptação que se impõe: o gerente não convoca o sócio, justamente porque não há uma sessão, limitando-se a solicitar e (ou) a propor-lhe que tome decisão sobre determinado assunto. Obrigar o sócio a comparecer, a realizar uma sessão formal com o gerente (ou o órgão de fiscalização) e a decidir no local e no momento é algo que está completamente fora do quadro legal estabelecido no art. 270.º-E, correspondendo aliás a um ritual formalista desnecessário e irreal. Por outro lado, a efectivação de uma reunião nem sequer se justifica, pois são os interesses de outros sócios e da sociedade num apuramento colegial da vontade societária (e não o interesse do próprio gerente) que impõem assembleias convocadas pelos gerentes e realizadas com ampla colegialidade, e tais interesses não estão presentes numa sociedade que é comandada pelos interesses de um só sujeito (por isso, aquela é uma estrutura associativa e esta é uma estrutura de participação individual). Aliás, repare-se ainda que o Código não faz qualquer alusão – antes desconsidera em absoluto – a qualquer hipótese de reunião sócio-gerentes (ou órgão de fiscalização) e de participação destes na decisão: significativamente, ao prever a formalização da decisão, o art. 270.º-E refere-se apenas a esta e à assinatura do sócio, não prevendo qualquer lugar para outros sujeitos e para o relato de quaisquer intervenções[15].

Mas há que ter em conta que, do mesmo modo que o gerente pode solicitar uma decisão, ele está obrigado a comparecer na sede, em momento indicado, se para tal for convocado pelo sócio. É nisto que, nas sociedades unipessoais, se analisa o dever de comparência nas assembleias que cabe ao administrador ou gerente (arts. 379.º, n.º 4, *ex vi* art. 248.º, n.º. 1, aplicáveis por força do art. 270.º-G) – dever que se harmoniza com a especial relação (situação) orgânica da sociedade por quotas unipessoal.

A propósito das relações entre sócio-órgão e sociedade, cabe formular uma outra questão. Pode o sócio, fora das competências legais ou estatutárias que lhe estão atribuídas, emitir instruções ao gerente terceiro em matéria de gestão? O problema não será muito relevante na vida corrente da sociedade, na prática, já que a dissintonia sócio-gerente que leve à recusa por parte deste se resolverá normalmente pela via da destituição deste – mas terá sempre interesse para avaliar a existência ou não de justa causa e de direito à indemnização (n.ºs 1 e 7 do art. 257.º, aplicável por força do art. 270.º-G). Vejamos. A sociedade por quotas tem uma forte dimensão personalística e o órgão assembleia assume um protagonismo considerável. A competência aqui, ao contrário do que sucede nas anónimas, é delimitada positiva e especificadamente para a assembleia geral, e só genérica e residualmente para a gerência. Além disto, o art. 259.º estabelece mesmo que os gerentes têm por competência praticar os actos necessários ou convenientes para a realização do objecto, com respeito pelas deliberações dos sócios. Isto quer dizer que, nas sociedades por quotas, são os sócios que conduzem a sociedade, directamente ou através da gerência – diferentemente do que sucede nas sociedades anónimas, em que o interesse dos sócios investidores e o interesse dos sócios futuros, impõem uma delimitação positiva, específica e essencialmente inderrogável das competências da administração. Propendemos, pois, para respon-

[15] Sustentando a aplicação do art. 248, n.º 3, mas falando de reunião, *v.* Ricardo Costa, *cit.*, *p.* 579 e *ss.*.

der afirmativamente ao quesito posto: o sócio pode dar instruções - mas o gerente pode recusar, sem que isso o faça incorrer em justa causa de destituição, se os actos para que recebe instruções são susceptíveis de envolver responsabilidade[16].

[16] Cf. outras questões relativas à formação das decisões em Filipe Cassiano dos Santos, *A Sociedade Unipessoal por Quotas, cit. na n.1,* , anot. ao art. 270.°-E.

Resumo: No presente texto, é feita a análise de um conceito central do Regulamento (CE) n.º 1346/2000, de 29 de Maio de 2000 relativo aos processos de insolvência. Esse conceito é o de Centro dos Interesses Principais do devedor, que deve ser utilizado para determinar a competência dos órgãos jurisdicionais de um Estado-Membro para a abertura de um processo principal de insolvência. O estudo incide, no entanto, sobretudo nas questões que se levantam no âmbito do direito das sociedades e, especialmente, no que diz respeito aos grupos de sociedades. É também dedicada atenção ao conceito de «estabelecimento», usado naquele Regulamento para determinar a competência para a abertura de processos secundários, na medida em que interessa saber se no mesmo cabe uma sociedade controlada por outra.

Abstract: In the present text, the author studies the meaning of the word «center of a debtor's main interests», which has crucial significance in what concerns Council regulation (EC) no. 1346/2000, of 29 May 2000 on insolvency proceedings. The «center of a debtor's main interests» must be found to determine if the Court has jurisdiction to open the main insolvency proceedings. This study is mainly concerned with issues related to company law and, specially, to groups of companies. As secondary proceedings can be opened where the debtor has an «establishment», the author tries to determine if we can assume that a subsidiary company is an «establishment».

ALEXANDRE DE SOVERAL MARTINS*

O «CIP» («Centro dos Interesses Principais») e as sociedades: um capítulo europeu

I. A insolvência de sociedades com actividade plurilocalizada

É evidente hoje (diríamos também «por enquanto») a considerável abertura da grande maioria dos mercados nacionais. O investimento transpõe cada vez mais frequentemente as fronteiras de cada Estado e é pensado em termos globais. Isso é possibilitado, desde logo, pelo desenvolvimento dos meios de comunicação e pela informática.

Nesse movimento de internacionalização, as sociedades comerciais assumem papel destacado, sendo as sociedades anónimas as que, em regra, permitem reunir os capitais necessários para alcançar objectivos mais ambiciosos.

Mas, se as coisas correm mal ou muito mal, essas mesmas sociedades podem ser arrastadas para um processo de insolvência. Atendendo à natu-

* Professor da Faculdade de Direito da Universidade de Coimbra

reza das suas actividades, o património da sociedade devedora estará frequentemente disperso por diversos países e aquela terá estabelecimentos abertos em várias regiões do Mundo.

Se uma sociedade insolvente tem como estatuto pessoal a lei de um determinado Estado, interessa saber se deve ser aberto um só processo nesse Estado ou um processo em cada país onde se encontrem bens da sociedade insolvente, se no processo podem ser abrangidos os bens no exterior e que lei aplicar.

Os problemas mencionados podem ser encarados de acordo com vários princípios [1]. Por um lado, contrapõem-se os princípios da territorialidade e da universalidade. Por outro, os princípios da unidade e da pluralidade.

Se um Estado adopta o princípio da territorialidade, o processo de insolvência que nele seja aberto apenas produz efeitos nesse mesmo Estado no que diz respeito ao património do devedor. E processos de insolvência abertos noutros Estados não iriam produzir efeitos no Estado que se regesse pelo referido princípio quanto aos bens do devedor situados neste último.

Pelo contrário, o princípio da universalidade conduz a que o processo de insolvência aberto no Estado que acolha tal princípio deve produzir efeitos noutros Estados quanto aos bens do devedor que neles se encontram. Por outro lado, na sua pureza, o princípio da universalidade deveria levar a que o Estado que o acolhe aceitasse os efeitos, quanto aos bens do insolvente, de um processo de insolvência aberto noutro Estado [2].

De acordo agora com o princípio da pluralidade, o devedor pode ficar sujeito a mais do que um processo de insolvência, designadamente quando os seus bens se encontram dispersos por dois ou mais Estados. O princípio da pluralidade não é incompatível com o princípio da universalidade, uma vez que pode eventualmente existir coordenação entre os vários processos de insolvência [3]. Por sua vez, o princípio da unidade conduz à abertura de um só processo de insolvência por devedor, processo

[1] Sobre o tema, cfr, com grande clareza, VENDER, *Cross-border insolvency proceedings and security rights*, Kluwer, 2004, p. 85 e ss.; entre nós, cfr., por ex., LUÍS DE LIMA PINHEIRO, «O Regulamento Comunitário sobre Insolvência. I – Uma introdução», *ROA*, Dezembro, 2006, p. 1106 e ss. (igualmente publicado em *Nos 20 anos do Código das Sociedades Comerciais. Homenagem aos Profs. Doutores A. Ferrer Correia, Orlando de Carvalho e Vasco Lobo Xavier*, III, Coimbra Editora, Coimbra, 2007, p. 153 e ss.).

[2] Para outras variações, VENDER, *Cross-border insolvency proceedings and security rights*, cit., p. 86 e s.

[3] Se assim não for, podem surgir situações que justifiquem considerar o sistema da pluralidade como um «Raub-System»: cfr., sobre isto, PEDRO DE SOUSA MACEDO, *Manual de direito das falências*, Almedina, Coimbra, 1964, p. 416.

esse que deverá abranger todos os bens do insolvente, onde quer que se encontrem.

O ideal, em abstracto, seria abrir um só processo, no qual fosse aplicada uma única lei e abrangidos todos os bens e todos os credores [4]. A decisão que fosse proferida nesse processo deveria depois ser reconhecida em todos os países onde fosse necessária a produção dos seus efeitos, designadamente, naqueles onde se situassem bens da sociedade insolvente.

Mas até essa solução não iria satisfazer do mesmo modo todos os interesses em presença [5]. Se esse processo único fosse aberto no país do estatuto pessoal da sociedade insolvente, interessaria certamente aos respectivos trabalhadores, bem como a outros credores daquele país, que o processo de insolvência ali corresse, abrangendo todos os bens da insolvente, todos os seus credores e aplicando-se a lei do referido país.

Contudo, noutros países onde existam bens da sociedade insolvente, podemos encontrar credores com direitos sobre esses mesmos bens (garantias, direitos de aquisição, etc.) que contavam com a aplicação da lei do país de localização dos bens.

E, naturalmente, o país onde se encontrem esses bens pode não ver com bons olhos a aplicação de lei diferente da sua no que diz respeito ao estatuto daqueles bens.

Na ausência de um regime que o impeça, pode haver da parte do devedor insolvente a tentação de procurar sujeitar-se à lei do país que regule o processo de insolvência da forma que lhe seja mais favorável.

Um regime jurídico uniforme a nível mundial que resolva de forma harmónica as principais dificuldades envolvidas numa insolvência transfronteiriça não se afigura viável num horizonte próximo. No entanto, existem tentativas dirigidas à aproximação das legislações. A UNCITRAL elaborou, por um lado, uma *Model Law on Cross-Border Insolvency*, de 1997, e, por outro, o *Legislative Guide on Insolvency Law*, de 2004, este último bastante mais abrangente mas não deixando de lado o tema da insolvência transfronteiriça.

[4] Referindo-se à unicidade e à universalidade como princípios que permitiriam garantir o igual tratamento dos credores (*par conditio creditorum*), Dário Moura Vicente, «Insolvência internacional: direito aplicável», *Estudos em memória do Professor Doutor José Dias Marques*, Almedina, 2007, p. 83.

[5] Sublinhando isso mesmo, Dário Moura Vicente, «Insolvência internacional: direito aplicável», cit., p. 84 e s..

Sob os auspícios do Conselho da Europa, foi assinada em Istambul, em 1990, a *Convention Européenne sur certains aspects internationaux de la faillite*. Porém, este texto não entrou em vigor [6-7].

A nível comunitário, não pode deixar de ser mencionada a Convenção de Bruxelas relativa aos processos de insolvência (JOCE, L 6500/96), outorgada em 1995 entre 12 Estados membros da CEE, que também não entrou em vigor por não ter sido assinada pelo Reino Unido [8]. Pela proximidade de muitas formulações, aquela Convenção é bastante útil na interpretação do Regulamento [9].

II. O Regulamento CE 1346/2000, de 29 de Maio

Sentindo a necessidade de intervir para procurar resolver alguns dos problemas acima descritos, o legislador comunitário fez aprovar o Regulamento CE 1346/2000, de 29 de Maio 2000 (doravante apenas Regulamento) [10], relativo a processos de insolvência que produzem efeitos transfronteiriços (Considerandos (2) e (3)).

De acordo com o Considerando (6) do Regulamento, este apenas intervém no que diz respeito «às disposições que regulam a competência em matéria de abertura de processos de insolvência e de decisões directa-

[6] Pode ser consultado em www.coe.int

[7] A Convenção de Bruxelas relativa à competência judiciária e à execução de decisões em matéria civil e comercial não se aplica às falências. O mesmo acontece com o Regulamento (CE) n.º 44/2001 do Conselho, de 22 de Dezembro de 2000, relativo à competência judiciária, ao reconhecimento e à execução de decisões em matéria civil e comercial (JOCE, L 12, 16/1/2001, p. 1-23).

[8] Por razões relacionadas, aparentemente, com o embargo à carne de vaca: cfr. HUBER, «Internationales Insolvenzrecht in Europa – Das internationale Privat- und Verfahrensrecht der Europäischen Insolvenzordnung», *Zeitschrift für Zivilprozeß*, 2001, p. 133, nota 4. Se assim foi, então o Reino Unido provavelmente veio dar argumentos para o embargo.

[9] Na interpretação da Convenção de Bruxelas, reveste-se de grande interesse o Relatório Virgos/Schmit (*Report on the Convention on Insolvency Proceedings*, Doc. do Conselho n.º 6500/96/EN, Bruxelas, 1996 – não oficial). Sobre isto, VENDER, *Cross-border insolvency proceedings and security rights*, cit., p. 97.

[10] Publicado no JOCE, L 160, 30/6/2000, entretanto alterado várias vezes, podendo as alterações ser consultadas em http://eur-lex.europa.eu, onde também se encontra o texto consolidado. O Regulamento não vincula a Dinamarca nem esta se encontra sujeita à sua aplicação (Considerando 33 do Regulamento). O Regulamento entrou em vigor em 31 de Maio de 2002. Veja-se que o Título XIV do CIRE tem por epígrafe «Execução do Regulamento (CE) n.º 1346/2000, do Conselho, de 29 de Maio». Para reflexos do Regulamento nas decisões dos nossos tribunais, cfr., p. ex., o Ac. RP 22/IV/2008, sumariado em www.processo-civil.blogspot.com, ou o Ac. TRL 29/V/2008, www.dgsi.pt.

mente decorrentes de processos de insolvência e com eles estreitamente relacionadas», ao «reconhecimento dessas decisões e ao direito aplicável».

Uma das grandes preocupações do legislador comunitário foi a de evitar o *forum shopping* que afecte a igualdade das partes. Lê-se, assim, no Considerando (4): «há que evitar quaisquer incentivos que levem as partes a transferir bens ou acções judiciais de um Estado-Membro para outro, no intuito de obter uma posição legal mais favorável (*forum shopping*)».

O Regulamento não define, porém, um estatuto único para a insolvência internacional, nem impõe um particular processo. Antes de mais, parece possível afirmar que o Regulamento só se aplicará *quando a lei aplicável é a lei de um Estado-Membro vinculado pelo Regulamento*. Embora esta leitura possa ser encarada como discutível, julgamos ser a que se retira do art. 4.º, 1: «Salvo disposição em contrário do presente regulamento, a lei aplicável ao processo de insolvência e aos seus efeitos é a lei do Estado-Membro em cujo território é aberto o processo (...)». Para além disso, o Regulamento apenas se preocupa com os efeitos do processo de insolvência que se produzam nos Estados-Membros vinculados.

O Regulamento aplica-se a processos de insolvência [11] referentes a pessoas colectivas ou singulares, sejam elas comerciantes ou não comerciantes. E aplica-se a processos de insolvência relativos a sociedades, comerciais ou não.

O Regulamento já *não é aplicável* aos «processos de insolvência referentes a empresas de seguros e instituições de crédito, a empresas de investimento que prestem serviços que impliquem a detenção de fundos ou de valores mobiliários de terceiros, nem aos organismos de investimento colectivo» (art. 1.º, 2). Tal ficou a dever-se ao facto de tais empresas «estarem sujeitas a um regime específico e dado que, em certa medida, as autoridades nacionais dispõem de extensos poderes de intervenção» (Considerando 9) [12].

[11] Aos processos de insolvência referidos no art. 1.º, 1, do Regulamento: «processos colectivos em matéria de insolvência do devedor que determinem a inibição parcial ou total desse devedor da administração ou disposição de bens e a designação de um síndico». Tais processos são «processos de insolvência» para efeitos do Regulamento e a sua lista consta do Anexo A: cfr. a al. a) do art. 2.º.

[12] Ainda assim, veja-se a directiva CE 2001/24, de 4 de Abril de 2001, relativa ao saneamento e à liquidação das instituições de crédito, e a Directiva CE 2001/17, de 19 de Março de 2001, relativa ao saneamento e à liquidação das empresas de seguros. Cfr. tb., com interesse, a Directiva CE 2008/94, de 22 de Outubro de 2008, relativa à protecção dos trabalhadores assalariados em caso de insolvência do empregador, a Directiva CE 2002/47, de 6 de Junho, relativa aos acordos de garantia financeira, e a Directiva CE 98/26, de 19 de

Para a compreensão do regime contido no Regulamento é fundamental a distinção entre processo principal de insolvência e processos secundários.

Assim, como ficou estabelecido no n.º 1 do art. 3.º, o processo principal de insolvência pode ser aberto no Estado-Membro «em cujo território está situado o centro dos interesses principais do devedor».

Se for aberto um processo de insolvência (principal) no Estado-Membro do centro dos interesses principais do devedor, os processos de insolvência que sejam posteriormente abertos noutros Estados-Membros devem ser processos secundários e de liquidação: veja-se agora o n.º 3 do art. 3.º [13].

Contudo, mesmo esses processos secundários só podem ser abertos no território de Estados-Membros onde o devedor possua um estabelecimento: é o que resulta do n.º 2 do art. 3.º [14]. Mas, depois de aberto um processo principal num dos Estados-Membros, podem ser abertos processos secundários em todos os restantes Estados-Membros em que exista um estabelecimento do devedor [15].

Para além disso, os processos secundários são assim chamados porque não podem ser abertos, em regra, antes da abertura de um processo principal. Os processos de insolvência abertos ao abrigo do disposto no n.º 2

Maio de 1998, relativa ao carácter definitivo da liquidação nos sistemas de pagamento e de liquidação de valores mobiliários.

[13] Falando de uma «universalidade limitada», Maria Helena Brito, «Falências internacionais. Algumas considerações a propósito do Código da Insolvência e da Recuperação de Empresas», *Themis*, Ed. Especial, 2005, p. 193; Luís de Lima Pinheiro, «O Regulamento Comunitário sobre Insolvência. I – Uma introdução», designa-o de «*sistema misto de pendor universalista*»; por seu lado, Dário Moura Vicente, «Insolvência internacional: direito aplicável», cit., p. 91, prefere usar os termos «universalidade mitigada». Na doutrina italiana, optando pela expressão «universalidade limitada ou atenuada», De Cesari, «Giurisdizione, riconoscimento ed esecuzione delle decisioni nel Regolamento comunitário relativo alle procedure di insolvenza», *Rivista di Diritto Internazionale Privato e Processuale*, 2003, p. 62. Tendo em conta o n.º 3 do art. 3.º, fácil é de compreender o teor do art. 272.º, n.º 1, do CIRE: «Aberto um processo principal de insolvência em outro Estado membro da União Europeia, apenas é admissível a instauração ou prosseguimento em Portugal de processo secundário, nos termos (...)». Sobre as dificuldades de interpretação encontradas pela doutrina a propósito deste último preceito, cfr. Carvalho Fernandes/João Labareda, *Código da insolvência e da recuperação de empresas anotado*, 2.ª ed., Quid Iuris, Lisboa, 2008, p. 858.

[14] Daí que nos casos sujeitos ao regime do Regulamento não tenha aplicação o n.º 2 do art. 294.º do CIRE: «Se o devedor não tiver estabelecimento em Portugal, a competência internacional dos tribunais portugueses depende de (...)». Chamando a atenção para esse aspecto, Carvalho Fernandes/João Labareda, *Código da insolvência e da recuperação de empresas anotado*, cit., p. 857.

[15] Lembrando isso mesmo, Carvalho Fernandes/João Labareda, *Insolvências transfronteiriças. Regulamento (CE) n.º 1346/2000 do Conselho. Anotado*, Quid Iuris, Lisboa, 2003, p. 39.

do art. 3.º são processos territoriais (cfr. o n.º 4 do mesmo art. 3.º [16]) e os efeitos desses processos são limitados aos bens do devedor que se encontrem no território do Estado-Membro em que se situa o estabelecimento.

Porém, o processo territorial ainda pode ser aberto nos termos do disposto no n.º 2 do art. 3.º apesar de não ter sido aberto o processo principal no Estado-Membro do centro dos interesses principais se, de acordo com o n.º 4 do art. 3.º: «a) Não for possível abrir um processo de insolvência ao abrigo do n.º 1 em virtude das condições estabelecidas pela legislação do Estado-Membro em cujo território se situa o centro dos interesses principais do devedor; b) A abertura do processo territorial de insolvência for requerida por um credor que tenha residência habitual, domicílio ou sede no Estado-Membro em cujo território se situa o estabelecimento, ou cujo crédito tenha origem na exploração desse estabelecimento».

Em bom rigor, este processo territorial aberto antes do processo principal não é ainda um processo secundário: precisamente porque não há processo principal. Por isso é preferível chamá-lo apenas de processo territorial «independente» [17]. E nos casos em que o processo territorial é aberto antes da abertura do processo principal, tal processo não será necessariamente um processo de liquidação. É o que se retira do art. 37.º, pois deste decorre que, aberto posteriormente um processo principal, o síndico deste pode requerer a conversão do processo territorial anteriormente aberto «num processo de liquidação» [18].

A importância da correcta aplicação do disposto no art. 3.º torna-se evidente se lermos o n.º 1 do art. 16.º do Regulamento. É que, uma vez tomada uma decisão «que determine a abertura de um processo de insol-

[16] Nos arts. 294.º e ss. do CIRE, surge antes o uso dos termos «processo particular». Manifestando preferência pela terminologia do Regulamento, CARVALHO FERNANDES/JOÃO LABAREDA, *Insolvências transfronteiriças. Regulamento (CE) n.º 1346/2000 do Conselho. Anotado*, vol. II, cit., p. 305.

[17] DE CESARI, «Giurisdizione, riconoscimento ed esecuzione delle decisioni nel Regolamento comunitário relativo alle procedure di insolvenza», cit., p. 67; LUÍS DE LIMA PINHEIRO, «O Regulamento Comunitário sobre Insolvência. I – Uma introdução», cit., p. 1118.

[18] Com a mesma interpretação, cfr. DE CESARI, «Giurisdizione, riconoscimento ed esecuzione delle decisioni nel Regolamento comunitário relativo alle procedure di insolvenza», cit., p. 67 e s.. Note-se que Portugal fez uma declaração a propósito do art. 37.º do Regulamento, com o seguinte teor: «O artigo 37.º do Regulamento (CE) n.º 1346/2000 do Conselho de 29 de Maio de 2000, relativo aos processos de insolvência, que refere a possibilidade de converter em processo de liquidação um processo territorial aberto antes do processo principal, deve ser interpretado no sentido de que essa conversão não exclui a apreciação judicial da situação do processo local (como é o caso no artigo 36.º) ou da aplicação dos interesses de ordem pública mencionados no artigo 26.º» (cfr. JOCE, C 183, de 30 de Junho de 2000, p. 1).

vência» por um órgão jurisdicional de um Estado-Membro [19], essa decisão «é reconhecida em todos os outros Estados-Membros logo que produza efeitos no Estado de abertura do processo». Trata-se da confirmação do princípio da confiança mútua, mencionado no Considerando 22 do Regulamento [20].

Para além disso, dispõe o art. 27.º que depois de aberto o processo de insolvência principal a abertura de um processo de insolvência secundário pode ocorrer noutro Estado-Membro, nos termos do disposto no art. 3.º, n.º 2, «sem que a insolvência do devedor seja examinada neste outro Estado».

De entre as vantagens do processo principal, destacamos as que resultam dos poderes do síndico desse mesmo processo (cfr. os arts. 29.º e 31.º-34.º) e do regime da transferência do activo remanescente no processo secundário (art. 35.º).

III. O «Centro dos Interesses Principais» («CIP») do devedor

O Regulamento delimita os casos em que os órgãos jurisdicionais dos Estados-Membros por aquele vinculados têm competência para a abertura do processo de insolvência principal através da identificação do centro dos interesses principais do devedor (CIP, «comi» ou «center of main interests»). E o próprio Regulamento será aplicável se o centro dos interesses principais do devedor está situado num Estado-Membro (art. 3.º, 1, e Considerando 14) [21].

Esse centro dos interesses principais é o «local onde o devedor exerce habitualmente a administração dos seus interesses, pelo que é determinável por terceiros» (Considerando 13). Trata-se, como se vê, de um conceito crucial. Contudo, e por incrível que possa parecer, é um conceito que não surge nas definições contidas no art. 2.º do Regulamento, apenas apare-

[19] Sobre a definição de «órgão jurisdicional», cfr. o art. 2.º, d).

[20] Para uma comparação entre este regime e o constante da Lei Modelo da UNCITRAL, cfr. De Cesari, «Giurisdizione, riconoscimento ed esecuzione delle decisioni nel Regolamento comunitário relativo alle procedure di insolvenza», cit., p. 74.

[21] O art. 4.º, n.º 1, al. a) da Convenção de Istanbul permitia a abertura de um processo de falência num Estado que fosse Parte da Convenção quando não se situasse em qualquer um deles o centro dos interesses principais do devedor mas este tivesse um estabelecimento no Estado da abertura. Chamando a atenção para este aspecto, De Cesari, «Giurisdizione, riconoscimento ed esecuzione delle decisioni nel Regolamento comunitário relativo alle procedure di insolvenza», cit., p. 64, nota 24.

cendo o mesmo clarificado no Considerando 14. É uma técnica legislativa estranha [22].

A Convenção de Bruxelas de 1995 exigia igualmente que o procedimento principal de insolvência fosse aberto no país onde se situasse o «center of main interests» (art. 3.º, n.º 1). Quanto a este, seria o «lugar onde o devedor conduz a administração dos seus interesses numa base regular e é por isso determinável por terceiros» [23]. Como se vê, a formulação é muito próxima da que foi adoptada no Regulamento. Também a Lei Modelo da UNCITRAL, nos seus arts. 2, b, e 16, 3, já continha referências ao «centre of main interests» do devedor [24-25].

O centro dos interesses principais referido no Regulamento é, como vimos, o «local onde o devedor exerce habitualmente a administração dos seus interesses, pelo que é determinável por terceiros». Se o devedor tem interesses em vários Estados-Membros, é necessário determinar onde se encontram os seus interesses principais. E veja-se que os «interesses principais» do devedor não se confundem com o «centro principal» dos interesses do devedor. Há que ver quais são os interesses do devedor, quais desses interesses são os principais, e onde se situa o centro desses interesses principais [26].

[22] Manifestando igual surpresa, Vender, *Cross-border insolvency proceedings and security rights*, cit., p. 111. Já o legislador nacional esclareceu no art. 7.º, n.º 2, do CIRE, o que se entende por «centro dos principais interesses»: «aquele em que ele os administre, de forma habitual e cognoscível por terceiros».

[23] Sobre isto, cfr. Relatório Virgos, p. 52 «the place where the debtor conducts the administration of his interests on a regular basis and is therefore ascertainable by third parties».

[24] Veder, *Cross-Border Insolvency Proceedings and security Rights*, Kluwer, 2004, p. 93, em nota, dá conta de outros avanços na matéria, referindo os Principles of Cooperation in Transnational Insolvency Cases Among the Members of the North American Free Trade Agreement, as Guidelines Applicable to Court-to-Court Communications in Cross-Border Cases do ALI, a Cross-Border Insolvency Concordat do Comité J da IBA.

[25] Também o art. 7.º, n.º 2, do CIRE, elege como critério para apurar o tribunal territorialmente competente o do «lugar em que o devedor tenha o centro dos seus principais interesses», em alternativa ao lugar da sede ou domicílio. A alteração da ordem das palavras não parece ter aqui significado: cfr. Carvalho Fernandes/João Labareda, *Código da insolvência e da recuperação de empresas anotado*, cit., p. 90. Por sua vez, o n.º 3 do art. 13.º do CPEREF (na versão dada pelo DL n.º 315/98, de 20 de Outubro) dispunha: «Sempre que o devedor tenha sede ou domicílio no estrangeiro e actividade em Portugal, é competente o tribunal em cuja área se situe a sua representação permanente ou, não a tendo, qualquer espécie de representaçaõ ou o centro dos seus principais interesses (...)».

[26] Benedettelli, «"Centro degli interessi principali" del debitore e forum shopping nella disciplina comunitária delle procedure di insolvenza tranfrontaliera», *RDIPP*, 2004, p. 514 e s.. O centro dos interesses principais pode situar-se num Estado-Membro no qual não existam bens do devedor e não é sequer necessário que esses bens estejam situados

A referência àquilo que é «determinável por terceiros» visa acima de tudo permitir alguma previsibilidade. Daí que o centro dos interesses principais não possa ser visto apenas como o local a partir do qual se desenvolve a administração da sociedade: esse local pode não ser «determinável por terceiros» [27]. E por isso não basta, para ilidir a presunção, provar apenas que a sede principal e efectiva da administração se situa noutro Estado [28].

num Estado-Membro: cfr. Dário Moura Vicente, «Insolvência internacional: direito aplicável», cit., p. 89. Considerando que os interesses em causa são apenas os económicos («wirtschaftlichen Interessen»), cfr. Huber, «Internationales Insolvenzrecht in Europa – Das internationale Privat-und Verfahrensrecht der Europäischen Insolvenzordnung», cit., p. 140.

[27] Em termos semelhantes, Benedettelli, «"Centro degli interessi principali" del debitore e fórum shopping nella disciplina comunitária delle procedure di insolvenza tranfrontaliera», *RDIPP*, 2004, p. 514. Interessa saber se, na identificação do que se deve entender por centro dos interesses principais, e para além do que já resulta do próprio Regulamento, deve ser realizada uma apreciação pelo órgão jurisdicional do Estado-Membro onde a questão se coloca em função do próprio direito interno e do procedimento de direito interno em causa, como entende Benedettelli, «"Centro degli interessi principali" del debitore e forum shopping nella disciplina comunitária delle procedure di insolvenza tranfrontaliera», *RDIPP*, 2004, p. 520 e s.. O autor lembra o n.º 1 do art. 4.º, segundo o qual, em princípio, «a lei aplicável ao processo de insolvência e aos seus efeitos é a lei do Estado-Membro em cujo território é aberto o processo (...)», e, para além disso, agora no n.º 2, «a lei do Estado de abertura do processo determina as condições de abertura, tramitação e encerramento do processo de insolvência (...)». E no Considerando 23 também se lê que «salvo disposição em contrário (...) deve aplicar-se a lei do Estado-Membro de abertura do processo (*lex concursus*) (...). A *lex concursus* determina todos os efeitos processuais e materiais dos processos de insolvência sobre as pessoas e relações jurídicas em causa, regulando todas as condições de abertura, tramitação e encerramento do processo de insolvência». Será no entanto desejável uma interpretação uniforme do Regulamento na matéria em causa. Desde logo, para evitar conflitos de competências. No Ac. TJ 22.XI.78 (*Somafer SA*, proc. N.º 33/78, *Recueil*, 1978, 3.ª parte, p. 2183 e ss.), foi já decidido que a segurança jurídica e a igualdade de direitos e obrigações das partes obrigavam a uma interpretação autónoma e comum aos Estados contratantes das noções contidas no art. 5, n.º 5, da Convenção de Bruxelas relativa à competência judiciária e à execução de decisões em matéria civil e comercial. Dário Moura Vicente, «Insolvência internacional: direito aplicável», cit., p. 93, afirma que o Tribunal de Justiça tem entendido, quanto aos «instrumentos de Direito Internacional Privado de que são partes os Estados-Membros da Comunidade Europeia», que os mesmos «devem ser interpretados com autonomia em relação aos Direitos nacionais e com referência aos objectivos e ao sistema desses instrumentos». E a verdade é que o TJ, no seu Ac. 2.V.06 proferido no processo *Eurofood IFSC Ltd*, afirmou, no ponto 31, que «o conceito de centro dos interesses principais é específico do regulamento. Como tal, reveste-se de um significado autónomo e deve, por conseguinte, ser interpretado de modo uniforme e independente das legislações nacionais».

[28] Também Luís de Lima Pinheiro, «O Regulamento Comunitário sobre Insolvência. I – Uma introdução», cit., p. 1114, parece defender igual opinião.

Por outro lado, há que ter em conta que interessa aquilo que é determinável por terceiros. Sendo certo que o centro dos interesses principais pode ter mudado após o estabelecimento de uma concreta relação entre um certo terceiro e a sociedade [29].

Depois de iniciado o processo de insolvência no Estado-Membro em que se situa o centro dos interesses principais do devedor, ao abrigo do disposto no art. 3.º, 1, do Regulamento, e segundo a leitura que parece preferível, a competência do órgão jurisdicional em que o processo se iniciou mantém-se mesmo que, antes da abertura do processo, o devedor transfira aquele centro para outro Estado-Membro.

Foi isso que ficou decidido no Ac. TJ 17.I.06 [30], proferido no processo *Susanne Staubitz-Schreiber*: «O artigo 3.º, n.º 1, do Regulamento (CE) n.º 1346/2000 do Conselho, de 29 de Maio de 2000, relativo aos processos de insolvência, deve ser interpretado no sentido de que o órgão jurisdicional do Estado-Membro em cujo território está situado o centro dos interesses principais do devedor no momento da apresentação do requerimento de abertura do processo de insolvência pelo devedor continua a ser o órgão competente para abrir o referido processo quando o devedor transfere o centro dos seus interesses principais para o território de outro Estado-Membro após a apresentação do requerimento mas antes da abertura do processo».

Como é fácil de perceber, o critério utilizado para se determinar se os órgãos jurisdicionais de um Estado-Membro podem ou não abrir um processo de insolvência principal parece poder conduzir a conflitos negativos de competências [31]. Basta que a forma de identificar o que se deve entender por interesses principais não seja idêntica em todos os Estados-Membros.

Porém, a interpretação do Regulamento depara-se com dificuldades quando procuramos saber se o mesmo é aplicável nos casos em que o centro dos interesses principais se situa fora da Comunidade, embora o devedor possua um estabelecimento na Comunidade. Aparentemente, o Considerando (14), anteriormente citado, exclui essa aplicação.

Mas o Regulamento já se aplica se o centro dos interesses principais do devedor está situado num Estado-Membro sujeito ao referido Regulamento, ainda que os bens do devedor estejam situados fora de qualquer

[29] Chamando a atenção para este aspecto, Jault-Seseke/Robine, «L'interprétation du Règlement nº 1346/2000 relatif aux procedures d'insolvabilité, la fin des incertitudes?», cit., p. 823.

[30] Cfr. www.curia.europa.eu

[31] Dando conta disso, entre outros, Benedettelli, «"Centro degli interessi principali" del debitore e fórum shopping nella disciplina comunitária delle procedure di insolvenza tranfrontaliera», *RDIPP*, 2004, p. 504.

daqueles Estados. Teremos aí, isso sim, um problema de reconhecimento nos países de localização dos bens das decisões proferidas pelos órgãos jurisdicionais dos Estados-Membros. Quando o centro dos interesses principais está situado num Estado-Membro vinculado pelo Regulamento, este também se aplica ainda que nenhuma outra conexão exista com outro Estado-Membro [32].

IV. Centro dos Interesses Principais e sede estatutária

Como vimos, o centro dos interesses principais é o «local onde o devedor exerce habitualmente a administração dos seus interesses pelo que é determinável por terceiros» (Considerando 13). Esse local pode não coincidir com o local onde se situa a sede estatutária da sociedade. E pode não coincidir também com a sede principal e efectiva da administração.

De acordo com o art. 3.º, 1, do Regulamento, presume-se que, para as sociedades, o centro dos interesses principais é o local da sede estatutária. Contudo, tal presunção é ilidível.

E, muitas vezes, tornar-se-á necessário ilidir aquela presunção quando a sociedade é constituída fora de qualquer um dos Estados-Membros para, por exemplo, tentar escapar a certos aspectos da legislação fiscal destes últimos.

No caso *BRAC Rent-A-Car International Inc.*, apreciado pela Decisão do *High Court of Justice (Chancery Division)* de 7.II.03 [33], discutia-se se a referida sociedade poderia ser sujeita na Inglaterra a um processo de *administration*, sem fins de liquidação. Estava em causa uma sociedade constituída no Delaware que nunca teve actividade nos Estados Unidos. Com efeito, quase todas as suas operações eram conduzidas na Inglaterra e aí trabalhavam praticamente todos os empregados. Todos os contratos celebrados com subsidiárias e franchisados estavam sujeitos ao direito inglês.

O *High Court of Justice* sustentou que o centro dos interesses principais da sociedade era em Inglaterra e, por isso, os Tribunais ingleses teriam jurisdição para o processo em questão, apesar de a sociedade *BRAC Rent-A-Car International Inc.* ter sido constituída no Delaware. O referido tribunal

[32] Nesse sentido, Luís de Lima Pinheiro, «O Regulamento Comunitário sobre Insolvência. I – Uma introdução», cit., p. 1112 e s., citando doutrina em direcção oposta; de entre os autores que defendem não ser de aplicar o Regulamento se não existe outra conexão com Estados-Membros por aquele vinculados, consultámos Braun, *Insolvenzverordnung. Kommentar*, 3. Aufl., Beck, München, 2007, Vorbemerkung vor §§ 335-358, Anm. 23, p. 1551.

[33] *RDIPP*, 2004, p. 767 e ss., de onde retirámos os elementos de facto.

considerou que o Regulamento vê no centro dos interesses principais o único critério para aferir a competência para a abertura do processo principal de insolvência [34] e aquele situar-se-ia na Inglaterra.

V. Centro dos Interesses Principais e sociedades controladas

A aplicação do Regulamento tem-se defrontado com dificuldades nos casos em que uma ou mais sociedades são controladas por outra, se as sociedades controladas têm a sua sede estatutária em Estado-Membro diferente daquele onde se situa a sede da sociedade controladora. De tais dificuldades já se deram conta os tribunais nacionais de vários países e o próprio Tribunal de Justiça, perante a ausência de normas no Regulamento que tenham especialmente em conta os grupos de sociedades. E, no entanto, como já foi escrito, «é na presença de um grupo de sociedades que a questão da definição do centro dos interesses principais é importante» [35].

No caso *Daisytek-ISA Limited*, apreciado na *Decisão do High Court (Chancery Division)* de Leeds [36], a *Daisytek-ISA Limited*, sociedade inglesa, controlava, indirectamente, três sociedades alemãs (*PAR Beteiligungs GmbH, ISA Deutschland GmbH, Supplies Team GmbH*) e uma francesa (*ISA Daisytek SAS*). O Tribunal inglês considerou-se competente para decidir quanto à sujeição a *administration* de todas essas sociedades, por entender que a localização do centro dos interesses principais do devedor devia ser apreciada na perspectiva sobretudo dos credores (fornecedores, financiadores) [37]. Foi por isso admitido que o processo principal corresse na Inglaterra quanto a todas as sociedades porque *a maior parte da actividade de administração das mesmas era conduzida a partir de Inglaterra* (Bradford)[38]. O Tribunal teve em conta, por exemplo, a negociação de contratos de for-

[34] Para uma análise da decisão, cfr. Benedettelli, «"Centro degli interessi principali" del debitore e fórum shopping nella disciplina comunitária delle procedure di insolvenza tranfrontaliera», cit., p. 504 e ss..

[35] Jault-Seseke/Robine, «L'interprétation du Règlement nº 1346/2000 relatif aux procedures d'insolvabilité, la fin des incertitudes?», *Revue Critique de Droit International Privé*, 2006, p. 813.

[36] *RDIPP*, 2004, p. 774 e ss., de onde retirámos os elementos de facto. Para uma análise crítica, cfr., novamente, Benedettelli, «"Centro degli interessi principali" del debitore e fórum shopping nella disciplina comunitária delle procedure di insolvenza tranfrontaliera», cit., p. 514 e ss.

[37] «In my point of view most important "third parties" referred to in Recital (13) are the potential creditors. In the case of a trading company the most important goups of potetential creditors are likely to be its financiers and its trade suppliers»: cfr. *RDIPP*, 2004, p. 779.

[38] *RDIPP*, 2004, p. 777.

necimento às controladas e dos contratos com clientes «pan-europeus», a prestação de garantias às dívidas das controladas, a gestão dos sistemas informáticos e serviços relacionados.

Foi também considerado relevante que, se era verdade que 85 % das vendas eram realizadas através das controladas, os clientes a quem essas vendas foram efectuadas seriam normalmente devedores e não credores. Trata-se aqui, porém, de leitura que parece superficial, como já foi sublinhado pela doutrina [39].

Porém, quanto à sociedade francesa controlada a partir de Inglaterra, o Tribunal de Comércio de Pontoise [40] não reconheceu efeitos à decisão inglesa e abriu um processo principal de *redressemente judiciaire* contra a sociedade francesa. Em sede de recurso, a *Cour d'Appel* de Versailles considerou, e bem, que os tribunais franceses já não podiam apreciar um processo principal depois de ter sido aberto um outro em Inglaterra [41]. Posteriormente, o recurso interposto pelo procurador geral junto daquela *Cour d'Appel* defendendo que o centro dos interesses principais se situava no local da sede estatutária foi rejeitado pela *Cour de Cassation* [42].

Por sua vez, o Tribunal de Comércio de Nanterre abriu um procedimento de *redressement judiciaire* do grupo *Emtec* também contra as filiais estrangeiras da sociedade-mãe francesa considerando que era a partir de França que tinha lugar, para todo o grupo, «a direcção geral e o estabelecimento da estratégia, a gestão das compras de mercadorias ou ainda a gestão de tesouraria». O tribunal teve ainda em conta que a filial tinha «a administração localizada em França, que o presidente e o director geral também aí residiam e que além disso a política comercial era determinada a partir da França» [43].

[39] Benedettelli, «"Centro degli interessi principali" del debitore e forum shopping nella disciplina comunitária delle procedure di insolvenza tranfrontaliera», *RDIPP*, 2004, p. 515, que lembra os interesses dos trabalhadores ou das contrapartes em contratos ainda não completamente executados.

[40] *RDIPP*, 2004, p. 780 e ss., de onde retirámos os elementos de facto.

[41] *RDIPP*, 2004, p. 783 e ss..

[42] Jault-Seseke/Robine, «L'interprétation du Règlement nº 1346/2000 relatif aux procedures d'insolvabilité, la fin des incertitudes?», cit., p. 813 e s..

[43] Citámos Jault-Seseke/Robine, «L'interprétation du Règlement nº 1346/2000 relatif aux procedures d'insolvabilité, la fin des incertitudes?», cit., p. 820 e s.. Em www.courdecassation.fr, é possível encontrar, por exemplo, a decisão relativa à *Emtec Luxembourg* no *Bulletin d'information* de 15 de Janeiro de 2007. Para mais exemplos, com casos apreciados na Suécia, Alemanha, Inglaterra, Bélgica, França, Luxemburgo e Itália, Dialti, «Il caso Eurofood. Tanto rumore per (quasi) nulla?», cit., p. 798 e ss.. O autor realça o facto de, nuns casos, se considerar relevante o local onde a actividade é desenvolvida, e noutros o local da tomada de decisões (ou de certas decisões).

A aplicação do Regulamento a sociedades inseridas em grupos foi também analisada no Ac. TJ 2.V.06, no processo *Eurofood IFSC Ltd*. Esta última, com sede em Dublin, no *International Financial Services Centre*, era uma «filial a 100% da Parmalat SpA, sociedade de direito italiano» e foi constituída para «financiar as sociedades do grupo Parmalat». No processo de insolvência que deu origem ao reenvio prejudicial [44] estava igualmente em causa saber se o centro dos interesses principais da *Eurofood* se situava no Estado-Membro da sede estatutária (Irlanda) ou no Estado-Membro da sociedade-mãe (Itália).

O TJ, de forma muito clara, entendeu, perante o teor do Considerando (3) do Regulamento, que «o centro dos interesses principais deve ser identificado em função de critérios simultaneamente objectivos e determináveis por terceiros» e que «a presunção simples prevista pelo legislador comunitário em favor da sede estatutária dessa sociedade só pode ser ilidida se elementos objectivos e determináveis por terceiros permitirem concluir pela existência de uma situação real diferente daquela que a localização da referida sede é suposto reflectir» [45].

O TJ acrescentou que, relativamente a uma sociedade-filha, «o simples facto de as suas decisões económicas serem ou poderem ser controladas por uma sociedade-mãe noutro Estado-Membro não é suficiente para ilidir a presunção prevista no regulamento». E isto retira grande parte da força da argumentação usada em algumas das decisões de tribunais nacionais acima referidas [46], pois nas mesmas foi dada pouca importância à identificação do que era determinável por terceiros [47]. Mas, por outro lado, resulta

[44] A decisão prejudicial foi pedida pela *Supreme Court* da Irlanda, após recurso interposto da decisão da *High Court*, também da Irlanda, pelo gestor judicial italiano.

[45] A posição do TJ quanto a esta matéria foi já criticada por tornar «difficile, se non addirittura immpossibile ipotizzare una localizzazione del COMI diversa da quella della sede statutaria»: DE CESARI, «La revocatoria fallimentare tra diritto interno e diritto comunitario», *RDIPP*, 2008, II, p. 998. Por seu lado, DIALTI, «Il caso Eurofood. Tanto rumore per (quasi) nulla?», cit., p. 809, apoiando TAYLOR, «Further into the fog- Some thoughts on the European court of Justice decision in the Eurofood case», *International Caselaw-Alert*, 10, III/2006, p. 25 (não consultámos), bem como as conclusões do Advogado-Geral, lembra os termos em que a questão foi colocada pelo *Supreme Court* irlandês e que deixavam pouca margem para uma solução diferente por parte do TJ.

[46] No mesmo sentido, FABIENNE JAULT-SESEKE/DAVID ROBINE, «L'interprétation du Règlement nº 1346/2000 relatif aux procedures d'insolvabilité, la fin des incertitudes?», cit., p. 822.

[47] Para uma análise (crítica) do Acórdão, MUCCIARELLI, «Eurofood, ovvero: certezza del diritto formale e incoerenza dei principi», *Giur. Comm.*, 2008, p. 12281225 e ss., para quem a presunção estabelecida no art. 3.º só poderá ser afastada se «os potenciais credores da sociedade estão em posição de reconhecer com clareza onde é que a sociedade é

da decisão do TJ que aquele controlo deve ser tido em conta para verificar se a presunção se considera ilidida, embora não seja por si suficiente.

Para além disso, lê-se no parágrafo 30 do Acórdão do TJ que «no sistema de determinação da competência dos órgãos jurisdicionais dos Estados-Membros instituído pelo regulamento, existe uma competência jurisdicional própria para cada devedor que constitua uma entidade juridicamente distinta». O que tem óbvias consequências nos casos em que existem sociedades controladoras e controladas [48].

O Tribunal de Comércio de Paris, em 2 de Agosto de 2006, ponderando já a jurisprudência do Tribunal de Justiça, aceitou a abertura de um procedimento de *sauvegarde* [49] que abrangia as dezassete sociedades do grupo *Eurotunnel*, cujas sedes se distribuíam pela França, Inglaterra, Bélgica, Alemanha, Holanda e Espanha. O Tribunal de Comércio de Paris teve especialmente em conta que a parte essencial das actividades das sociedades, os seus assalariados e os seus activos se situavam em França, que a direcção estratégica e operacional das diferentes sociedades era exercida por um Conselho comum composto por pessoas de nacionalidade francesa e se situava em Paris na sede da *Eurotunnel S A*, que a direcção financeira das sociedades se situava em França e mantinha a contabilidade de todas, que as negociações de reestruturação da dívida tinham essencialmente lugar em Paris sob a responsabilidade directa do presidente francês da maioria das sociedades [50].

gerida, isto é, na prática, quando a imagem das duas sociedades coincide, de tal forma que se apresentam no mercado como uma empresa única».

[48] Chama a atenção para este aspecto de Cesari, «Diritto comunitario», cit., p. 222.

[49] A propósito destes procedimentos, cfr. tb. o Regulamento (CE) n.º 694/2006 do Conselho, de 27 de Abril de 2006, que alterou anexos do Regulamento 1346/2000.

[50] O texto de algumas das decisões pode ser consultado em www.lexinter.net. Para uma análise crítica, tendo em conta que no procedimento de *sauvegarde* em causa apenas foi nomeado um administrador com missão de vigilância (*surveillance*), Jault-Seseke/Robine, «L'interprétation du Règlement nº 1346/2000 relatif aux procedures d'insolvabilité, la fin des incertitudes?», cit., p. 828. No texto, os termos «controlo» ou «grupo de sociedades» são utilizados, obviamente, sem ter em atenção o teor do regime das sociedades coligadas contido no CSC. Isto porque as decisões analisadas foram proferidas por tribunais estrangeiros e relativamente a sociedades sujeitas a direito estrangeiro. Para além disso, como resulta do art. 481.º do CSC, o Título VI apenas se aplica, em regra, a sociedades com sede em Portugal (mas veja-se porém o art. 21.º do CVM). Nem sempre é fácil, aliás, retirar das decisões ou recensões publicadas qual era a verdadeira situação das sociedades envolvidas. Podemos porém adiantar, por exemplo, que a *Eurofood* era filial a 100% da *Parmalat SpA*. No caso *Eurotunnel*, a sociedade *The Channel Tunnel Group Limited*, com sede no Kent, era detida a 100% pela *Eurotunnel PLC*, mas detinha 75% da *Eurotunnel Services Limited*, e a *Eurotunnel SA*, com sede em Paris, detinha 99,9% do capital da *France Manche*.

VI. Uma sociedade dominada pode ser um «estabelecimento»?

Um devedor pode ter o centro dos interesses principais situado num Estado-Membro e ter ainda um estabelecimento noutro Estado-Membro. Quando assim seja, pode ser instaurado um processo de insolvência no Estado do estabelecimento, com efeitos limitados aos bens do devedor nesse Estado. É o que se lê no n.º 2 do art. 3.º. Contudo, se não tiver ainda sido aberto um processo principal de insolvência no Estado do centro dos interesses principais, o processo territorial de insolvência só pode ser aberto no Estado do estabelecimento nos casos previstos no n.º 4 do art. 3.º.

Para efeitos do acima exposto, estabelecimento é o «local de operações em que o devedor exerça de maneira estável uma actividade económica com recurso a meios humanos e a bens materiais» (art. 2.º, h)) [51].

A existência de estabelecimento pressupõe um mínimo de organização [52], não bastando uma actuação ocasional [53]. E não basta também a existência de bens no Estado-Membro, ainda que ligados à actividade da sociedade.

No Ac. TJ 9.XII.87 (*SAR Schotte GMBH c. Parfums Rotthschild SARL*, proc. 218/86)[54], foi objecto de atenção a questão de saber se uma sociedade podia ser vista como um estabelecimento, muito embora a propósito do art. 5.º, n.º 5, da Convenção de Bruxelas de 27 de Setembro de 1968 relativa à Competência Jurisdicional e à Execução de Decisões em Matéria Civil e Comercial. O preceito da Convenção mencionado estabelece que um Requerido pode ser demandado em Estado Contratante diferente daquele onde tem domicílio se «se tratar de um litígio relativo à exploração de uma sucursal, de uma agência ou de qualquer outro estabelecimento, perante o tribunal do lugar da sua situação».

No litígio que estava na origem da apreciação do caso pelo TJ, a sociedade *Schotte*, de direito alemão, demandou na Alemanha a sociedade francesa *Parfums Rothschild* para exigir o pagamento de certas facturas relativas à venda de vaporizadores. Foi dado como provado que a negociação, encomenda, entregas e pagamentos no âmbito da relação em causa eram

[51] Também o art. 2, h), da Convenção de Bruxelas de 1995 definia «estabelecimento» como sendo «any place of operations where the debtor carries out a non-transitory economic activity with human means and goods»

[52] Não será um estabelecimento uma caixa de correio: cfr. o caso Promedia-Conception Enterprise e a decisão proferida no mesmo por um tribunal belga, com descrição de Dialti, «Il caso Eurofood. Tanto rumore per (quasi) nulla?», *Dir. Fall.*, 2006, II, p. 794.

[53] Nesse sentido, Veder, *Cross-Border Insolvency Proceedings and security Rights*, cit., p. 113.

[54] Disponível em http://eur-lex.europa.eu.

feitos por *Rothschild GmbH*, sociedade alemã de que a *Parfums Rothschild* francesa se servia como mero prolongamento, com membros comuns na direcção e com a mesma firma. A correspondência trocada relativamente a reclamações da compradora quanto aos vaporizadores parecia mesmo indicar, na óptica do Tribunal de Justiça, que a sociedade alemã agia como «centro de operações» da sociedade francesa.

Na decisão do TJ, ficou a constar que «O artigo 5.º, n.º 5 (...) deve ser interpretado no sentido de que se aplica ao caso de uma pessoa colectiva estabelecida num Estado contratante, ainda que não explorando uma sucursal, agência ou estabelecimento desprovido de autonomia noutro Estado contratante, aí exercer, no entanto, as suas actividades através de uma sociedade independente que tem o mesmo nome e a mesma direcção, que age e celebra negócios em seu nome e que ela utiliza como prolongamento» [55]. Se esta doutrina fosse aplicada, com as devidas adaptações, no âmbito do Regulamento relativo aos processos de insolvência, existiria o risco de o TJ vir a considerar que uma sociedade totalmente dominada era equivalente a um estabelecimento [56]. E isso permitiria que fosse aberto um processo territorial de insolvência ao abrigo do disposto no n.º 2 do art. 3.º do Regulamento.

Chãs de Semide, 21 de Fevereiro de 2009

[55] A decisão causa alguma estranheza porque a *Parfums Rothschild* era, inclusivamente, «filial» da *Rothschild GmbH*. O TJ baseou-se também no facto de na decisão de 22.XI.78, no processo *Somafer*, 33/78, *Recueil*, cit., p. 2183, ter sido considerado que «La notion de succursale, d'agence ou de tout autre établissement implique un centre d'opérations qui se manifeste d'une façon durable vers l'extérieur commme le prolongement d'une maison mère, pourvu d'une direction et matériellement équipé de façon à pouvoir négocier des affaires avec des tiers, de telle façon que ceux ci, tout en sachant qu'un lien de droit éventuel s'établira avec la maison mère don le siège est à l'étranger, sont dispénsé de s'adresser directement à celle-ci, et peuvent conclure des affaires au centre d'opération qui en constitue le prolongement». O que deu origem ao processo foi a questão de saber se a sociedade francesa *Somafer* tinha ou não uma sucursal, um estabelecimento ou uma agência na Alemanha.

[56] Terá sido essa a solução defendida por Ehricke, «Die neue Europäische Insolvenzverordnung und grenzüberschreitende Konzern-insolvenzen», estudo esse citado por de La Ros, «Repercusión de la insolvência patrimonial de las sociedades dependientes en los grupos internacionales de sociedades», *AEDIPR*, III, 2003, p. 175. No sentido contrário, afirmando que «a la différence de la solution retenue par la CJCE en interprétation de l'art. 5.5º de la Convention de Bruxelles du 27 septembre 1968, la notion d'établissement consacrée par le règlement relatif aux procédures d'insolvabilité ne parait pas en revanche suceptible d'y inclure des filiales du débiteur», Dominique Bureau, «La fin d'un îlot de résistance. Le Règlement du Conseil relatif aux procédures d'insolvabilité», *RCDIP*,

2002, 4, p. 634. Também DÁRIO MOURA VICENTE, «Insolvência internacional: direito aplicável», cit., p. 90, considera que não é estabelecimento «uma sociedade constituída num Estado-Membro, através da qual uma sociedade constituída noutro Estado-Membro, que detém a totalidade do capital da primeira, desenvolve a sua actividade naquele Estado»; na doutrina alemã, recusando a possibilidade de considerar a sociedade-filha um estabelecimento, BRAUN, *Insolvenzverordnung. Kommentar*, cit., § 335, Anm. 26, p. 1564; na Itália, p. ex., TEDESCHI, «Procedura principale e procedure secondarie nel regolamento comunitário sulle procedure di insolvenza», *Dir. Fall.*, 2003, I, p. 547, DE CESARI, «Diritto comunitário», *Il nuovo diritto fallimentari*, Zanichelli, vol. I, 2006, p. 220, e DIALTI, «Il caso Eurofood. Tanto rumore per (quasi) nulla?», cit., p. 795 (o autor lembra em nota que, se a sociedade controlada fosse considerada estabelecimento para efeitos do Regulamento, o processo secundário de insolvência teria de ser de liquidação).

Resumo: Ocorrendo um aumento de capital social, por novas entradas em dinheiro, a lei atribui aos *antigos* accionistas (nos dizeres do art. 458º, nº 1, CSC, «às pessoas que, à data da deliberação de aumento de capital, forem accionistas»), direito de preferência na subscrição das novas acções. Cuida-se aqui das regras que importa observar no exercício desse direito, no pressuposto, é claro, que, no caso, não se deliberou a sua exclusão, e também que os seus titulares o não alienaram.

Abstract: By raising the legal capital in cash, the law recognises the *existing* shareholders (as Art. 458, nr. 1, CSC puts it, «those who are shareholders at the time of the decision of raising the legal capital») a pre-emption right in subscribing the new shares. In this article, it is dealt with the rules of law that must be followed in the exercise of such right – under the presupposition, of course, that the exclusion of the right has not been decided, nor have their holders alienated it.

MANUEL NOGUEIRA SERENS*

Direito de preferência dos accionistas em aumentos de capital

– Apontamento sobre o modo do seu exercício

* Professor da Faculdade de Direito da Universidade de Coimbra

1. São duas as modalidades do aumento do capital social reguladas na nossa lei: o aumento de capital *por incorporação de reservas* e o aumento de capital *por novas entradas* (arts. 87.º a 93.º e arts. 456.º a 462.º, respeitantes ao aumento do capital nas sociedades anónimas, que são as únicas que aqui nos interessam).

1.1. A primeira modalidade, que por isso é comummente designada «aumento *nominal* do capital», tem de específico o facto de não se traduzir num incremento do património da sociedade. Com esta operação – e não vem agora ao caso discutir a natureza jurídica da *passagem* das reservas a capital – o que se visa é *imobilizar* (já veremos em que sentido) determinados fundos – os fundos de reservas disponíveis para o efeito (art. 91.º, n.º 1, CSC), incluindo a reserva legal (art. 296.º, alínea *c*), CSC) –, que já integravam o património social, mas dos quais a sociedade poderia livremente dispor, inclusive para distribuição aos sócios (excepção feita, já se vê, para a reserva legal, que, incorporável no capital, não é obviamente distribuível aos sócios – arts. 32.º e 33.º CSC – e tão-pouco pode ser livremente utilizada pela sociedade: art. 295.º CSC). Dessa imobilização – imobilização no sentido de as reservas, uma vez incorporadas no capital social, ficarem sujeitas ao regime deste (avultando aí o *princípio da intangibilidade do capital social*) – derivam consequências económicas e jurídicas que relevam do ponto de vista da sociedade e dos sócios: aquela, e no sentido descrito, vê modificada a sua situação económica, que aparece mais sólida aos olhos dos credores; os sócios, esses, vêem desaparecer ou, quando menos, irremediavelmente cerceado o seu poder de disposição sobre os fundos integrados no capital.

A mais de *nominal*, o aumento do capital por incorporação de reservas também se diz *gratuito*. Deliberada (validamente) a passagem de reservas a capital, cada sócio vê aumentada a sua participação, proporcionalmente ao valor nominal dela («salvo se, estando convencionado um diverso critério de atribuição de lucros, o contrato o mandar aplicar à incorporação de reservas ou para esta estipular algum critério especial» – art. 92.º, n.º 1, CSC). O sócio receberá, portanto, um certo número de novas acções ou verá aumentado o valor nominal das que já possui (art. 92.º, n.º 3, CSC). E isto sem ter que, em contrapartida, desembolsar quaisquer importâncias ou, dizendo de outro modo, *gratuitamente*. Todavia, essas acções (ditas *gratuitas*) – por comodidade de exposição, deixemos de lado o caso de ser aumentado o valor nominal das acções existentes – alguma coisa pagam; por elas são os sócios *compensados*, já dos dividendos que foram deixando de receber ao longo dos vários exercícios sociais – dos exercícios sociais em que se foram constituindo as reservas, agora incorporadas no capital –, já do facto de, a partir da incorporação, esses lucros acumulados perderem tal qualidade, passando a estar sujeitos às regras do capital, insusceptíveis portanto de distribuição aos sócios, excepto se ocorrerem as circunstancias do art. 34.º, n.º 1, CSC.

O aumento do capital por incorporação de reservas é da exclusiva competência dos sócios, não podendo o contrato social facultar essa competência ao órgão de administração (ao contrário do que, como veremos adiante, acontece no caso do aumento de capital por novas entradas em dinheiro – art. 456.º CSC). A deliberação, tomada nos termos dos arts. 85.º, 383.º, n.ºs 2 e 3, e 386.º, n.ºs 3 e 4, CSC – e isso assim por implicar necessariamente uma alteração do contrato de sociedade –, deve mencionar expressamente a modalidade e o montante do aumento do capital e ainda as reservas que serão objecto de incorporação (art. 91.º, n.º 4, CSC). Para comprovar a existência dessas reservas, atender-se-á ao balanço anual do exercício anterior àquela deliberação ou, se já tiverem decorrido mais de seis meses sobre a aprovação desse balanço – decorrido esse prazo (mais de metade do exercício social), o balanço pode já não traduzir a situação económico-financeira da sociedade –, a um *balanço especial*, organizado e aprovado nos termos prescritos para o balanço anual (art. 91.º, n.º 2, CSC). A estas exigências, junta-se uma outra: o capital só pode ser aumentado por incorporação de reservas se estiverem vencidas (o que não significa, obviamente, que estejam liberadas) todas as prestações do capital inicial ou aumentado. O balanço que servir de base à deliberação de aumento do capital por incorporação de reservas, caso não se encontre já depositado na conservatória, deve instruir o pedido de registo desse mesmo aumento, devendo o órgão de administração e o órgão de fiscalização da sociedade «declarar por escrito não ter conhecimento de que, no período compreendido entre o dia a que se reporta o balanço que serviu de base à deliberação e a data em que esta foi tomada, haja ocorrido diminuição patrimonial que obste ao aumento do capital» (art. 93.º, n.os 1 e 2, CSC).

1.2. Voltemos agora o nosso olhar para a outra modalidade de aumento do capital – o aumento do capital por novas entradas, que tanto podem ser em dinheiro como em natureza (arts. 87.º a 89.º e 456.º a 462.º CSC) [1]. Neste caso, e por isso se fala em aumento *efectivo* do capital, já há um incremento do património da sociedade, que passa a integrar os bens objecto das novas entradas – ou, se estas entradas forem em dinheiro, não tendo sido ainda inteiramente realizadas, o respectivo crédito – dos *antigos* e/ou dos *novos* accionistas, que os pode haver, já porque, existindo o direito de preferência dos primeiros (aumento do capital por entradas em dinheiro), este foi total ou parcialmente afastado [2], já porque esse direito não existia no caso (aumento do capital por entradas em natureza). O regime (da realização) dessas novas entradas não é hoje (*scilicet*: depois da promulgação do DL n.º 76-A/ 2006, de 29 de Março) de fácil determinação (o legislador, de tão apressado, corre o risco das cadelinhas...). Este não é, porém, um ponto que reclame aqui a nossa atenção.

A deliberação de aumento do capital por novas entradas, que deve obedecer aos requisitos do art. 87.º CSC – saliência aqui para o disposto no n.º 1, alínea *g*), e no n.º 2 desse preceito: «A deliberação de aumento do capital deve mencionar expressamente as *pessoas que participarão nesse aumento*», sendo que, para o cumprimento desta exigência, «bastará, conforme os casos, mencionar que participarão os sócios que exerçam o seu direito de preferência, ou que participarão só os sócios, embora sem aquele direito, ou que será efectuada subscrição pública» –, a deliberação de aumento do capital por novas entradas, dizíamos, traduzindo uma alte-

[1] Cfr. *infra*, nota 3.

[2] Cfr. *infra*, número 2. 1.

ração do contrato de sociedade, pode, ainda assim, ser tomada pelo órgão de administração, como decorre do art. 456.º CSC. Esta norma aparece, pois, como um desenvolvimento do art. 85.º CSC; a alteração do contrato só pode ser deliberada pelos sócios, *salvo quando a lei permita atribuir cumulativamente essa competência a algum outro órgão*. Para justificar a solução do art. 456.º CSC, inspirada no art. 25.º, n.º 2, da 2.ª Directiva, poder-se-ão invocar razões as mais diversas, tais como, e por exemplo: constituição da sociedade (anónima) com um capital mínimo, que se sabe ser insuficiente, mas com a vantagem de não se ter que recorrer ao processo (mais exigente) de *constituição sucessiva* (arts. 279.º a 283.º CSC); deixar aos administradores, através de um processo mais célere, a decisão de aumentar o capital em momento mais azado para a sociedade, atentas as condições do mercado financeiro – certamente porque pode ser assim, tem sentido que se diga, lá fora e entre nós, que a competência do órgão de administração se traduz num *poder* e não num *dever* de aumentar o capital. Essa competência, que se cinge ao aumento do capital por entradas em dinheiro, depende de autorização do contrato de sociedade; a respectiva cláusula – do contrato inicial ou do contrato alterado – deverá fixar o limite máximo do aumento do capital e o prazo, que não pode exceder cinco anos, durante o qual aquela competência pode ser exercida (na falta de indicação, o prazo é de cinco anos), contendo também menção dos direitos atribuídos às acções a emitir (se nada se disser, apenas é autorizada a emissão de acções ordinárias – art. 456.º, n.º 2, alínea *c*), CSC). A renovação dos poderes do órgão de administração é admitida, e não supõe alteração do contrato – indispensável é, no entanto, uma deliberação tomada com a maioria exigida para essa alteração (art. 456.º, n.º 4, CSC).

2. Em cada aumento de capital por entradas em dinheiro (e já não, note-se, nos aumentos de capital por entradas em natureza [3]), a *lei* – mais concretamente: o art. 458.º, n.º 1, CSC – atribui aos accionistas (nos dizeres do referido preceito, «às pessoas que, à data da deliberação de

[3] Como decorre do art. 89.º, n.º 1, CSC, o regime dessas entradas não difere daquele que se lhes aplica quando um ou mais sócios a elas recorrem por ocasião da constituição da sociedade. Desta sorte, falando nós do aumento do capital nas sociedades anónimas, está sem mais excluído que as entradas em natureza, às quais é possível recorrer para realizar esse aumento, possam consistir em entradas em indústria (assunção pelos sócios da obrigação de prestar à sociedade determinado trabalho ou actividade); em tais sociedades, estas últimas entradas não são, com efeito, admitidas – di-lo expressamente o art. 277.º, n.º 1, CSC, sobre cuja *ratio* não vem agora ao caso discretear. Estamos, assim, na posse de duas certezas: as entradas em natureza (de que se fala a propósito, já da constituição da sociedade anónima, já do aumento do seu capital) (*i*) não têm dinheiro por objecto e

(*ii*) entre os bens que delas podem constituir objecto não se conta a indústria dos sócios. Porém, são apenas duas certezas num imenso «mar de dúvidas». Não podemos aqui mergulhar a fundo nesse «mar», que é, afinal, a determinação de quais os *bens* que podem constituir objecto das entradas em natureza (aquando da constituição da sociedade anónima ou de um aumento do seu capital). Mas, todavia, cumpre sinalizar algumas rotas. Esses bens hão-de ser susceptíveis de *passar* (usaremos por agora uma forma de dizer *juridicamente neutra*), não importa a que título de uma determinada esfera jurídica para uma esfera jurídica diferente (no caso, da esfera jurídica do sócio para a esfera jurídica da sociedade); e, apresentando essa característica, impõe-se ainda que tenham *valor* e possam servir a (principal) *função* do capital (garantia dos credores) – hão-de ser, pois, bens dos quais a sociedade, entrando na sua titularidade, deles tira proveito e, simultaneamente, bens dos quais os credores podem, se for caso disso, lançar mão, ainda que indirectamente, isto é, como bens que compõem (e *dão valor* a) um outro bem, que é a empresa social. E por aqui já se vê que a circunstância de um bem não ser susceptível de penhora – diversamente do que inculca o art. 20.º, alínea *a*), CSC – não obsta a que se faça dele objecto de uma entrada em natureza. [Entre nós, no mesmo sentido, cfr., por exemplo, J. M. Coutinho de Abreu, *Curso de direito comercial*, vol. II, *Das sociedades*, 2.ª ed., Almedina, Coimbra, 2007, p. 272 s., e P. Tarso Domingues, in: *Problemas do direito das sociedades*, Almedina, Coimbra, 2002, p. 520 s.; ambos os Autores referem – e bem – o *princípio da interpretação conforme* (no caso, com o art. 7.º da 2.ª Directiva sobre Sociedades).]
As coisas imóveis (*v. g.*, prédio rústicos e prédios urbanos) e as coisas móveis, que tanto podem ser corpóreas (*v. g.*, máquinas) como incorpóreas (*v. g.*, marcas, patentes, modelos de utilidade, empresas em sentido objectivo), preenchem, é claro, esses vários requisitos; mas também os preenchem os títulos de crédito, os créditos comuns (sobre terceiros ou sobre a sociedade), as posições contratuais (*v.g.*, de locatário ou de arrendatário), a socialidade (*v. g.*, quotas e acções), o *know-how* (que não se reconduza, note-se, a puras experiências pessoais, exigindo-se, por conseguinte, que se encontre consignado documentalmente de modo a permitir o seu aproveitamento por terceiros) e os direitos reais limitados de gozo (*v. g.*, usufruto) ou de garantia (*v. g.*, hipoteca). Fazendo-se de qualquer um destes bens ou direitos objecto de uma entrada em natureza, questiona-se se esta há-de ocorrer a *título de propriedade* (ressalve-se a incongruência desta expressão relativamente a alguns dos bens ou direitos que foram referidos...) ou se também pode ocorrer *quoad usum* ou a *título de uso*. Naquele primeiro caso, a entrada, que se diz a título de propriedade, pode, porém, não coincidir com a entrada em propriedade do bem que dela é objecto: as entradas *quoad dominium* da titularidade de direitos reais limitados – pré-existentes na esfera jurídica do sócio (por exemplo: um usufruto ou uma hipoteca) ou adrede constituídos para serem objecto de uma entrada (por exemplo: um usufruto ou um direito de superfície) – ou de direitos pessoais face a terceiros (por exemplo: um contrato de arrendamento ou um contrato de locação financeira), que não afectam a situação dominial dos bens envolvidos, ilustram isso mesmo. Quanto às entradas *quoad usum* – que consideramos serem admitidas entre nós (no mesmo sentido, cfr., por exemplo, J. M. Coutinho de Abreu, *ob. cit.*, p. 270 s., e P. Tarso Domingues, in: *Problemas do direito das sociedades*, cit., p. 511 s.; deste último Autor, cfr. ainda *Do capital social – Noção, princípios e funções*, 2.ª ed., BFDUC – *Studia Iuridica*, 33, Coimbra Editora, Coimbra, 2004, p. 83 s.; antes da promulgação do actual Código das Sociedades Comerciais, era já esse o entendimento do Professor Ferrer Correia: cfr. *Lições de direito comercial*, com a colaboração de Vasco Lobo Xavier, Manuel

aumento de capital, forem accionistas»[4]) *direito de preferência na subscrição das novas acções*[5]. A função deste direito – que integra, diga-se, o *núcleo irredutível* da acção-posição de socialidade, e cuja dignidade (jus-societária) vai por isso a par da do direito aos lucros – é facilmente intuível: permitir aos accionistas a conservação do valor relativo da sua participação social, evitando, do mesmo passo, a diluição desta em resultado do aumento do capital. Trata-se, pois, de uma protecção biforme: no plano político-funcional e no plano (mais directamente) económico-patrimonial. Relativamente àquele primeiro plano, os accionistas podem manter a mesma percentagem do capital social que detinham antes do aumento – e é, como todos sabemos, dessa percentagem que depende o (*peso* do) direito de voto, a qual percentagem pode afectar ainda os direitos que a lei atribui às minorias detentoras de uma determinada participação[6] –; no plano (mais directamente) económico-patrimonial, os accionistas resultam protegidos na medida em que os seus direitos latentes ou indirectos sobre o património social e as reservas seriam negativamente afectados com a emissão das novas acções a um preço inferior ao seu valor real – verificar-se-ia então uma *diluição* das antigas acções, por isso que, aumentando o número das

Henrique Mesquita, José Manuel Sampaio Cabral e António A. Caeiro, *reprint*, Lex, Lisboa, 1994, p. 323) –, os bens ou direitos que delas são objecto mantêm-se propriedade do sócio que as realizou: entre este e a sociedade estabelece-se um vínculo jurídico (análogo ao que se estabeleceria no quadro de uma relação locatícia), que permite a esta, como contrapartida da socialidade que passa a integrar o património do primeiro, o uso e fruição dos bens ou direitos em causa, pelo prazo convencionado (que pode ser igual ou inferior ao da duração da sociedade).

[4] A definição, que assim é feita, do círculo dos beneficiários do direito de preferência carece de ser precisada. Com efeito, no caso de a sociedade, cujo aumento de capital está em causa, deter *acções próprias* – e sem que importe se as detém lícita ou ilicitamente –, não lhe cabe o falado direito. Esta solução, que já se alcançaria pelo art. 324,º, n.º 1, alínea *a*), CSC, resulta expressamente do art. 316.º, n.º 1, CSC. [Pode acontecer que o titular (de algumas) das acções da sociedade, cujo aumento de capital está em causa, seja uma sociedade dela dependente, directa ou indirectamente, nos termos do art. 486.º CSC; essa outra sociedade está igualmente excluída do círculo dos beneficiários do direito de preferência no aumento do capital por entradas em dinheiro da sociedade (sua) dominante (cfr. art. 325.º-B CSC, em cujo n.º 3 se lê: «Enquanto as acções pertencerem à sociedade dependente, consideram-se suspensos os direitos de voto e os direitos de conteúdo patrimonial incompatíveis com o n.º 1 do art. 316.º»).]

[5] Essa posição, diríamos, de supremacia jus-corporativa dos accionistas relativamente aos terceiros afirma-se, nos mesmos termos, em duas outras situações: (*i*) na emissão de obrigações convertíveis em acções (art. 367.º, n.º 1, CSC); (*ii*) na emissão de obrigações com direito de subscrição de acções (art. 372.º-B, n.º 5, CSC).

[6] Cfr., por exemplo, arts. 281.º, n.º 1, 291.º, n.º 1, e 392.º, n.º 1, CSC.

acções, na exacta medida do aumento do capital, a proporção em que este fora aumentado superava a proporção do aumento do património.

2.1. A essa luz, resulta claramente compreensível que o accionista, no governo da sua esfera de interesses, decida não exercer o seu direito de preferência, e encontre *compensação* para esse facto na alienação onerosa desse mesmo direito. E isso é, sem dúvida, possível (art. 458.°, n.° 3 CSC) [7]. Por outro lado, ganha também sentido que os interesses de *cada um dos accionistas*, acautelados pela atribuição do direito de preferência, possam ser sacrificados, prevalecendo então – à semelhança do que acontece quando se delibera o aumento do capital por entradas em espécie – o *interesse comum a todos eles* (neste sentido, «interesse social»). Doutra coisa não cura o art. 460.°, n.° 2, CSC que reza: «A assembleia geral que deliberar o aumento de capital pode, para esse aumento, limitar ou suprimir o direito de preferência dos accionistas, desde que o interesse social o justifique». Ademais deste pressuposto, que é a sua conformidade com o interesse social, a limitação ou supressão do direito de preferência – a limitação ou supressão do direito de preferência por ocasião de um determinado aumento de capital (deliberado pela assembleia geral ou pelo órgão de administração, nos termos do art. 456.° CSC [8]), e valendo unicamente para esse aumento; por outras palavras: a limitação do direito de preferência concreto, e já não do direito de preferência abstracto, que, integrando o núcleo irredu-

[7] Falamos, é claro, no direito de preferência *concreto* (ou *activado*), que se constitui na esfera jurídica de cada um dos *antigos* accionistas por ocasião de cada aumento de capital por novas entradas em dinheiro (supondo, evidentemente, que, nessa mesma ocasião, esse direito não foi validamente suprimido), e que assume a feição de um direito de crédito. A *preceder* (logica e cronologicamente) este direito temos, pois, aqueloutro, que dissemos integrar o conteúdo irredutível da acção-posição de socialidade, comummente designado direito de preferência *abstracto, virtual* ou *potencial*, que muitos consideram insusceptível de transmissão autónoma, é dizer, à margem da transmissão da própria acção-posição de socialidade (o princípio da *indivisibilidade* da acção, afirmado no art. 276.°, n.° 4, CSC, sufraga esse entendimento).
Conquanto seja transmissível, o direito de preferência concreto não o é sempre de forma livre. Pensemos em um aumento de capital numa sociedade anónima *fechada*, ou seja, numa sociedade anónima em que todas as acções são nominativas e para cuja transmissão o respectivo contrato exige o consentimento da sociedade (cfr. art. 328.°, n.° 2, alínea *a*), CSC). Se as novas acções, emitidas em consequência desse aumento do capital, forem, também elas, nominativas e o seu regime de transmissão for o mesmo do das acções antigas, os titulares destas só poderão alienar o seu direito de preferência concreto com o consentimento da sociedade (nos exactos termos que se acharem previstos para a transmissão das acções). A *ratio* desta solução é óbvia, e para a justificar poderemos, até, invocar o lugar paralelo, que é o art. 267.°, n.os 1 e 2, CSC.
[8] Cfr. *supra*, número 1. 2.

tível da acção-posição de socialidade [9], não pode ser arredado, quer por cláusula do contrato, quer por deliberação dos sócios, unânime que seja (à característica da inderrogabilidade, esse direito junta ainda uma outra: a irrenunciabilidade) –, ademais da sua conformidade com o interesse social, dizíamos, a limitação ou supressão do direito de preferência há-de ter a suportá-la uma deliberação da assembleia geral «tomada em separado de qualquer outra» e aprovada «pela maioria exigida para o aumento de capital» (art. 460.º, n.º 4, CSC), deliberação, essa, que só pode cobrar validade se tiver sido submetido à assembleia um *relatório escrito*, donde conste a justificação da proposta de limitação ou supressão do direito de preferência que se intenta submeter a deliberação, bem como um conjunto de outras condições expressamente referidas no art. 460.º, n.º 5, CSC (é verdade que este preceito apenas refere expressamente a exigência desse relatório quando a proposta de limitação ou supressão do direito de preferência provém do órgão de administração; não parece, contudo, que ele deixe de ser exigível no caso de essa proposta provir de outrem, que assim assumirá a responsabilidade da sua elaboração).

2.2. Deliberado o aumento de capital por entradas em dinheiro, sem exclusão do direito de preferência dos *antigos* accionistas, estes devem ser avisados, por anúncio, do prazo e demais condições do exercício do direito de subscrição (art. 459.º, n.º 1, CSC). Esse prazo, que não pode ser inferior a 15 dias (*prazo mínimo*), contar-se-á a partir da publicação do referido anúncio «em sítio na Internet de acesso público (...)» – assim o determina hoje o art. 167.º, n.º 1 CSC –; no caso de todas as acções emitidas pela sociedade serem nominativas, pode o anúncio ser substituído por carta registada, sendo então o *prazo mínimo* para o exercício do direito de preferência de 21 dias, contados da expedição da carta (art. 459.º, n.º 3, CSC).

Independentemente da forma por que forem avisados os accionistas e do prazo durante o qual estes podem exercer o seu direito de preferência, são imagináveis duas situações. A primeira é a de todos os accionistas, fazendo uso do falado direito, manifestarem a vontade de subscrever um número de acções igual ou mesmo superior ao que fosse proporcional aos das acções cuja titularidade lhes cabia à data da deliberação de aumento do capital; neste quadro, o *processo de atribuição* das acções novas encerrar-se-ia aqui – parafraseando C. Osório de Castro [10], esse processo encerraria em conse-

[9] Cfr. antepenúltima nota.

[10] Cfr. *Valores mobiliários – Conceito e espécies*, 2.ª ed., Universidade Católica Portuguesa, Porto, 1998, p. 211 s.

quência do exercício da preferência de 1.º grau dos accionistas –, pois delas (das acções novas, entenda-se) não havia *sobrantes*. Passemos à segunda situação: Havendo accionistas que manifestavam a vontade de subscrever um número de acções novas *superior* ao que fosse proporcional ao das suas acções antigas (digamos agora assim por comodidade de exposição), havia outros que manifestavam a vontade de subscrever um número de acções *igual* ao que fosse proporcional ao das suas acções antigas, não faltando também aqueles que manifestavam a vontade de subscrever um número de acções *inferior* ao que fosse proporcional ao das suas acções antigas, nem tão pouco aqueloutros que manifestavam, expressa ou tacitamente, a vontade de não subscrever quaisquer acções novas. Como proceder agora?

Parece, à primeira vista, que o art. 458.º, n.º 2, alínea *b*), CSC manda proceder do seguinte modo: (*i*) aos accionistas que tinham abdicado do exercício do direito de preferência, exactamente porque nada tinham *pedido*, nada se lhes *dava*; (*ii*) aos accionistas que tinham manifestado a vontade de subscrever um número de acções inferior ao que fosse proporcional ao das suas acções antigas, *far-se-lhes-ia essa sua vontade*; (*iii*) aos accionistas que tivessem manifestado a vontade de subscrever um número de acções novas igual ao que fosse proporcional ao das acções antigas, *far-se-lhes-ia*, também a eles, *essa sua vontade*; (*iv*) relativamente aos accionistas que tivessem manifestado a vontade de subscrever um número de acções novas superior ao que fosse proporcional ao das suas acções antigas, haveria que distinguir: (*a*) se o número das acções novas *sobrantes* (necessariamente existente, pois a situação que estamos a considerar é a de ter havido accionistas que não exerceram o direito de preferência na sua totalidade e accionistas que dele abdicaram por inteiro) fosse igual ou superior ao número das acções que esses accionistas tinham manifestado a vontade de subscrever, atribuir-se-ia a cada um deles um número de acções que fosse proporcional ao número de acções a cuja subscrição se tinha *candidatado*, premiando-se assim a *ambição de poder* à custa, é claro, do princípio da proporcionalidade entre o número de acções antigas e o das acções novas, que é da essência do direito de preferência, por isso que, por via dele, se pretende assegurar a conservação do valor relativo da participação de cada accionista no seio do grémio social; (*b*) se o número das acções novas sobrantes fosse superior ao número das acções a que os *accionistas ambiciosos* (diremos agora assim) se tinham candidatado, o critério do *rateio* continuaria a ser o que foi referido – ou seja: continuaria a fazer-se tábua rasa do princípio da proporcionalidade entre as acções antigas e as acções novas –, mas a diferença, para mais, entre o número das acções sobrantes e o número das acções objecto de candidatura ficaria *disponível*, é dizer, seria *subscrevível por quemquer*.

Trata-se, com todo o respeito o dizemos, de uma interpretação errada do referido preceito. Os «pedidos superiores», cuja satisfação é nele referida não são os pedidos com esse cariz (eventualmente) feitos no período de que dispõem para o exercício do seu direito de preferência [11] - nesse período não se dá guarida à *ambição de poder*. Nele apenas relevam juridicamente as manifestações de vontade dos accionistas respeitantes (*i*) à subscrição de um número de acções novas igual ao que for proporcional ao das suas acções antigas (exercício *pleno* do direito de preferência) - os (eventuais) «pedidos superiores» terão de ser entendidos como feitos dentro desse limite -, (*ii*) à subscrição de um número de acções novas inferior ao que for proporcional ao das suas acções antigas (exercício *parcial* do direito de preferência) e (*iii*) à não subscrição de quaisquer acções novas (*abdicação* do direito de preferência). Sendo estes os únicos tipos de manifestações de vontade juridicamente relevantes, da sua conjugação resulta que, findo o referido período para o exercício do direito de preferência, podem existir acções novas *sobrantes* - as acções que não foram subscritas pelos accionistas que exerceram parcialmente o seu direito de preferência e pelos accionistas que abdicaram desse direito. Nesse caso, impõe-se proceder a uma espécie de *segunda volta* ou, como diz Osório de Castro, impõe-se facultar aos accionistas o exercício da sua preferência de segundo grau, consagrada no art. 458.º. n.º 2, alínea *b*), CSC [12].

É claro, a todas as luzes, que nessa segunda volta, não poderão participar os accionistas que tiverem abdicado do respectivo direito de preferência. Restam, pois, os accionistas que tiverem exercido esse direito em plenitude e os accionistas que o tiverem exercido de forma minguada. Se em relação aos primeiros, a possibilidade da sua participação na falada segunda volta é inquestionável, não há-de faltar quem conteste essa possibilidade no que aos segundos respeita. Por nossa banda, não cremos que essa discriminação se justifique, ou seja, consideramos que a segunda volta deve ser *disputada* pelos accionistas que tiverem exercido (no período de que dispuseram) o seu direito de preferência em plenitude e pelos accionistas que o tiverem exercido (nesse mesmo período) de forma minguada. E, assim, estes últimos accionistas, se for essa a sua vontade, *servem-se* em primeiro lugar do «bolo» das acções sobrantes, subscrevendo

[11] Cfr. *supra*, neste número.

[12] Cfr. *ob. cit.*, p. 211 s., p. 216 e p. 244. O Autor invoca - e bem - o art. 419.º, n.º 1, do Código Civil, cujo texto é mister aqui lembrar: «Pertencendo simultaneamente a vários titulares, o direito de preferência só pode ser exercício por todos em conjunto; *mas, se o direito de extinguir em relação a algum deles, ou algum declarar que o não quer exercer, acresce o seu direito aos restantes*».

a parte das acções novas que lhes falta para completar o número (dessas acções) que lhes caberia se tivessem exercido o seu direito de preferência em plenitude. Respeitada essa precedência, o remanescente (se ainda o houver) das acções sobrantes será destinado à satisfação dos pedidos dos accionistas, participantes na segunda volta, que, tendo exercido o seu direito de preferência em plenitude, desejam subscrever um número de acções novas superior ao que lhes coube por essa forma; a satisfação desses «*pedidos superiores*» far-se-á, se for caso disso, já se vê, «na medida que resultar de um ou mais rateios excedentários» (art. 458.º, n.º 2, alínea *b*), CSC), sendo que o critério que presidirá a tais rateios é o da proporcionalidade das participações anteriores [13].

[13] Convergentemente, *vide* C. Osório de Castro, *ob. cit.*, p. 212. Com diferente entendimento, cfr. Maria Ângela Coelho Bento Soares, in: *Problemas do direito das sociedades*, cit., p. 251.

Resumo: A designação de pessoas colectivas para os órgãos de sociedades anónimas e por quotas, para além das limitações legais a que se encontra sujeita, tem suscitado dúvidas a que o presente estudo procura responder, concluindo pela respectiva admissibilidade sempre que não for legal ou estatutariamente inviabilizada. Para tanto deverá a pessoa colectiva eleita indicar uma pessoa física que exerça o cargo em nome próprio e no exclusivo interesse da sociedade que administra ou fiscaliza, recuperando o poder de designar um substituto em caso de cessação antecipada de funções (por renúncia, destituição, morte ou impedimento permanente) da pessoa singular nomeada.

Abstract: This paper aims to shed some enlightenment over the appointment of legal entities for the corporate bodies of a limited liability company by shares (*sociedade anónima*) or by quotas (*sociedade por quotas*), beyond the legal limitations to which this designation is already limited to. It is concluded that such appointment should always be admitted if not statutory or legally forbidden. Nevertheless the legal entity must indicate an individual that will personally assume office in the sole interest of the company which he/she manages or audits. In case of early termination of powers (resignation, removal from office, death, or permanent impediment) of the nominated individual the appointed legal entity will have the power to indicate a substitute.

PAULO OLAVO CUNHA*

Designação de pessoas colectivas para os órgãos de sociedades anónimas e por quotas*

Introdução: enquadramento do tema

I. A designação de pessoas colectivas para os órgãos de sociedades anónimas e por quotas está longe de ser um tema pacífico, sendo pouco estudado pela nossa doutrina[1].

* Professor da Faculdade de Direito da Universidade de Católica Portuguesa

* Inédito elaborado para os *Estudos em Homenagem ao Prof. Doutor Paulo de Pitta e Cunha.*

[1] Mencione-se, em particular, os seguintes trabalhos posteriores ao início da vigência do Código das Sociedades Comerciais (autores indicados por ordem alfabética do último nome): Paulo de Pitta e Cunha, «Pessoas colectivas designadas administradores de sociedades anónimas», *O Direito*, ano 125.º, ts. I-II, 1993, pp. 221-227 (e anteriormente ao CSC, «As pessoas colectivas como administradores de sociedades», – publicado na *ROA*, ano 45, t. I, 1985, pp. 5-11), João Labareda, «Da designação de pessoas colectivas para cargos sociais em sociedades comerciais» e «Adenda», *in Direito Societário Português – algumas questões*, Quid Juris?, Lisboa, 1998, pp. 9-59 e 61-63, M. Nogueira Serens, «Pessoas

Os cargos sociais são desempenhados por pessoas singulares, nomeadas ou eleitas directamente, enquanto tais ou indicadas para o efeito por pessoas colectivas que possam ter sido designadas.

Nas linhas que se seguem, vamos procurar averiguar:

a) se as pessoas colectivas podem ser designadas – *i.e.*, nomeadas ou eleitas – para órgãos sociais e, não o podendo ser, se haverá meios para contornar essa limitação, assegurando a finalidade pretendida com a designação;
b) se se lhes aplica o regime de incompatibilidades e os requisitos de independência estabelecidos para os titulares de certos órgãos sociais;
c) se, podendo ser eleitas para (alguns) órgãos sociais, devem indicar uma pessoa singular que desempenhe efectivamente o cargo; e, neste caso,
d) qual o regime jurídico aplicável ao exercício de funções por pessoas singulares (físicas) nomeadas por pessoas colectivas e quais os aspectos a salvaguardar nessa relação; e
e) a natureza da relação entre a pessoa colectiva que seja membro de órgão social e a pessoa singular que efectivamente desempenha o cargo.

II. Importa considerar, antes de mais, que se pressupõe o conceito de pessoa colectiva – admitindo-se que o mesmo abranja as formas societárias *unipessoais* –, ao mesmo associando todas as entidades juridicamente relevantes que não sejam pessoas singulares, independentemente do respectivo grau de personalização[2].

Pressupõe-se, igualmente, a inexistência de limitações (técnicas) para tais entidades poderem participar e ser designadas para órgãos sociais,

colectivas – administradores de sociedades anónimas?», *Revista da Banca*, n.º 30, 1994, pp. 75-91, e Raúl Ventura, «Nota sobre a pessoa colectiva designada administrador de sociedade anónima», *in Novos Estudos sobre Sociedades Anónimas e Sociedades em Nome Colectivo* (Comentário ao Código das Sociedades Comerciais), Almedina, Coimbra, 1994, pp. 173-186 (publicado também na Revista *O Direito*, ano 125.º, tomos III-IV, 1993, pp. 267-276). Com referências à questão em apreço, vd. as obras monográficas de Luís Brito Correia, *Os Administradores de Sociedades Anónimas*, Lisboa, 1991, e de Ilídio Duarte Rodrigues, *A Administração das Sociedades por Quotas e Anónimas – Organização e Estatuto dos Administradores*, Petrony, Lisboa, 1990.
O presente texto é, naturalmente, também tributário das nossas lições de *Direito das Sociedades Comerciais* (3ª ed., Almedina, Coimbra, 2007) – embora desenvolva questões que no mesmo não são focadas e que, em pelo menos dois aspectos, revelam uma alteração de posição – e de reflexão suscitada por legítimas dúvidas da prática empresarial.

[2] Temos em mente, por exemplo, os *Fundos de Investimento*.

incluindo o próprio Estado, que pode participar directamente (*v.g.*, Direcção-Geral do Tesouro) ou através de institutos (*v.g.*, IAPMEI - Instituto de Apoio às Pequenas e Médias Empresas e ao Investimento, I. P.) ou empresas públicas (*v.g.*, Parpública - Participações Públicas, SGPS, SA, ou outra com actividade económica directa, como a Inovcapital - Sociedade de Capital de Risco, SA).

III. No que se refere ao modo pelo qual acedem aos órgãos societários, as pessoas colectivas podem ser designadas por nomeação no contrato de sociedade ou através de eleição em assembleia geral[3]. Tal designação, podendo decorrer de estipulação contratual, acordo celebrado com essa finalidade (acordo parassocial) ou de nomeação no próprio instrumento de constituição da sociedade, pode ser espontânea e resultar de eleição para preenchimento de cargos sociais.

IV. Antes de procurarmos dar resposta às questões colocadas - e sem preocupação de, em breves reflexões como estas, enquadrarmos historicamente o tema -, iremos muito brevemente recordar a estrutura e composição dos órgãos das sociedades anónimas e por quotas.

1. A composição dos órgãos das sociedades anónimas e por quotas

À semelhança das demais pessoas colectivas, as sociedades comerciais actuam através dos diversos órgãos que as compõem e que se estruturam de modo equilibrado, em cujo âmbito se formam as decisões (internas), sujeitas a um controlo mais ou menos apertado, como o objectivo de materializar as respectivas decisões no exercício dos seus direitos e cumprimento das suas obrigações.

Tais órgãos, apresentando competências distintas, em regra complementares, podem ser necessários (obrigatórios) ou facultativos.

1.1. Órgãos sociais (legalmente) obrigatórios

As sociedades comerciais são constituídas com uma base associativa, a qual deverá dar um contributo, directo e indirecto, para prover os respecti-

[3] A esta modalidade de deliberação associamos a designação por deliberação de sócios, qualquer que seja a sua forma, incluindo deliberação unânime por escrito.

vos órgãos. Por um lado, cabe aos sócios eleger aqueles que são mais aptos para integrarem a estrutura orgânica da sociedade; por outro, eles próprios se devem disponibilizar para o efeito, assegurando que os cargos sociais não fiquem por preencher.

Nesta matéria tem-se registado, contudo, uma significativa evolução.

1.1.1. *Evolução histórica*

Inicialmente, todos os órgãos sociais tinham de ser preenchidos por sócios ou accionistas, e daí que o número mínimo de sócios na sociedade anónima fosse, no início da vigência do Código Comercial de 1888, de dez (cfr. art. 162.º, 1ª)[4].

Depois – na segunda metade do século XX – evoluiu-se para um sistema em que a maior parte dos cargos poderia ser desempenhada por sujeitos estranhos à sociedade, com excepção da mesa da assembleia geral, que deveria ser composta por sócios[5].

Em 1986, o Código das Sociedades Comerciais acabou com a obrigatoriedade dos membros da mesa serem accionistas, passando a exigir unicamente que todos os membros do Conselho Geral – nas sociedades de estrutura dualista ou de inspiração germânica – tivessem esse estatuto.

Vinte anos volvidos, a Reforma Societária (de 2006) acabaria também com este requisito. Nenhum órgão da sociedade anónima ou por quotas tem agora de ser integrado unicamente por accionistas.

Não obstante, e algo paradoxalmente, o direito dos sócios a serem eleitos para os órgãos de administração e de fiscalização (cfr. art. 21.º, *alínea d)* do Código das Sociedades Comerciais[6]) continua enunciado ao lado dos demais direitos fundamentais. Como explicar então este direito, se na prática nenhum dos órgãos (ou sub-órgãos) tem de ser composto exclusivamente por sócios?

À luz do Direito actual, deveremos considerar estar presentemente perante um poder-dever, com o sentido e o alcance de que, em última análise, os sócios se devem disponibilizar para assegurar a gestão e o con-

[4] Com efeito, dez eram então os cargos sociais que deveriam ser preenchidos (por accionistas, uma vez que os estranhos não podiam participar na orgânica societária). Cfr. J. Pinto Furtado, *Das Sociedades em Especial, Código Comercial Anotado*, vol. II, t. I (Arts. 151.º a 178.º), Almedina, Coimbra, 1986 (reimp.), p. 122.

[5] E, por essa razão se "dispensava" simbolicamente algumas acções ao respectivo presidente quando se convidava uma personalidade de reconhecido prestígio para ocupar o cargo.

[6] A este diploma reportam-se todas as disposições legais citadas sem referência específica.

trolo da sociedade[7]. Mais à frente procuraremos encontrar um sentido útil para este direito (legalmente enunciado).

Vejamos, em seguida, quais são os órgãos sociais legalmente obrigatórios no século XXI (depois da Reforma Societária de 2006).

1.1.2. *Assembleia Geral e respectiva Mesa*

I. Em todos os tipos societários - e as sociedades que estudamos neste artigo não escapam à regra - as decisões fundamentais (de fundo e estruturais) devem, não obstante a falta de operacionalidade que possam revestir, ser tomadas pelos sócios.

Com efeito, é lógico e natural que sejam os associados[8], com influência dependente do montante variável da respectiva participação - consoante o tipo societário envolvido -, a formar a decisão da sociedade através de deliberações em que todos possam participar e exprimir a sua vontade, desse modo se construindo a decisão social (colectiva) sobre os aspectos essenciais da vida societária. E, embora tal vontade se possa formar à margem de um órgão institucionalizado, é habitual que os sócios se reúnam, constituindo um órgão contratual e legalmente previsto e regulado ou que - nos termos da lei - se constitui e funciona *ad hoc*: a **assembleia geral**[9].

II. A assembleia geral é o órgão composto por sócios ou accionistas, sendo dirigido por um sub-órgão, que é a **mesa** e, nalguns casos, pelo respectivo presidente[10].

[7] Trata-se de uma ideia que aqui lançamos sem maior desenvolvimento, por não corresponder ao objectivo deste trabalho.

[8] Na sociedade anónima, por referência às participações de capital (acções) pontualmente detidas ou que representam.

[9] Nesta matéria assume assinalável relevo o artigo 248.º, n.º 1 que determina a aplicabilidade do disposto (na lei) para as assembleias gerais das sociedades anónimas às assembleias gerais das sociedades por quotas, em tudo o que não se encontrar especialmente regulado neste tipo societário. Assim, as assembleias gerais das sociedades por quotas - e as deliberações dos respectivos sócios, em geral -, com excepção do previsto nos artigos 246.º a 251.º do CSC, são directamente reguladas pelos preceitos aplicáveis às sociedades anónimas, nomeadamente no que se refere à assembleia geral anual.

[10] Para além de dirigir os trabalhos, ao presidente da mesa, ou a quem o possa legalmente substituir na condução da assembleia, incumbe convocar a reunião de sócios, por sua iniciativa - sempre que a lei o determine (cfr. art. 375.º, n.º 1) -, a pedido de outro órgão social (obrigatório) ou a requerimento de qualquer sócio, numa sociedade por quotas, ou de accionista(s) que represente(m) 5% (e, num futuro breve, 2%) ou mais do capital social (cfr. arts. 248.º, n.º 2 e 375.º, n.º 2). Tendo sido solicitada a convocação da assembleia, a eventual recusa deverá ser adequadamente fundamentada (cfr. art. 375.º, n.º 5).

A mesa – que pode ser total ou parcialmente composta por estranhos (à sociedade) (cfr. art. 374.º, n.º 2 *in fine*), devendo integrar, no mínimo, um presidente e um secretário (art. 374.º, n.º 1)[11], mas podendo estatutariamente compreender também um vice-presidente e um segundo secretário, designados para um mandato máximo de quatro anos, renovável (cfr. art. 374.º, n.º 2) –, apesar de não ser imprescindível, visto poder constituir-se *ad hoc* (se não estiver contratualmente institucionalizada), é um sub-órgão societário com competências autónomas, relativamente à competência da assembleia geral de que faz parte, e podendo estar sujeita a regras específicas.

III. Nas sociedades por quotas não há obrigatoriedade de designar a mesa da assembleia geral, embora a lei contemple regras sobre a respectiva composição, esclarecendo quem é que dirigirá a assembleia geral na falta de regulamentação contratual facultativa que institucionalize este órgão e o respectivo sub-órgão.

IV. Nas sociedades anónimas, a assembleia geral encontra-se institucionalizada, devendo ser nomeados os membros que compõem a respectiva mesa. No entanto, e embora seja habitual os estatutos indicarem a composição da respectiva mesa e as regras aplicáveis à constituição e funcionamento da assembleia geral, estes elementos não constituem menções obrigatórias do contrato de sociedade, nem as designações são passíveis de inscrição no registo comercial.

Nas *grandes* sociedades anónimas, em especial nas que forem abertas, é impensável que os accionistas deliberem fora da assembleia geral, devidamente convocada, por ser praticamente impossível assegurar a realização de assembleias universais – isto é, que se realizem sem observância de for-

De qualquer modo, os sócios que reúnam as condições acima referidas poderão solicitar a convocação judicial da assembleia geral, a ser dirigida, eventualmente, por terceiro (cfr. arts. 375.º, n.º 6 e 248.º, n.º 1).
Sobre o papel e poderes do Presidente da Mesa, cfr. Pedro Maia, «O presidente das assembleias de sócios», AA.VV., *Problemas do Direito das Sociedades*, Almedina, Coimbra, 2002 (pp. 119-151), em especial pp. 422-424, 434-450 e 466-468, e Eduardo Lucas Coelho, «Exercícios vários acerca da presidência das assembleias especiais de categorias de accionistas», AA.VV., *Estudos em Homenagem ao Prof. Doutor Raúl Ventura*, vol. II, Faculdade de Direito da Universidade de Lisboa, 2003 (pp. 421-466), em especial pp. 421-423, 445-448 e 461-462.

[11] Assessora também a mesa da assembleia geral, o secretário da sociedade, se existir (cfr. arts. 446.º-B, n.º 1, *alínea a)*, 446.º-A, n.º 1 e 446.º-D).

malidades prévias de convocação – e menos ainda obter a subscrição por todos os accionistas de uma deliberação (unânime por escrito).

Nas pequenas sociedades anónimas (pelo menos em número de accionistas) e nas sociedades familiares, embora os accionistas deliberem sempre que o entenderem em assembleia geral, é frequente que esta reúna e funcione sem observância das formalidades prévias de convocação (como assembleia totalitária ou universal, nos termos previstos nos arts. 54.º e 373.º) e acontece também amiúde que as deliberações sejam tomadas unanimemente por escrito (nos termos das últimas disposições legais citadas).

Nas sociedades com apenas um accionista, embora seja possível a assembleia geral funcionar enquanto tal, permitindo o contacto formal entre o accionista e os titulares dos órgãos sociais, a maior parte das decisões é, hoje, tomada por escrito, visto que estas, correspondendo a uma só manifestação de vontade, podem ser subscritas pelo único accionista sob a forma de "decisões de accionista único", com o valor e efeitos de uma deliberação unânime por escrito.

V. A lei é totalmente omissa sobre a participação de pessoas colectivas na direcção da assembleia geral numas e noutras sociedades em análise. Veremos adiante se a solução é comum aos dois tipos societários.

1.1.3. *Administração e gerência da sociedade*

I. Nem sempre é possível delegar no colectivo de sócios a decisão sobre todos os aspectos da vida societária e muito menos entregar-lhe a representação da sociedade. Não é prático, nem razoável, chamar frequentemente o conjunto dos associados para decidir sobre todos e quaisquer assuntos da vida social, incluindo os quotidianos, nem viável delegar em todos os associados funções representativas da sociedade. Por isso, para esse efeito – e tal como sucede com as demais pessoas colectivas em geral – foram criados órgãos executivos que, para além de as representarem externamente perante terceiros e de as gerirem e administrarem, exprimem a vontade do conjunto de sócios que assume a respectiva gestão: a gerência nas sociedades por quotas e o conselho de administração ou o conselho de administração executivo nas sociedades anónimas, consoante o respectivo modelo de governação.

II. A sociedade por quotas pode constituir-se contratualmente com um único órgão institucionalizado: o gerente ou a **gerência**. Com efeito, ela apenas se encontra obrigada a revelar quem a gere e a forma como se obriga.

Contudo, importa salientar que a lei não configura o órgão executivo das sociedades por quotas como um órgão colegial, com decisões colectivas próprias e específicas, não lhe reconhecendo a designação de «conselho de gerência» quando a sua composição é plural.

A gerência – mesmo quando plural[12] – não reúne formalmente, embora nada impeça que os gerentes, sendo vários, reúnam e deliberem em conjunto sobre assuntos da sua competência[13], vertendo as respectivas decisões conjuntas em actas (da gerência)[14].

O contrato de sociedade pode estipular uma gerência singular ou, fixando uma gerência plural, pode estabelecer que exista um determinado número de gerentes ou que exista um número mínimo de gerentes[15]. Fundamental é que estejam em funções aqueles que sejam em número necessário para vincular devidamente a sociedade.

No que respeita à composição da gerência, há dois aspectos fundamentais a reter:

- O primeiro, comum aos diversos tipos societários (incluindo às sociedades em nome colectivo), é o de que os gerentes podem ser estranhos à sociedade, isto é, não têm de ser sócios. É habitual que a relação de administração coincida com a de socialidade, dando lugar à figura do sócio-gerente; mas pode suceder – e tal acontece também com cada vez maior frequência – que nenhum deles seja sócio; quer dizer, que todos sejam estranhos à sociedade. É nesta categoria que se enquadra o caso do gerente-trabalhador.
- O segundo, característico das sociedades por quotas, no seu confronto com as sociedades anónimas, é o de que os gerentes têm de

[12] Podemos falar de gerência singular ou plural, consoante exista apenas um gerente ou a sociedade tenha dois ou mais gerentes (cfr. arts. 252.º e 261.º).

[13] A gerência pode e deve praticar os actos necessários e convenientes à realização do objecto social (cfr. art. 259.º). Para além deles, também pode praticar todos os actos que, sendo habitualmente da competência dos sócios, possam ser-lhe atribuídos, correspondendo aos previstos no art. 246.º, n.º 2. Tal sucede, por exemplo, com a aquisição de bens imóveis quando a sociedade comercial em causa não tem por objecto essa actividade, porque quando a tem esse acto corresponde, obviamente, ao exercício do objecto social.

[14] É pouco usual as sociedades por quotas adoptarem "livro de actas da gerência". Nos casos em que a gerência reúne, nomeadamente para tomar decisões conjuntas – como acontece com a delegação de poderes num gerente para, por exemplo, movimentar a conta bancária e representar a sociedade em determinados actos –, as actas podem ser exaradas em folhas avulsas ou até mesmo no livro de actas da assembleia geral, mas nesse caso com indicação expressa do órgão a que se reporta e com numeração autónoma relativamente às demais actas.

[15] É do art. 252.º, n.º 1 que se retira imediatamente que a gerência é composta por um único membro ou constitui, na realidade, um órgão plural (cfr. art. 261.º).

ser pessoas singulares com capacidade jurídica plena. Isto é, as pessoas colectivas não podem sequer ser designadas para a administração da sociedade, diversamente do que acontece nas sociedades anónimas.

No entanto, existe forma de contornar a proibição de os gerentes serem pessoas colectivas. Não nos referimos à possibilidade de os sócios que sejam pessoas colectivas proporem e votarem em pessoas físicas para exercer a gerência ou até assegurarem parassocialmente a designação das pessoas singulares que eles propuserem ou indicarem para esse efeito. Eles podem consagrar contratualmente, e portanto com eficácia perante terceiros e a própria sociedade, a possibilidade de indicar parte ou a totalidade das pessoas singulares que vão desempenhar o cargo ou as funções de gerente. Veremos, adiante (cfr., *infra*, n.º 4.3), ser possível clausular um direito especial de designação de gerente(s), que não se confunde, aliás, com o direito especial de nomeação à gerência.

De qualquer modo, há que ter presente que, no plano da administração da sociedade por quotas, nomeadamente a nível registral, não é aceitável aparecer uma pessoa colectiva como gerente. E esta é uma solução divergente da aplicável às sociedades anónimas.

III. Nas sociedades anónimas, o órgão competente para gerir os negócios sociais é o conselho de administração (ou conselho de administração executivo) que tem a seu cargo a prática de todos os actos de gestão que se reconduzem à prossecução do objecto da sociedade e a representação desta (cfr. arts. 405.º, n.º 1 e 406.º; 431.º)[16].

Nestas sociedades, a composição e estrutura da administração[17] está dependente do modelo de governação que seja adoptado, existindo uma clara articulação entre os órgãos de administração e de fiscalização. Este

[16] A lei enumera, exaustiva e exemplificativamente, todos os actos que considera de gestão, neles incluindo, como actos típicos (de gestão), a elaboração dos relatórios e das contas anuais (cfr. art. 406.º, *alínea d)*), a aquisição de imóveis – mesmo quando não corresponda ao objecto social (cfr. art. 406.º, *alínea e)*) – e, por maioria de razão, de quaisquer bens móveis e bens incorpóreos (como, por exemplo, patentes, acções escriturais, quotas) e a aquisição ou abertura de estabelecimentos, bem como o seu encerramento (cfr. art. 406.º, *alínea j)*). Importa reter que a prática dos actos de gestão está sempre limitada pelos poderes resultantes da própria lei e por aqueles que se enquadram no objecto social.

[17] A indicação da estrutura da administração e fiscalização da sociedade anónima é uma das menções obrigatórias do contrato de sociedade anónima (cfr. art. 272.º, *alínea g)*), uma vez que neste tipo social é possível – e necessário – adoptar um de três diferentes modelos estabelecidos na lei (cfr. art. 278.º, n.º 1).

tipo societário é aquele que se caracteriza por uma maior complexidade orgânica, encontrando-se hoje ao dispor dos accionistas a opção entre três estruturas diversas de administração e fiscalização (da sociedade)[18]:

a) Conselho de administração e conselho fiscal[19], e, eventualmente[20], revisor oficial de contas externo *(modelo clássico)*;

b) Conselho de administração executivo, conselho geral e de supervisão e revisor oficial de contas (*modelo germânico*); *ou*

c) Conselho de administração, compreendendo uma comissão de auditoria, e revisor oficial de contas *(modelo anglo-saxónico)*.

IV. O **modelo de governação clássico** corresponde à estrutura que tradicionalmente existe em Portugal e que é comum à quase totalidade das sociedades anónimas portuguesas. Traduz-se na organização da administração e da fiscalização em conselho de administração e conselho fiscal (ou em administrador e fiscal único)[21]. Neste modelo, a administração pode ser desempenhada por um administrador único (cfr. arts. 278.º, n.º 2 e 390.º, n.º 2) devendo, quando o capital social for superior a duzentos mil euros, ser composto por um conselho com um mínimo de dois administradores (cfr. art. 390.º, n.º 1).

V. Uma outra **estrutura** (dualista ou **germânica**) assenta em três órgãos distintos, dois deles com competências de gestão: conselho de administração executivo, conselho geral e de supervisão e revisor oficial de contas.

O conselho de administração executivo é um órgão bastante mais técnico que o conselho de administração, embora tenha menos poderes (cfr. arts. 431.º e 432.º), cedendo alguns poderes executivos ao conselho geral e de supervisão que também intervém a nível da gestão, pelo menos a longo prazo, em moldes que na estrutura tradicional cabem em exclusivo ao conselho de administração (cfr. arts. 442.º, n.º 1 e 432.º).

[18] Sobre as razões ou motivos que devem justificar a opção por uma das estruturas, a qual depende (ou deve depender) essencialmente de dois aspectos diferenciados – a dimensão da sociedade e a existência de controlo mais ou menos definido do respectivo capital e direitos de voto ou relativa dispersão no mercado das participações sociais –, cfr. as nossas lições citadas de *Direito das Sociedades Comerciais*, 2007, pp. 129-130.

[19] Nas sociedades que não estejam sujeitas a fiscalização complexa (ou reforçada) o conselho fiscal pode ser substituído pelo fiscal único, como até à reforma de 2006 sucedia com a generalidade das sociedades.

[20] Obrigatório nas sociedades anónimas de modelo clássico com fiscalização complexa.

[21] Do órgão de fiscalização faz obrigatoriamente parte um revisor oficial de contas (ROC), se este não tiver de existir autonomamente.

VI. Finalmente, existe um terceiro modelo de governação de sociedades anónimas – o **modelo anglo-saxónico** –, em que a estrutura de administração e fiscalização da sociedade anónima é composta por um conselho de administração e por um revisor oficial de contas (cfr. art. 278.º, n.º 1, *alínea b)*). No âmbito do conselho de administração, e a par dos administradores executivos, a quem cabe assegurar a gestão e representação da sociedade (cfr. arts. 405.º e 406.º), deverá ser criada uma comissão de auditoria composta unicamente por administradores não executivos (cfr. arts. 278.º, n.º 1, *alínea b)* e 423.º-B, n.ºs 2 e 3) e com amplas funções de fiscalização da sociedade (cfr. art. 423.º-F). Neste modelo, o conselho de administração terá de integrar um mínimo de quatro ou cinco membros[22] e, mesmo nessa circunstância, poderá ser contratualmente prevista a possibilidade de a sociedade se vincular apenas com a intervenção de um administrador[23].

VII. No que se refere ao exercício de funções de administração, ela pode efectuar-se directamente ou ser delegada num ou em alguns dos membros do órgão executivo.

Nas sociedades por quotas, em que o número de gerentes é habitualmente restrito, a delegação de funções ocorre (ou pelo menos deveria ocorrer) episodicamente, justificando-se nos casos em que parte ou a maioria dos gerentes são domiciliados no estrangeiro, apesar de a lei vigente prever expressamente a delegação de poderes (cfr. art. 261.º, n.º 2). A gerência não funciona colegialmente, como já vimos; por isso a delegação também não observa essa forma e é um método pelo qual dois ou mais gerentes concentram os poderes num único ou numa minoria de gerentes, constituindo esta opção um expediente de recurso relativamente à constituição de mandatários para a prática de certas categorias de actos (de gestão) [24].

[22] Dependendo do montante do respectivo capital social ser igual ou inferior a € 200.000,00 ou superior. Cfr. Paulo Olavo Cunha, *Direito das Sociedades Comerciais*, 3ª ed. cit., 2007, pp. 530-531, nota 658, e p. 678, notas 810 e 811.

[23] Trata-se, contudo, de questão meramente académica, uma vez que este modelo será utilizado pelas grandes sociedades com um número razoável de administradores (executivos).

[24] Teoricamente, não é hoje possível constituir mandatários com poderes gerais de gestão da sociedade comercial (por quotas), como sucedia até à entrada em vigor do Código das Sociedades Comerciais. Contudo, a prática tem vindo a deturpar a limitação introduzida pela redacção dos arts. 252.º, n.ºs 5 e 6, ao recorrer a procurações com a finalidade de constituir mandatário para uma pluralidade de categorias de actos de gestão que, na realidade, permitem ao mandatário gerir, com uma certa amplitude, a sociedade de que é membro da administração o mandante.

VIII. Nas sociedades anónimas a possibilidade de delegação depende do modelo de governação adoptado, constituindo uma prática corrente nas sociedades que estruturam a sua administração de forma clássica ou tradicional.

Nestas sociedades, o contrato pode permitir que o conselho delegue num ou mais administradores – os «administradores delegados» –, ou numa comissão formada por um mínimo de dois membros, certos poderes de gestão[25], que se reconduzem à chamada «gestão corrente» (art. 407.º, n.º 3)[26]. Quando a delegação é efectuada em administradores individualmente considerados estes assumem o cargo de **administradores delegados**; se for feita numa comissão constituída para o efeito, esta designa-se por comissão executiva e funciona como um conselho dentro do próprio Conselho[27], ficando encarregada da gestão corrente da sociedade[28].

A **comissão executiva**, enquanto sub-órgão em que são delegados determinados poderes de gestão corrente, é uma estrutura típica[29] do modelo clássico (art. 407.º, n.º 3) que a lei expressamente alarga ao modelo anglo-saxónico (cfr. art. 423.º-G, n.º 1, *alínea c)*), pelo que a admissibilidade da sua constituição e a legitimidade da sua actuação nos quadros destes dois modelos não merece reservas.

[25] A deliberação de delegação de poderes – que, sublinhe-se, tem de ser contratualmente autorizada para ser válida e possível – deve fixar os respectivos limites, havendo certas matérias que não podem ser objecto de delegação, desde a aprovação das contas, passando pela constituição de garantias, até à mudança de sede e aumento de capital, quando autorizados (cfr. art. 407.º, n.º 4).

[26] A delegação de poderes não se confunde com a prática de o Conselho solicitar a um administrador, sem limitação dos poderes normais dos demais administradores, que realize certos actos no âmbito do objecto social, nomeadamente aqueles que se reconduzem a assuntos de mero expediente (cfr. art. 407.º, n.º 1).

[27] A competência do conselho é sempre cumulativa, isto é, não é afastada por efeito da delegação feita relativamente às matérias autorizadas (cfr. art. 407.º, n.º 8).

[28] Tendo em conta a competência exclusiva do conselho em matéria de gestão (cfr. art. 373.º, n.º 3), não se nos afigura admissível que seja a assembleia geral a designar o administrador delegado e a estabelecer o quadro da delegação de poderes. No entanto, se a assembleia geral indicar na lista de administradores eleitos que um deles se propõe desempenhar funções delegadas e o conselho nada deliberar acerca dessa designação, aceitando-a, ao requerer o registo comercial desse administrador nessa qualidade, podemos considerar que este órgão aprovou tacitamente a indicação recebida.

[29] Percorrendo o Código das Sociedades Comerciais, verificamos que o legislador optou por caracterizar os diversos modelos de governação societária, descrevendo os órgãos e estruturas característicos de cada um, sem consagrar uma parte geral que fosse comum a todos. Desse modo, a estrutura típica de cada desses modelos terá de ser isolada com recurso (exclusivo) às respectivas normas e regime.

Contudo, no modelo germânico de governação societária a delegação de poderes não é aceitável[30], constituindo uma contradição *in natu-*

[30] Apesar de em nenhuma passagem do Código ser feita qualquer referência - positiva ou negativa - à comissão executiva no contexto deste modelo, afigura-se legítimo concluir não constituir esta comissão uma estrutura típica do modelo germânico. No Direito Societário português, cremos que tão pouco é admitida a sua constituição, no uso da autonomia contratual, por implicar não apenas uma distorção dos princípios da tipicidade societária e do *numerus clausus* que enformam os modelos de governação societária, mas também a descaracterização da estrutura germânica, na medida em que o conselho de administração executivo, pela sua própria designação e pela natureza dos poderes e funções que lhe são cometidos, é um órgão *colectivamente dotado de poderes executivos*, não fazendo qualquer sentido proceder a uma delegação de poderes (executivos) no âmbito de um órgão em que todos os membros têm, por definição, funções executivas.
A própria evolução legislativa ocorrida, em matéria de normas remissivas, reforça este entendimento, de que a delegação de poderes - admissível no modelo clássico, se prevista contratualmente (cfr. art. 407.º, n.º 3) - não pode ocorrer no modelo germânico. Com efeito, da alteração da lei (CSC) - ocorrida em 2006, extrai-se um argumento no sentido da inadmissibilidade da delegação de poderes no âmbito do modelo germânico. Assim, enquanto, na redacção anterior à reforma de 2006, o art. 431.º remetia para o art. 407.º, podendo abranger, portanto, nessa remissão, a delegação de poderes e a possibilidade de constituição de comissão executiva - se estatutariamente prevista a delegação de poderes (cfr. n.º 3 do art. 407.º) -, a redacção actual do n.º 3 do art. 431.º omite especificamente essa remissão, mantendo a remissão para os artigos 406.º, 408.º e 409.º, e afastando desse modo a aplicabilidade do art. 407.º [que não é objecto de qualquer referência na secção relativa ao conselho de administração executivo (cfr. arts. 424.º a 433.º)] a este modelo de governação. Desta exclusão intencional, em paralelo com a redenominação do órgão de gestão - e com a tentativa (não concretizada) de qualificar de igual modo todos os seus membros -, resulta a eliminação da remissão para o art. 407.º, não sendo por isso admissível defender tal aplicação, nem sequer por via de interpretação extensiva ou analogia.
Para além das nossas lições citadas (*Direito das Sociedades Comerciais*, 3ª ed., 2007, pp. 682-683), expressamente neste sentido: João Calvão da Silva, «*Corporate Governance*: responsabilidade civil de administradores não executivos, da comissão de auditoria e do conselho geral e de supervisão», *RLJ* n.º 136.º, n.º 3940, 2006 (pp. 31-59), p. 47, Alexandre Soveral Martins, «Comissão executiva, comissão de auditoria e outras comissões na administração», AA.VV., *Reformas do Código das Sociedades*, IDET, Almedina, Coimbra, 2007 (pp. 243-275) - que acrescenta que o n.º 5 do art. 425.º do CSC, que impede expressamente a representação dos membros do conselho de administração executivo no exercício do cargo, não faz qualquer ressalva à possibilidade de delegação de poderes (cfr. p. 248) -, Paulo Câmara, «Os Modelos de Governo das Sociedades Anónimas», AA.VV., *Reformas do Código das Sociedades*, IDET, Almedina, Coimbra, 2007 (pp. 179-242), p. 229, e Armando Triunfante, *Código das Sociedades Comerciais Anotado*, cit., 2007, pp. 469.
Pronunciando-se anteriormente à Reforma Societária, Pedro Maia, *Função e funcionamento do Conselho de Administração da Sociedade Anónima*, Coimbra Editora, 2002, pp. 258-259, entendia que «a direcção (actual conselho de administração executivo), na estrutura dualista, corresponde à comissão executiva na estrutura monista». E, reportando-se a esta estrutura, considerava que «os poderes indelegáveis do conselho de administração corres-

ra[31]. Com efeito, neste modelo a lei afasta, pela natureza das respectivas funções, a constituição de comissão executiva e a designação de administradores delegados (cfr. art. 431.º, n.º 3 do CSC)[32].

IX. Finalmente, quanto à **composição dos órgãos de gestão**, há um elemento comum aos dois tipos sociais em análise, que é o de ambos poderem ser compostos por sócios ou estranhos.

No que respeita ao número de membros há diferenças que importa assinalar e que se reconduzem ao facto de a sociedade por quotas poder ser gerida por um ou mais gerentes, qualquer que seja o respectivo capital, enquanto a sociedade anónima só poderá ter um administrador único se o seu capital social não ultrapassar duzentos mil euros. A partir desse montante deverá ter, pelo menos, dois administradores.

Um outro factor aparentemente distintivo é o que resulta do disposto na parte final do n.º 1 do artigo 390.º do Código das Sociedades Comerciais – segundo o qual o «*número de administradores deve ser fixado no contrato de sociedade*» –, que não encontra paralelo no domínio da sociedade por quotas.

Sabemos que a prática oscila entre fixar o número possível de administradores (por exemplo, «3, 5 ou 7»), ou estabelecer o respectivo número mínimo e máximo (por exemplo, «mínimo de 2 e máximo de 9»); embora também haja situações em que os estatutos se preocupam apenas com

pondem quase ponto por ponto às competências deferidas por lei ao conselho geral», por confronto do disposto no n.º 4 do art. 407.º com o disposto no art. 441.º do CSC (p. 255). Na perspectiva deste autor, o conselho de administração da estrutura monista estaria para a comissão executiva, como o conselho geral está para a direcção (actual conselho de administração executivo), na estrutura dualista.

[31] Neste modelo, a tipicidade impõe que, sendo o conselho de administração formado exclusivamente por administradores executivos todos eles tenham competências de gestão, não sendo possível delegar num ou em alguns os poderes executivos que todos têm. Tal como explicámos oportunamente (cfr. Paulo Olavo Cunha, *Direito das Sociedades Comerciais*, 3ª ed. cit., 2007, p. 548), «o princípio da tipicidade das sociedades comerciais tem efeitos directos nos tipos societários possíveis, que são os que se encontram previstos no artigo 1.º, n.º 2 do CSC, mas também tem reflexos a diversos níveis na estrutura da sociedade comercial e inclusivamente no *nomen* dos respectivos órgãos».
Por isso, para além de adoptar as menções mínimas obrigatórias do respectivo tipo e de observar a designação legal dos órgãos que correspondem ao tipo escolhido, para evitar que diferente qualificação faça incorrer os terceiros que se relacionam com ela num erro sobre o tipo, a sociedade deve respeitar a funcionalidade dos órgãos que lhe correspondem.

[32] Neste sentido, Paulo Câmara, «Os Modelos de Governo das Sociedades Anónimas», cit., 2007 (pp. 179-242), para quem «a tarefa da gestão executiva da sociedade», necessariamente a cargo do conselho de administração executivo, é «indelegável, não podendo aqui aplicar-se o regime do art. 407.º» (p. 229).

o respectivo número mínimo (por exemplo, «composto por um mínimo de 3 membros»). Em qualquer destas situações, caberá à assembleia geral electiva determinar o número exacto de designados que, para todos os efeitos, nomeadamente de *quorum*, assumirá uma relevância decisiva na vida da sociedade, em especial se durante o mandato o número de administradores em funções diminuir[33]. São, pois, raros os casos em que o contrato de sociedade é assertivo no que toca ao número de administradores, impondo um número fixo e retirando margem de manobra à assembleia geral. Considerada a solução aplicável às sociedades por quotas - onde o número nunca tem sequer de ser pontualmente estabelecido –, temos uma leitura francamente liberal no que se refere à sociedade anónima, desde que a decisão dos accionistas tenham expressão registral.

Neste tipo societário, diversamente do que sucedeu no passado (até 29 de Junho de 2006, *inclusive*), o número de administradores não tem de ser obrigatoriamente ímpar (cfr. a actual redacção dos arts. 390.º, n.º 1 e 424.º, n.º 1), podendo o órgão de gestão ser singular [administrador ou administrador executivo único (arts. 390.º, n.º 2 e 424.º, n.º 2)] enquanto o capital social não for superior a € duzentos mil euros ou, não o ultrapassando, os accionistas não optarem por eleger um conselho de administração.

Quanto ao número máximo de membros, nenhum dos órgãos executivos (conselho de administração simples ou executivo) se encontra sujeito a limite (arts. 390.º, n.º 2 e 424.º, n.º 1), embora o bom senso imponha que ele seja compatível com as necessidades da administração.

A concluir esta breve análise da composição da administração das sociedades por quotas e anónimas, refira-se que é precisamente quanto à natureza dos respectivos elementos que deparamos com diferenças mais sensíveis e que justificam a presente reflexão, pelo que serão abordadas autonomamente, mais à frente (cfr., *infra*, n.º 4).

[33] Pode suceder que, tendo um (ou mais) administrador(es) cessado as respectivas funções, por renúncia ou impedimento (definitivo), o(s) mesmo(s) não venha(m) a ser oportunamente substituído(s). Nesse contexto, o conselho continuará a funcionar com os remanescentes, desde que subsistam em funções a maioria dos administradores designados, sob pena do incumprimento do disposto no artigo 410.º, n.º 4 do Código das Sociedades Comerciais. Simplesmente o *quorum* (constitutivo das reuniões do conselho) continua a determinar-se pelo número de designados (constante do registo comercial); e não por referência aos subsistentes, o que não deixa de ser relevante.

1.1.4. *Fiscalização da gestão*

I. O controlo da direcção da sociedade tem duas componentes diferenciadas: a de âmbito e alcance económico-social, que passa pela verificação da forma como a administração gere os negócios sociais e a forma como realiza a actividade comercial que constitui o respectivo objecto, e a de natureza económico-financeira, em que se fiscaliza as contas da sociedade e se aprecia o modo como o órgão executivo afecta os recursos financeiros de que a sociedade dispõe para a prossecução e cumprimento dos seus objectivos.

O desempenho do órgão que representa a sociedade e que é responsável pelo resultado da sua actividade pode ser – e é – objecto de controlo pelos sócios. Simplesmente, nas grandes sociedades, com número significativo de associados, não é muito prático, nem funcional, convocar os sócios com frequência para analisarem o modo como a administração dirige a sociedade e a representa externamente (nem estes estão, na maioria dos casos, suficientemente próximos da gestão para poderem exercer uma fiscalização minimamente eficaz), pelo que foi criado um órgão intermédio – o conselho fiscal – com a finalidade de proceder a esse controlo.

As suas funções iniciais de fiscalização política do exercício da administração[34] iriam gradualmente ceder espaço ao controlo de natureza contabilística, assegurado por técnicos especializados independentes. Da prevalência destes para a sua exclusividade – com a admissibilidade da fiscalização, mesmo quando obrigatória, por órgão singular (o fiscal único) – foi um pequeno passo. As administrações das grandes sociedades, que eram quem na realidade escolhia e propunha os técnicos especializados (revisores oficiais de contas) que tinham por missão proceder ao controlo da respectiva actividade, com prejuízo manifesto da verdadeira independência destes, começaram a sentir-se à vontade para praticar actos cujos

[34] Chamamos a atenção para este facto nas nossas lições (*Direito das Sociedades Comerciais*, 3ª ed. cit., 2007), quando referimos que «originariamente, o Conselho Fiscal surgiu essencialmente como um órgão de controlo político, de verificação, em concreto, dos negócios sociais – e, designadamente, de aferição periódica da regularidade dos mesmos – e, em geral, visando assegurar a correspondência destes ao objecto social» (p. 508).
Hoje, o conselho fiscal tem por missão controlar a administração da sociedade, no que respeita à legalidade da respectiva actuação e verificar com detalhe documentos e critérios elaborados e utilizados pela administração, de entre múltiplas funções que tem (cfr. art. 420.º, n. .ºs 1 e 2). E o seu poder nesta matéria é tão grande que, em princípio, os seus membros têm o poder de participar nas reuniões da administração (cfr. art. 421.º, n.º1, *alínea d)*) *e*, nalguns casos, têm mesmo o dever de estar presentes e de promover os actos de inspecção que forem adequados ao exercício das respectivas funções (cfr. arts. 422.º, n.º 1, *alínea a)*, e 420.º, n.º 3).

efeitos elas próprias não controlavam, obrigando o legislador a reconhecer o mérito das funções clássicas do órgão de fiscalização e repondo as suas competências.

II. No século XXI[35], a lei recuperou o órgão de fiscalização como um órgão de controlo político e de verificação, em concreto, dos negócios sociais - com o encargo e a competência de aferição permanente do desempenho da gestão -, com a finalidade de assegurar a correspondência destes ao objecto social, sem prejuízo da análise dos aspectos económico-financeiros da actividade da sociedade. Para o efeito, a lei faculta nuns casos e impõe noutros que a sociedade tenha um ou mais órgãos de fiscalização, os quais podem assumir, tipificadamente, as formas de conselho fiscal, fiscal único, comissão de auditoria, conselho geral e de supervisão e de revisor oficial de contas.

No momento em que a sociedade se constitui, a fiscalização só é obrigatória na sociedade anónima, podendo efectuar-se através de diferentes órgãos, estando a respectiva estruturação dependente do modelo de governação societário adoptado.

III. No **modelo clássico**, a fiscalização pode configurar-se de modo diferenciado, surgindo na maior parte das vezes com uma **estrutura simples**, sendo entregue a um fiscal único - que seja revisor oficial de contas ou sociedade de revisores oficiais de contas - ou, facultativamente, a um conselho fiscal, do qual faça parte um revisor oficial de contas ou sociedade de revisores oficias de contas.

A fiscalização terá uma **estrutura complexa** - reforçada relativamente à estrutura simples -, devendo ser, necessariamente, cometida a um conselho fiscal e a um revisor oficial de contas externo (ou autónomo)[36], isto

[35] Sobre as estruturas de fiscalização actuais, cfr. Gabriela Figueiredo Dias, *Fiscalização de Sociedades e Responsabilidade Civil (após a Reforma do Código das Sociedades Comerciais)*, Coimbra Editora, 2006, em especial pp. 22-36, «A fiscalização societária redesenhada: independência, exclusão de responsabilidade e caução obrigatória dos fiscalizadores», AA.VV., *Reforma do Código das Sociedades*, IDET, Colóquios n.º 3, Almedina, Coimbra, 2007 (pp. 277-334), em especial pp. 285-290, «Estruturas de fiscalização de sociedades e responsabilidade civil», AA.VV., *Nos 20 anos do Código das Sociedades Comerciais*. Homenagem aos Profs. Doutores A. Ferrer Correia, Orlando de Carvalho e Vasco Lobo Xavier, vol. I - *Congresso Empresas e Sociedades*, Coimbra Editora, 2007 (pp. 803-836), em especial pp. 807-812, e J. Pinto Furtado, «Competências e funcionamento dos órgãos de fiscalização das sociedades comerciais», AA.VV., *Nos 20 anos do Código das Sociedades Comerciais* cit., 2007 (pp. 593-619), em especial pp. 596-604.

[36] Como órgão autónomo, o ROC tem poderes relativamente mais limitados e próximos dos que tradicionalmente caracterizam o revisor oficial de contas. Nesta (nova) confi-

é, que não seja membro desse órgão (cfr. art. 413.º, n.º 2, *alínea a)*, e n.º 1, *alínea b)*), se a sociedade for cotada[37] ou for uma *grande* sociedade anónima[38] que não seja totalmente dominada por sociedade que adopte o modelo de governação clássico. O conselho fiscal, nesta estrutura, deverá integrar um membro independente que tenha conhecimentos em auditoria ou contabilidade e um curso adequado ao exercício das suas funções (cfr. art. 414.º, n.º 4), podendo neste órgão participar facultativamente um ou mais revisores oficiais de contas, mas sem ser nessa qualidade.

O **conselho fiscal** é constituído por um número mínimo de três membros efectivos (cfr. art. 413.º, n.º 4), designados para um mandato máximo de quatro anos (cfr. art. 415.º, n.º 1), devendo ser indicados, pelo menos, um ou dois suplentes, consoante os efectivos sejam três ou mais (cfr. art. 413.º, n.º 5).

Sempre que a lei não imponha a pluralidade de membros, a sociedade poderá funcionar com um fiscal único (cfr. art. 413.º, n.ºs 1, *alínea a)*, e 2, *alínea b)*), ao qual são aplicáveis as disposições legais que regulam o revisor oficial de contas e, subsidiariamente, o conselho fiscal e que não pressuponham a colegialidade do órgão ou, acrescente-se, que não sejam incompatíveis com a competência específica e subsidiária do conselho e do seu presidente (cfr. art. 413.º, n.º 6).

O **fiscal único** – que é, em regra, designado para um mandato correspondente ao dos demais órgãos sociais, mas nada impede que seja por período diferente, quiçá inferior – não está sujeito às regras de colegialidade e, portanto, decide perante aquilo que lhe é apresentado; tem de ser necessariamente um revisor oficial de contas (ou uma SROC), devendo ser-lhe designado um suplente com idêntica qualificação (cfr. art. 414.º, n.º 1, 413.º, n.ºs 3 e 6).

Sendo em regra eleito, em assembleia geral anual, o fiscal único (revisor oficial de contas) poderá ser designado pelo presidente da mesa da

guração, este órgão deverá proceder ao exame das contas da sociedade (art. 446.º, n.º 1) e verificar a regularidade dos livros, registos contabilísticos e documentos de suporte, a extensão da caixa e as existências da sociedade ou que se encontrem na sua posse, a exactidão dos documentos de prestação de contas, bem como a adequação das políticas contabilísticas e dos critérios valorimétricos utilizados pela administração a uma correcta avaliação do património e dos resultados (arts. 446.º, n.º 3 e 420.º, *alíneas c), d) e)* e *f)*).

[37] Emitente de valores mobiliários admitidos à negociação em mercado regulamentado (*maxime* acções ou obrigações).

[38] Aquela que, durante dois exercícios seguidos, ultrapassar três dos limites estabelecidos na *alínea a)* do n.º 2 do artigo 413.º do CSC: balanço total de cem milhões de euros, vendas líquidas e outros proveitos de cento e cinquenta milhões de euros e uma média de cento e cinquenta trabalhadores durante o exercício.

assembleia geral ou, fora do âmbito deste órgão, o revisor oficial de contas pode ser indicado pelo órgão de gestão, «*devendo ser tal designação submetida à ratificação pela assembleia geral seguinte*» (cfr. art. 415.º do CSC e art. 50.º, n.ºs 1, 2 e 3 do Decreto-Lei n.º 487/99, de 16 de Novembro). Na falta de designação, o revisor oficial de contas pode vir a ser oficiosamente nomeado pela Ordem dos Revisores Oficiais de Contas (cfr. art. 416.º do CSC e art. 50.º, n.º 5 do Decreto-Lei n.º 487/99, de 16 de Novembro).

IV. No **modelo germânico** a fiscalização é repartida entre o **conselho geral e de supervisão** e o revisor oficial de contas. O primeiro é o que podemos considerar ser um órgão intermédio que – sendo composto por um número (não limitado) de membros (necessariamente) superior ao do conselho de administração executivo, os quais não terão de ser accionistas (cfr. art. 434.º, n.º 1) – reúne competências que pertencem classicamente ao conselho fiscal, como seja o controlo da legalidade da actividade do órgão executivo da sociedade (cfr. art. 441.º, *alínea d)*), e à assembleia geral, tal como nomear e destituir os administradores executivos, se a competência não for estatutariamente reservada à assembleia geral (cfr. art. 441.º, *alínea a)*), mas também intervém a nível da gestão, pelo menos a longo prazo, em moldes que na estrutura tradicional cabem em exclusivo ao conselho de administração (cfr. arts. 442.º, n.º 1 e 432.º). O **revisor oficial de contas** é um órgão necessariamente singular que procede ao exame das contas da sociedade (cfr. art. 446.º), verificando se na respectiva elaboração foram observados os critérios legalmente estabelecidos. Neste modelo sempre que estiver em causa uma grande sociedade anónima ou uma sociedade cotada, deverá fazer parte, no âmbito do conselho geral e de supervisão, uma **comissão para as matérias financeiras** (cfr. art. 278.º, n.º 4 e 444.º, n.º 2)[39], podendo ser facultativamente criadas no seio do mesmo conselho outras comissões (cfr. art. 444.º, n.º 1).

V. No **modelo anglo-saxónico**, a fiscalização é assegurada pela **comissão de auditoria**[40], composta por um mínimo de três membros (cfr. art. 423.º-B, n.º 2) – que serão administradores não executivos –, sujeitos às

39 Esta comissão encontra-se sujeita aos requisitos aplicáveis ao conselho fiscal das *grandes* sociedades anónimas e das cotadas (cfr. art. 444.º, n.ºs 1 e 5).

40 A comissão de auditoria tem vastas funções de fiscalização da sociedade (cfr. art. 423.º-F), correspondendo a um verdadeiro órgão de fiscalização, não obstante os seus membros serem designados "administradores", com estatuto, funções, poderes e deveres típicos do conselho fiscal (cfr. arts. 64.º, n.º 2, 423.º-D e 423.º-E, 423.º-F, e 423.º-G), constituindo desse modo um verdadeiro órgão (ou, pelo menos, sub-órgão) autónomo do conselho de administração.

incompatibilidades aplicáveis aos membros do conselho fiscal (cfr. art. 423.°-B, n..°s 1 e 3)[41] – e pelo **revisor oficial de contas**, que é autónomo, apesar de ser um órgão interno e que tem diversas funções que cabem habitualmente ao fiscal único ou ao conselho fiscal (cfr. art. 446.° e *alíneas c), d), e)* e *f)* do n.° 1 do art. 420.°).

Os membros da comissão de auditoria, apesar de serem administradores (não executivos), por integrarem o conselho de administração, deverão ter uma remuneração fixa, tal como a dos membros de outros órgãos de fiscalização (cfr. arts. 423.°-D e 422.°-A).

VI. A fiscalização das sociedades por quotas é muito mais simples do que a própria gerência. Em princípio, a **sociedade por quotas** não está sujeita a fiscalização e essa regra, de não obrigatoriedade, é absoluta no momento da constituição[42].

No entanto, o contrato de sociedade pode, facultativamente, determinar a existência de um conselho fiscal ou fiscal único (cfr. art. 262.°, n.° 1), órgão estatutário que ficará então sujeito às normas legais que regulam e disciplinam o órgão de fiscalização das sociedades anónimas.

Contudo, decorridos pelo menos dois anos sobre o início da actividade, a sociedade por quotas pode ter de designar um revisor oficial de contas (cfr. art. 262.°, n.° 2 do CSC). Tal acontece, sempre que a sociedade, durante dois exercícios sociais consecutivos, ultrapasse dois de três parâmetros legalmente estabelecidos: total do balanço (um milhão e quinhentos mil euros) e das vendas líquidas e outros proveitos (três milhões de euros) e número médio de trabalhadores (cinquenta por exercício)[43].

Sobre a comissão de auditoria, cfr. Alexandre de Soveral Martins, «Comissão executiva, comissão de auditoria e outras comissões na administração», cit., 2007 (pp. 243-275), em especial pp. 259-265.

[41] E a maioria, ou, pelo menos, um deles, deverá ser independente, consoante a sociedade for, ou não, coda (cfr. art. 423.°-B, n.°s 4 e 5).

[42] No momento da constituição da sociedade por quotas a fiscalização nunca é obrigatória, salvo se o objecto social o impuser, como sucede com as sociedades gestoras de participações sociais (cfr. art. 10.°, n.° 2 do Decreto-Lei n.° 495/88, de 30 de Dezembro). No entanto, a revisão legal de contas pode vir a tornar-se necessária, ainda que a título pontual (*ad hoc*), ao fim de um certo período mínimo de actividade (nunca inferior a dois exercícios sociais), verificadas certas circunstâncias, que enunciamos no texto.

[43] A designação de revisor oficial de contas nas sociedades por quotas, quando é obrigatória, está sujeita a registo, uma vez que, nos termos do art. 3.°, *alínea m)* do Código do Registo Comercial, «*estão sujeitos a registo (...) a designação e a cessação de funções, por qualquer causa que não seja o decurso do tempo, dos membros dos órgãos de (...) fiscalização das sociedades*», compreendendo-se, naturalmente, entre os mesmos, desde que designado para um exercício, o ROC. Este pode ser um órgão singular de fiscalização estatutária (cfr.

No entanto, se não for contratualmente previsto, o revisor oficial de contas pode ser dispensado, deixando a sociedade de estar sujeita a revisão legal de contas (cfr. art. 262.º, n.º 3)[44].

1.1.5. *O órgão coadjuvante: o secretário da sociedade (nas sociedades abertas)*

Nas sociedades anónimas abertas cujas acções se encontram admitidas à negociação em mercado regulamentado (*maxime* em bolsa de valores), deve ser instituído o cargo de secretário (da sociedade), regulado nos arts. 446.º-A a 446.º-F do Código das Sociedades Comerciais, e cuja competência se encontra legalmente estabelecida no art. 446.º-B. De entre os diversos poderes – e para além da competência para certificar certos actos e documentos societários (cfr. art. 446.º-B, n.º 1, *alíneas e), f), h), i) e j)*) –, ressalta a referência a funções auxiliares em reuniões dos órgãos sociais (cfr. art. 446.º-B, n.º 1, *alínea a)*), as quais devem ser articuladas com os poderes de outros titulares de órgãos sociais. Assim, por exemplo, nas assembleia gerais, o secretário da sociedade é um mero coadjutor ou assessor da Mesa, nomeadamente do respectivo secretário, e só na falta deste – ou se este se encontrar a dirigir os trabalhos, na ausência do presidente, visto que, hierárquica e organicamente, este precede sobre aquele – exerce funções auxiliares em assembleia geral.

A existência deste órgão não está dependente de menção contratual, uma vez que sempre que ele for (legalmente) necessário, a própria lei dispõe de preceitos suficientes para a designação do respectivo titular (e suplente) e para regular as suas funções e competência.

1.2. Órgãos sociais facultativos

Para além dos órgãos obrigatórios, que têm de existir necessariamente em certos tipos sociais – e que correspondem a uma extensão do princípio da tipicidade no plano da orgânica societária –, as sociedades podem

arts. 413.º, n.ºs 5 e 6, e 414.º, n.º 1), enquanto «*fiscal único*», ou ser pontualmente (cfr. art. 262.º, n.º 2) designado. A nomeação de ROC, sujeita às «*incompatibilidades estabelecidas para os membros do conselho fiscal*» (art. 262.º, n.º 5), não tem de ser feita por prazo determinado – tal como sucede com a gerência, quando esta não estiver contratualmente determinada –, subsistindo o ROC em funções enquanto não for afastado ou não renunciar, do mesmo modo que «*as funções dos gerentes subsistem enquanto não terminarem por destituição ou renúncia*» (cfr. art. 256.º).

[44] Tal acontece se, durante dois anos consecutivos, se deixarem de verificar dois dos referidos três requisitos, a sociedade pode deixar de ter revisor oficial de contas, uma vez que deixa de estar sujeita a revisão legal de contas (cfr. art. 262.º, n.º 3).

ter órgãos facultativos, quer os mesmos se encontrem legalmente previstos, eventualmente como obrigatórios para tipos sociais diferentes, quer sejam emanação da autonomia privada dos sócios, com respeito das regras imperativas do sistema jurídico-societário, e desde que a sua composição não corrompa o modelo de estrutura societária correspondente ao tipo social em causa.

Estes órgãos podem encontrar-se **legalmente previstos** a propósito de diferente tipo societário, como acontece com órgãos que, sendo obrigatórios na sociedade anónima, podem configurar-se como facultativos noutro tipo ou sub-tipo social. Tais são os casos do conselho fiscal (ou o fiscal único) nas sociedades por quotas e do secretário da sociedade, em todas as sociedades em que não é obrigatório.

Sendo obrigatório em qualquer sociedade anónima, o **órgão de fiscalização** pode ser contratualmente institucionalizado numa sociedade por quotas - revestindo a forma de conselho fiscal, fiscal único ou revisor oficial de contas -, com a finalidade de examinar as respectivas contas (cfr. art. 262.º, n.º 1). Se a sociedade por quotas optar por institucionalizar um conselho fiscal, este ficará sujeito às disposições legais que lhe são aplicáveis nas sociedades anónimas, obrigatoriamente submetidas a fiscalização (cfr. art. 262.º, n.º 1), o que significa, entre outros aspectos, que um dos seus membros deverá ser revisor oficial de contas (cfr. art. 414.º, n.º 2) e que os que não forem deverão prestar caução pelo desempenho das suas funções, se não forem dispensados da mesma (cfr. art. 418.º-A, n.º 1).

Nas sociedades comerciais em que não é um órgão obrigatório - designadamente nas sociedades anónimas não cotadas e nas sociedades por quotas -, o **secretário** da sociedade pode ser designado com as funções supletivamente definidas no art. 446.º-B do Código das Sociedades Comerciais (cfr. art. 446.º-D). À semelhança do que acontece nas sociedades em que é legalmente necessário, o secretário, nas sociedades anónimas, deve ser nomeado pelo órgão de administração (cfr. art. 446.º-A, n.º 2 *in fine*), se não o tiver sido no acto de constituição, ao passo que nas sociedades por quotas deve ser designado pelos sócios (cfr. art. 446.º-D, n.º 2).

Noutros casos, os órgãos facultativos podem resultar da prática societária, ainda que se encontrem referenciados na lei, tal como a **comissão de vencimentos** ou de remunerações habitual no âmbito das sociedades anónimas.

Para além dos órgãos sociais típicos, que se constituem, obrigatória ou facultativamente, consoante o tipo societário em causa, podem ser criados **estatutariamente** outros órgãos sociais. Tal ocorre com maior frequência nas grandes sociedades, não podendo verificar-se em prejuízo do princípio da tipicidade.

Encontramos, assim, sociedades nas quais existem **conselhos** superiores ou **consultivos** com a estrita finalidade de assessorar a administração na tomada das decisões mais relevantes e nos quais têm habitualmente assento os principais accionistas e, em certos casos, personalidades relevantes. Noutras sociedades tais órgãos são intermédios entre a assembleia geral e a administração.

As competências que, contratualmente, lhes são reconhecidas não podem violar as normas imperativas referentes às competências específicas dos órgãos legalmente obrigatórios. Por isso, os órgãos estatutários facultativos não intervêm vinculativamente, configurando-se essencialmente como órgãos de consulta, através dos quais os accionistas mais relevantes adquirem informação actualizada sobre a vida da sociedade e sancionam, por norma antecipadamente, ainda que muito sobre o acontecimento, os principais actos de gestão desta.

O contrato de sociedade, além de reconhecer a existência destes órgãos, deve regular o seu funcionamento.

2. Requisitos e incompatibilidades para o desempenho de cargos sociais

Vejamos agora se os requisitos legalmente estabelecidos para o desempenho de cargos sociais ou a inexistência de certas incompatibilidades para esses fins condicionam, de algum modo, a natureza jurídica das pessoas que podem ser designadas para esses cargos.

A este propósito, há que começar por recordar o que é um membro independente de órgão social, enunciar as situações de incompatibilidade e terminar por enquadrá-las, verificando as diferenças entre os diversos órgãos.

2.1. Independência de certos membros de órgãos sociais

I. Os membros dos órgãos sociais são designados, consensualmente, pelos sócios e são habitualmente pessoas com as quais estes se identificam e com quem, pelo menos os maioritários, se relacionam estreitamente[45].

[45] E assim era de tal maneira que, classicamente, todos os cargos sociais deviam ser necessariamente ocupados por sócios, como assinalámos, correspondendo à ideia de que estes exerciam a actividade económica da sociedade através das funções que desempenhavam.

As exigências de que o desempenho de cargos sociais constituísse reserva ou exclusivo dos sócios, dependendo assim do prévio estabelecimento de uma relação de socialidade, viriam a revelar-se incompatíveis com a complexidade crescente do mundo moderno. Assistiu-se, gradualmente, à dissociação entre o risco do capital e a direcção efectiva das sociedades de capitais[46], passando a gestão a ser assegurada por quem não sofria (pelo menos, significativamente) o risco do capital. Em paralelo com esta evolução – e para garantia da adequação e correcção da gestão societária –, a lei viria a impor que, no controlo de tais órgãos, viessem obrigatoriamente a participar técnicos independentes e especializados: os revisores oficiais de contas.

II. Por sua vez, e no que respeitava ao desempenho de determinados cargos societários, designadamente num órgão tão sensível como é o de fiscalização, a lei veio a estabelecer uma lista de incompatibilidades, progressivamente ampliada, que assegurasse isenção, profissionalismo e objectividade no desempenho de funções de todos os membros (do conselho fiscal), incluindo os que não fossem revisores oficiais de contas.

No entanto, com o reconhecimento de que os interesses da sociedade se alargam a todas as pessoas que se movimentam na sua órbita, nestas se compreendendo, a par dos sócios e dos trabalhadores – cujos interesses há muito são protegidos –, os clientes, fornecedores e credores, impunha-se, para além de aumentar a lista de incompatibilidades existente, exigir adicionalmente, nas sociedades de maior dimensão (*grandes* sociedades anónimas e cotadas), que certas funções passassem obrigatoriamente a ser desempenhadas por pessoas independentes dos interesses estabelecidos e, nomeadamente, da influência dos accionistas relevantes. Surgia, assim, com a reforma societária de 2006, a figura do membro **independente** de órgão social.

III. A lei estabelece no artigo 414.º, n.º 5 o conceito e critério de **membro independente**, numa regra que, tendo sido criada a propósito dos membros do órgão de fiscalização, é também aplicável, por expressa remissão, aos membros independentes da mesa da assembleia geral (cfr. art. 374.º-A, n.º 1), da comissão de auditoria (cfr. art. 423.º-B, n.º 4) e do conselho geral e de supervisão (cfr. art. 434.º, n.º 3).

[46] Até ao paradoxo do domínio da sociedade pelo respectivo órgão de gestão (ou executivo), particularmente acentuado nos ordenamentos anglo-saxónicos, em especial no norte-americano, e que daria azo à necessidade de disciplinar a *Corporate Governance*.

Segundo essa norma, é «***independente** a pessoa que não esteja associada a qualquer grupo de interesses específicos na sociedade, nem se encontre em alguma circunstância susceptível de afectar a sua isenção de análise ou de decisão*».

O mesmo preceito legal exemplifica, em duas alíneas, situações em que se entende existir associação a interesses específicos ou em que a isenção do presidente da mesa (ou de qualquer dos seus membros) pode ser questionada. Nos termos dessas alíneas, **não é independente** quem for titular de acções correspondentes a, pelo menos, 2% do capital social, ou actuar em nome ou por conta de accionistas com, pelo menos, essa participação (cfr. *alínea a)*). Em qualquer destas circunstâncias presume-se existir uma ligação a interesses significativos na sociedade, que prejudica uma actuação isenta.

Também deixa de reunir condições de isenção para desempenhar certos cargos sociais quem exercer funções em três ou mais mandatos, sucessivos ou interpolados (cfr. *alínea b)*), em qualquer órgão societário. A ideia subjacente é, neste caso, a de que a convivência prolongada com os demais membros dos órgãos sociais e os accionistas retira isenção em termos de capacidade de análise e imparcialidade ao membro do órgão social em causa. Quem desempenhar três mandatos – ainda que incompletos –, não poderá desempenhar funções como membro independente num quarto mandato.

Acresce que os independentes estão ainda sujeitos ao rigoroso regime de incompatibilidades estabelecido no artigo 414.º-A, o qual se aplica, como veremos, aos membros do conselho fiscal, mesmo que estes não sejam independentes. A **independência** não se confunde, assim, com a inexistência de incompatibilidades, sem prejuízo de todos os **independentes** estarem sujeitos ao regime das incompatibilidades.

2.2. Inexistência de incompatibilidades

Para além do (e em paralelo com o) requisito da independência – exigido como qualidade necessária para o desempenho de alguns cargos sociais, em determinadas sociedades anónimas e em certos órgãos das mesmas (conselho fiscal, comissão de auditoria, conselho geral e de supervisão e mesa da assembleia geral)[47] –, a lei estabelece uma longa lista

[47] Não nos referimos, nesta sede, às exigências das boas práticas de governação societária (*corporate governance*) que constam, designadamente, do Código de Governo das Sociedades e se traduzem, por exemplo, na necessidade de um certo número de titulares dos órgãos de gestão da sociedade anónima serem independentes. Trata-se de questão que,

de incompatibilidades com a finalidade de assegurar que o exercício de funções em órgãos de controlo ou nas mesas das assembleias gerais das *grandes* sociedades anónimas (incluindo as cotadas) se processa de forma isenta e atendendo unicamente ao interesse da sociedade a que os mesmos respeitam.

A incompatibilidade é uma situação relativa, que se estabelece, em regra – mas não necessariamente (cfr. art. 414.º-A, n.º 1, *alínea j)*) –, com referência a outros sujeitos ou por efeito do desempenho de funções noutros órgãos, de diferente ou igual natureza, da mesma sociedade, de sociedade pertencente ao mesmo grupo económico ou jurídico ou de sociedade totalmente alheia, reconduzindo-se esta situação, nalguns casos, à impossibilidade de desenvolver, directa ou indirectamente, actividades fora da sociedade. O elemento comum a todas as situações enunciadas é a sociedade de que faz parte o órgão que se pretende integrar.

O artigo 414.º-A estabelece, no seu n.º 1, uma exaustiva lista de **incompatibilidades** – aplicáveis directamente aos membros de órgãos de fiscalização [conselho fiscal, comissão de auditoria (*ex vi* art. 423.º-B, n.º 3) ou conselho geral e de supervisão (*ex vi* art. 434.º, n.º 4)] – que também serão extensíveis ao presidente e demais membros da mesa da assembleia geral de certas sociedades, por expressa remissão do artigo 374.º-A.

Como factor diferenciador do requisito da independência acima mencionado, esclareça-se que as incompatibilidades legalmente estabelecidas não são exclusivas dos membros independentes dos órgãos sociais; sendo aplicáveis também a membros não independentes[48].

2.3. Órgãos de fiscalização

São diversos os requisitos de elegibilidade e inúmeras as incompatibilidades em matéria de desempenho de funções como membro do conselho fiscal, fiscal único ou revisor oficial de contas (cfr. arts. 414.º, n.ºs 3, 6 e 8 e 414.º-A).

O fiscal único e o respectivo suplente não podem ser accionistas (art. 414.º, n.º 1 *in fine*), mas esta limitação já não se aplica em relação aos res-

pela sua relevância e consequências, deve ser objecto de análise autónoma. No texto, cingimo-nos, pois, ao que é legalmente obrigatório.

[48] Sobre as incompatibilidades, cfr. Paulo Olavo Cunha, *Direito das Sociedades Comerciais*, 3ª ed., cit., 2007, pp. 538-548.

tantes membros do conselho fiscal, que podem ser ou não accionistas[49], mas devem ser pessoas singulares com aptidões para o desempenho do cargo (art. 414.º, n.º 3).

Em termos de exigências positivas, vimos já que nas *grandes* sociedades anónimas e nas cotadas[50] um dos membros do conselho fiscal deve ter certas aptidões (licenciatura compatível com as suas funções e conhecimentos em auditoria ou contabilidade) e ser independente (art. 414.º, n.º 4). Nas sociedades cotadas a maioria dos membros do conselho fiscal deve ser independente (art. 414.º, n.º 6).

A lei exige agora, para além da longa lista de incompatibilidades a que sujeita os membros do conselho fiscal (cfr. art. 414.º-A)[51], a que já fizemos referência, que estes, em certas circunstâncias, sejam independentes, criando para o efeito um critério que permite aferir essa independência.

[49] Rejeita-se a leitura puramente literal do art. 414.º, n.º 3, da qual se poderia depreender que estranhos à sociedade (não accionistas) – que não fossem revisores oficiais de contas, sociedades de advogados ou de revisores oficiais de contas – não poderiam ser membros do conselho fiscal. Na óptica de que o órgão de fiscalização é um órgão intermédio (entre a assembleia geral e o órgão executivo), ainda se poderia aceitar tal interpretação, reforçada nos casos em que os membros independentes que não fossem ROC's teriam de ser pequenos accionistas (detentores de participação inferior a 2%) que não tivessem desempenhado funções em órgão da sociedade por mais de dois mandatos. E, nessa circunstância, os pequenos accionistas controlariam a actividade da administração, designada com os votos dos accionistas maioritários.
O que a regra em escrutínio pretendeu tornar claro é que não podem ser membros do conselho fiscal accionistas que sejam pessoas colectivas, porque neste órgão, com excepção das sociedades profissionais já referidas, não podem participar – enquanto membros de pleno direito – outras pessoas colectivas.
O órgão de fiscalização pode, pois, ser composto por quaisquer pessoas singulares, desde que revistam os requisitos técnicos e de independência exigidos pela lei e não estejam em situação de incompatibilidade para o exercício dessas funções. O seu distanciamento em relação a interesses materiais na sociedade é até desejável.

[50] Utilizamos esta expressão clássica ("sociedades cotadas"), pretendendo sintetizar na mesma (no presente estudo) as sociedades com acções admitidas à negociação em mercado regulamentado e não ignorando que no mundo (esdrúxulo) dos valores mobiliários esta expressão terá pura e simplesmente caído em desuso, tendo sido substituída pela moderna expressão "sociedades emitentes de valores mobiliários admitidos à negociação em mercado regulamentado". Nesta cabem, para além das acções (participações sociais), entre outros valores negociáveis no mercado (regulamentado), as obrigações.

[51] Da lista constante do n.º 1 do art. 414.º-A, saliente-se os que são administradores da sociedade ou de sociedade que se encontre em relação de grupo com a fiscalizada (*alíneas b)* e *c)*), os que prestam serviços com carácter permanente à sociedade ou a sociedade do grupo (*alínea d)*), os que exercem funções em empresa concorrente (*alínea f)* e os parentes e afins, até ao terceiro grau da linha colateral daqueles que desempenham funções de administração, entre outras (*alínea g)*).

2.4. Membros da mesa da assembleia geral

Os membros da mesa da assembleia geral das sociedades anónimas cotadas e das *grandes* sociedades anónimas têm de ser independentes[52], para além de também estarem sujeitos às incompatibilidades estabelecidas para os membros do conselho fiscal (no art. 414.º-A)[53].

3. Modo de designação dos membros dos órgãos de administração

I. Há essencialmente quatro modos de proceder à indicação dos **gerentes** que irão desempenhar funções numa dada sociedade por quotas:

- a nomeação no próprio contrato de sociedade (normalmente em cláusula transitória) ou no instrumento de constituição da sociedade (cfr. art. 252.º, n.º 2);
- a eleição pelo colectivo de sócios, em caso de cessação do mandato dos anteriores (cfr. art. 252.º, n.º 2)[54], o que pode acontecer por renúncia, morte, impossibilidade definitiva para o desempenho do cargo, destituição ou caducidade do mandato, quando temporalmente limitado;
- a designação de gerente substituto, quando contratualmente prevista e autorizada, a qual é decidida pelos gerentes remanescentes (cfr. art. 252.º, n 2 *in fine*);
- a designação judicial (cfr. art. 253.º, n.os 3 e 4).

II. Em regra, os gerentes são designados no momento da constituição da sociedade no próprio contrato ou eleitos, posteriormente, por deliberação dos sócios (cfr. art. 252.º, n.º 2), mas a nossa lei admite, inclusivamente, que possa ser contratualmente prevista uma outra forma de desig-

[52] E consequentemente, devem reunir os requisitos (de independência) estabelecidos no n.º 5 do artigo 414.º e que lhes são aplicáveis (cfr. o disposto no art. 374.º-A, n.º 1), pelo que não podem deter mais de 2% do capital social, nem representar nenhum accionista que se encontre nessas condições, nem desempenhar mais de três mandatos consecutivos ou interpolados, qualquer que seja a sua duração (cfr. art. 414.º, n.º 5).

[53] Tal como estes, têm de ter uma remuneração fixa (art. 422.º-A *ex vi* art. 374.º-A, n.º 3).

[54] Os gerentes são habitualmente designados para desempenharem funções sem prazo limitado, embora nada impeça que o contrato de sociedade estabeleça uma duração para o respectivo mandato ou que o próprio acto designativo (eleição em assembleia geral) estabeleça o prazo para o mandato respeitante, impondo-se a sua recondução ou substituição no termo do mesmo.

nação (cfr. art. 252.º, n.º 2 *in fine*). Por exemplo, competindo a dois sócios indicarem os gerentes. Esta designação não é impossível no âmbito das sociedades por quotas. Certo é que ela acabará por traduzir a atribuição de um direito especial à gerência: o direito de, isolada ou conjuntamente, conforme for o caso, indicar um determinado gerente que desempenhará as suas funções sem possibilidade de ser afastado (sem o consentimento dos designantes).

III. Os **administradores** da sociedade anónima podem ser directamente designados no contrato de sociedade, nomeadamente nos estatutos, embora possam também ser nomeados à margem destes, no próprio instrumento de constituição da sociedade, considerado o carácter necessariamente transitório da respectiva designação (arts. 391.º, n.º 1 e 425.º, n.º 1).

Caso não tenham sido designados na própria constituição, os membros do órgão de gestão devem ser eleitos pela assembleia geral (arts. 391.º e 392.º), se for este o órgão competente (art. 425.º, n.º 1), ou pelo conselho geral e de supervisão, quando não for o caso, do mesmo modo como o são habitualmente após o decurso de cada mandato ou, durante o mandato, sempre que cessam as respectivas funções e não são substituídos por suplentes ou por outro modo, legal ou contratualmente, estabelecido[55].

[55] Faltando definitivamente, por impedimento, excesso de faltas, renúncia ou destituição, qualquer administrador, haverá que proceder à respectiva substituição, designando um administrador até ao final do mandato para que havia sido eleito o substituído, sem prejuízo de a sociedade poder continuar a funcionar sem o membro da administração cessante. O art. 393.º estabelece o modo de substituição de administradores, prevendo diversas hipóteses alternativas.
Em primeiro lugar, pela chamada de **suplentes** (art. 393.º, n.º 3, *alínea a)*), se os mesmos tiverem sido indicados aquando da designação.
Não se encontrando (pré-)designados suplentes e mantendo-se em funções a maioria dos administradores, estes disporão de 60 dias para proceder à **cooptação** de (novo ou) novos administradores – que desempenharão funções até ao final do mandato para que os cessantes haviam sido designados (art. 393.º, n.º 3, *alínea b)*) – em substituição dos faltosos, devendo a escolha do conselho ser objecto de ratificação na assembleia geral subsequente (art. 393.º, n.º 4). Se a assembleia geral recusar a ratificação, a designação caduca com efeitos *ex nunc*, mantendo-se válidos os actos até aí praticados pelo administrador cooptado. Importa a este propósito assinalar que a cooptação – que consiste num expediente para solucionar com urgência uma falta ocorrida – não poderá recair sobre uma pessoa colectiva, devendo ser escolhida uma pessoa física. O artigo 393.º não estabelece qualquer limitação, mas o sistema de substituição introduzido na nossa ordem jurídica não é compatível com esse procedimento que implicaria que a pessoa colectiva (cooptada) fosse chamada a indicar livremente uma pessoa singular. A cooptação baseia-se com efeito numa escolha efectuada com base na qualidade e conhecimento que os demais adminis-

Um dos vários métodos de substituição é, como explicamos em nota[56], a eleição *ad hoc* do substituto do administrador cessante, a qual deve ocorrer sempre que o substituto não se encontra pré-designado, como suplente, ou não é escolhido pelo próprio conselho de administração (por cooptação), nem pelo órgão de fiscalização. E caso tal venha a suceder, nada impede que, para preencher a vaga ocasionada pela cessação antecipada de funções ocorrida, os accionistas elejam uma pessoa colectiva, a qual deverá, por sua vez, nomear uma pessoa física para o efectivo desempenho de funções.

No que respeita à designação de administradores pelo Estado (ou por entidade pública equiparada), a mesma deve ocorrer nos termos de legislação especial (aplicável aos gestores públicos) (art. 392.º, n.º 11).

Finalmente, por vezes é necessário requerer ao tribunal que designe um administrador (judicial), para assegurar a gestão da sociedade (arts. 394.º e 426.º)[57], passando este a ser único, independentemente do capital social.

IV. O presidente do conselho de administração é designado pelo próprio conselho[58], se o contrato de sociedade não previr que seja designado pela assembleia (accionistas). O presidente do conselho de administração executivo, por sua vez, é indicado no acto de designação dos membros do

tradores têm do cooptado, recaindo frequentemente sobre um alto quadro da empresa e permitindo assegurar uma substituição rápida do administrador cessante, sem prejuízo da necessária ratificação accionista. Permitir, no funcionamento do mecanismo de substituição, a interferência de um elemento estranho ao conselho, que poderá até não ser accionista, seria contraditório com o expediente legalmente estabelecido.
Caso o conselho não proceda à cooptação, ou a mesma caduque, deverá o **conselho fiscal** ou a **comissão de auditoria** proceder à designação do administrador substituto, nomeação essa sujeita também a ratificação da assembleia geral (art. 393.º, n.ºs 3, *alínea c)* e 4). Trata-se de uma competência que não é extensível ao fiscal único – por efeito do disposto no art. 413.º, n.º 6 –, dada a sua natureza.
Não procedendo o conselho fiscal, nem a comissão de auditoria (caso exista) à designação de substituto(s) do(s) administrador(es) faltoso(s), haverá que proceder à respectiva **eleição *ad hoc*,** ou seja, uma eleição realizada, especificamente, para designar um administrador substituto até ao final do mandato em curso (art. 393.º, n.º 3, *alínea d)*).

[56] Cfr. nota precedente.

[57] Tal acontecerá sempre que faltem administradores em número necessário para deliberar e vincular a sociedade, sem que os accionistas procedam à respectiva substituição, ou sempre que tenham decorrido mais de cento e oitenta dias sobre a cessação de funções dos administradores sem que os mesmos sejam substituídos.

[58] Neste caso, pode este órgão em qualquer momento, no decurso do mandato, proceder à respectiva substituição (art. 395.º).

conselho ou, caso tal não tenha acontecido, é escolhido pelos seus pares (cfr. art. 427.º, n.º 1).

V. Os administradores consideram-se designados para um máximo de quatro exercícios sociais, se o contrato não estabelecer prazo, sendo comum a indicação por períodos diferentes, tradicionalmente de três anos[59], e, apesar de designados por prazo certo, mantêm-se em funções - com plenos poderes - até que sejam substituídos (arts. 391.º, n.º 4 e 425.º, n.º 3), salvo se renunciarem validamente ao seu cargo, caso em que se consideram em funções até ao final do mês subsequente à respectiva renúncia (arts. 404.º, n.º 2 e 433.º, n.º 4).

VI. A concluir a designação dos membros dos órgãos de gestão - que apresenta peculiaridades relativamente aos demais titulares dos órgãos sociais, que também sejam designados por eleição -, importa referir que a falta de pessoa singular que tenha sido nomeada por pessoa colectiva designada (eleita) administradora de uma sociedade anónima não corresponde a uma situação de substituição de administrador. Nessa circunstância, caberá unicamente à pessoa colectiva proceder à indicação do substituto.

O facto de a prática distorcer frequentemente este entendimento, ao recorrer a uma designação mista, sob a forma de cooptação - sugerindo a pessoa colectiva em causa o nome do novo administrador e cooptando-o os demais -, não altera o nosso juízo, que consideramos o único admissível.

Como demonstraremos adiante, a devolução do poder de nomeação do administrador (efectivo) «substituto» à pessoa colectiva (eleita) administradora - correspondendo à faculdade legalmente reconhecida de os accionistas poderem designar entidades com essa natureza para os órgãos de gestão - consiste na principal motivação para a pessoa colectiva aceitar a sua designação para os órgãos sociais.

4. Designação de pessoas colectivas para os órgãos sociais

4.1. Limitações legais

I. A lei só é omissa quanto à natureza das pessoas que podem ser designadas titulares de órgãos sociais a propósito da mesa da assembleia geral,

[59] O mandato dos órgãos sociais deve, naturalmente, coincidir com o exercício social, não fazendo sentido admitir uma discrepância entre ambos.

não vedando expressamente às pessoas colectivas a possibilidade de serem designadas para tais cargos.

Em todas as demais situações, a lei:

- ou admite expressamente a possibilidade das pessoas colectivas serem designadas titulares de cargos sociais, desde que nomeiem as pessoas singulares que exerçam os cargos em nome próprio, como acontece no conselho de administração e no conselho geral e de supervisão (cfr. art. 390.º, n.ºs 3 *in fine* e 4, aplicável ao órgão de fiscalização *ex vi* art. 434.º, n.º 3), admitindo que os administradores e conselheiros eleitos - se forem pessoas colectivas - indiquem uma pessoa singular que exerça o cargo em nome próprio;
- ou impõe a obrigatoriedade de os titulares de órgãos sociais serem pessoas singulares. Tal sucede com os gerentes das sociedades em nome colectivo (cfr. art. 191.º, n.º 3) - embora possam ser indicados por sócios que sejam pessoas colectivas[60] - e com os gerentes das sociedades por quotas, apesar de, com referência a estas, não se proibir expressamente a participação de pessoas colectivas na administração da sociedade (cfr. art. 252.º, n.º 1, *in fine*)[61], e, no que respeita à fiscalização da sociedade (anónima), com os accionistas[62] que sejam membros do conselho fiscal ou da comissão de auditoria, que também têm de ser pessoas singulares (cfr. arts. 414.º, n.º 3 e 423.º-

[60] Idêntica proibição era também expressamente aplicável aos membros da Direcção, nas sociedades anónimas de estrutura germânica, até à reforma societária (cfr. art. 425.º, n.º 5, *alínea a)*, na redacção anterior ao DL 76-A/2006, de 29 de Março, substituído, nesta matéria, pelos n.ºs 6 e 8, na nova redacção).

[61] Considerando legítima a designação de pessoas colectivas para a gerência de sociedades por quotas, João Labareda, «Da designação de pessoas colectivas para cargos sociais em sociedades comerciais», *in Direito Societário Português - algumas questões*, Quid Juris?, Lisboa, 1998 (pp. 9-59), pp. 33-36, considerando decisiva a norma do n.º 1 do art. 253.º, segundo o qual «*se faltarem definitivamente todos os gerentes, todos os sócios assumem por força da lei os poderes de gerência, até que sejam designados gerentes*» (p. 34).

Não concordamos com a interpretação feita por este autor, por considerarmos que a disposição legal citada conduz precisamente à conclusão oposta, visto que o art. 253.º apenas refere que, na falta de gerentes, todos os sócios assumem *poderes de gerência* (não se tornando gerentes), o que significa que se forem pessoas colectivas terão de designar pessoas físicas para exercerem tais poderes.

Em sentido contrário ao de João Labareda, vd. Raúl Ventura, *Sociedade por Quotas*, vol. III (Comentário ao Código das Sociedades Comerciais), Almedina, Coimbra, 1991, para quem uma pessoa colectiva não pode ser gerente de uma sociedade por quotas, tratando-se de uma proibição absoluta (cfr. pp. 12-14, em especial p. 12).

[62] Estão em causa quaisquer membros do órgão de fiscalização que não sejam sociedades de revisores oficiais de contas ou de advogados.

-B, n.º 6)[63]. Idêntica limitação verifica-se igualmente no que respeita aos liquidatários, que também não podem ser pessoas colectivas (cfr. art. 151.º, n.º 5)[64]

II. Da análise do disposto no Código das Sociedades Comerciais[65], podemos concluir que a lei:

a) Quando o pretende, impõe que os membros dos órgãos sociais sejam pessoas singulares. Assim sucede com os gerentes das sociedades por quotas (cfr. art. 252.º, n.º 1) e das sociedades em nome colectivo (cfr. art. 191.º, n.º 3) e com a generalidade dos membros do conselho fiscal e da comissão de auditoria (cfr. arts. 414.º, n.º 3 e 423.º-B, n.º 6).

b) Quando admite a participação das pessoas colectivas nos órgãos sociais, impõe que as mesmas designem uma pessoa singular para o efeito, a qual deverá actuar em nome próprio. Tal acontece com os administradores e os membros do conselho geral e de supervisão das sociedades anónimas (cfr. arts. 390.º, n.ºs 3 *in fine* e 4 - directamente e *ex vi* art. 434.º, n.º 3 - e 425.º, n.º 8).

c) Nas demais situações, relativamente à designação de pessoas colectivas ou ao exercício de funções por estas noutros órgãos societários, a lei é omissa. É o que se verifica com a mesa da assembleia geral.

É fundamentalmente a propósito da última situação descrita que se justifica procurar averiguar se é possível, no silêncio da lei, nomear ou eleger uma pessoa colectiva para desempenhar um cargo social, ainda que a mesma deva indicar uma pessoa singular para esse efeito.

[63] No mesmo preceito (art. 414.º, n.º 3), em que é omissa sobre a integração de não accionistas no órgão de fiscalização, a lei admite a participação de certas pessoas colectivas (as sociedades de advogados e as sociedades de revisores oficiais de contas) nesse órgão.

[64] Com excepção das «*sociedades de advogados ou de revisores oficiais de contas*», tal como acontece com os órgãos de fiscalização.

[65] Considerando existir um «princípio geral de que o exercício efectivo dos cargos sociais deve, em regra, ser assegurado por pessoas físicas (...)» e que o mesmo «suporta excepções directamente contempladas na lei», João Labareda, «Da designação de pessoas colectivas para cargos sociais em sociedades comerciais», cit., 1998 (pp. 9-59), p. 11.
Discordamos da conclusão enunciada, uma vez que se afigura não apenas lógico, como necessário, que os cargos sociais sejam **efectivamente** desempenhados por pessoas singulares. Em qualquer circunstância, mesmo para exercerem os seus direitos e cumprirem as respectivas obrigações, como se refere no texto, as pessoas colectivas têm de actuar através de pessoas físicas. O que se discute é a possibilidade de o titular (designado) do órgão social poder ser uma pessoa colectiva e, em caso afirmativo, como é que as funções correspondentes ao cargo social deverão ser desempenhadas.

4.2. Possibilidade de designação de pessoas colectivas para certos órgãos sociais

I. Em abstracto nada impede que as pessoas colectivas sejam designadas para a titularidade de cargos sociais, desde que, a título definitivo ou pontualmente, indiquem quem as represente, uma vez que a sua actuação no mundo jurídico pressupõe sempre uma representação necessária.

Discutiu-se no passado – antes da vigência do Código das Sociedades Comerciais – se uma pessoa colectiva deveria designar com carácter permanente quem a representasse na administração de uma participada ou se poderia indicar um seu representante para cada reunião. O assunto esteve longe de ser pacífico e deu mesmo origem a um parecer de Paulo de Pitta e Cunha[66], no qual se sustentava que a pessoa colectiva eleita administradora de uma sociedade anónima deveria indicar um representante permanente[67], aplicando-se por analogia a solução que então era expressamente prevista para o conselho fiscal.

II. O Código das Sociedades Comerciais deu um passo decisivo na superação das dúvidas anteriormente existentes, mas não eliminou todas as dificuldades que se pudessem suscitar nesta matéria.

Nuns casos, como vimos, admitiu expressamente que as pessoas colectivas fossem designadas para órgãos sociais, desde que indicassem uma pessoa singular para as «representar», mas que exerceria funções em nome próprio. Noutros inviabilizou a possibilidade de designação de pessoas colectivas para órgãos sociais.

Das situações descritas resultou que a lei aceitou inequivocamente que uma pessoa colectiva pudesse ser designada – *i.e.*, nomeada ou eleita – para certos cargos sociais, embora com um ónus: o de indicar uma pessoa singular para o efeito[68].

Ao mesmo tempo, não foi legalmente imposta qualquer diferença quanto à natureza jurídica das entidades que podem ser designadas para desempenhar funções de administração numa sociedade anónima. Qual-

[66] «As pessoas colectivas como administradores de sociedades», *ROA*, ano 45, t. I, 1985, pp. 5-11. Cfr., em especial pp. 10-11.

[67] «A representação por uma pessoa singular definida» «está ligada a uma *exigência fundamental mínima de organização e funcionamento da sociedade*», esclarecia Paulo de Pitta e Cunha (As pessoas colectivas como administradores de sociedades», cit. 1985, p. 11), escrevendo (ainda) antes da entrada em vigor do Código das Sociedades Comerciais.

[68] Que, acrescente-se, não poderá ser um administrador (já) em funções. Neste sentido, cfr. Ilídio Duarte Rodrigues, *A Administração das Sociedades por Quotas e Anónimas – Organização e Estatuto dos Administradores*, Petrony, Lisboa, 1990, p. 123.

quer que seja o modelo de governação deste tipo societário, as pessoas singulares – que tenham sido indicadas por pessoas colectivas – desempenham os respectivos cargos em nome próprio e são inamovíveis por vontade da designante, a qual é legalmente solidária com a designada em sede de responsabilidade (cfr. art. 390.º, n.º 4, aplicável também aos membros do conselho de administração executivo *ex vi* art. 425.º, n.º 8, e aos membros do conselho geral e de supervisão, *ex vi* art. 434.º, n.º 3). E esta característica da inamovibilidade, que introduz uma clara limitação à autonomia privada da pessoa colectiva eleita titular de um órgão social, assume-se como decisiva na determinação da natureza jurídica da relação entre designante e designado, como veremos adiante.

III. Justifica-se a orientação da lei que, visando superar uma discussão anteriormente existente – estabelecendo a necessidade de nomear uma pessoa física com carácter de permanência para o exercício de funções sociais que tenham sido cometidas a pessoas colectivas –, veio a dar azo a novas dúvidas pela opção tomada, de não regular todas as situações. É a essas dúvidas, como a de saber se é legítima a nomeação de pessoas colectivas para a mesa da assembleia geral, que pretendemos responder com este trabalho.

Antes de mais, diga-se que o desejo de um sócio ou accionista ser designado membro de um órgão social corresponde a uma sua aspiração legítima de poder contribuir para o funcionamento da sociedade. E não há razão aparente para que uma pessoa colectiva não pretenda contribuir igualmente para esse fim, através dos seus representantes legais ou de quem vier especialmente a indicar para esse efeito.

O que é fundamental é que o modo de designação seja compatível com um adequado exercício de funções, de forma a proporcionar ao órgão social uma estabilidade adequada ao seu funcionamento.

Do ponto de vista técnico-jurídico acresce ainda uma razão decisiva: a de que, no âmbito da autonomia privada, é possível os sujeitos praticarem os actos que não estejam imperativamente limitados, como acontece com a designação de pessoas para certos órgãos sociais.

IV. Aos motivos técnicos aduzidos acrescentam-se elementos de carácter interpretativo histórico, como seja a expressa previsão de lei anterior – o Decreto-Lei n.º 49 381, de 15 de Novembro de 1969 (artigo 3.º, na redacção do Decreto-Lei n.º 648/70, de 28 de Dezembro), revogada pelo diploma que aprovou o Código das Sociedades Comerciais – sobre a possibilidade de designação de pessoas colectivas para o conselho fiscal, apesar da solução não ser hoje admissível no âmbito do conselho fiscal e da comissão de auditoria.

Verifica-se, pois, uma alteração de soluções a nível de Direito positivo, sendo agora inviável eleger pessoas colectivas para certos órgãos de fiscalização, com um perfil de puro controlo da actividade da administração.

Importa então perguntar se as pessoas colectivas podem ser eleitas membros da **mesa da assembleia geral** e, nomeadamente, presidente da mesma?

Não se vislumbram argumentos para responder negativamente a esta questão, desde que a pessoa colectiva eleita indique uma pessoa singular para desempenhar efectivamente o cargo, devendo aplicar-se a esse processo, *mutatis mutandis*, a solução legalmente prevista para idêntica situação a nível da administração ou do conselho geral e de supervisão.

Esta solução não é inédita, porque embora os cargos de membros da mesa da assembleia geral não sejam registáveis, a verdade é que se conhecem diversas situações em que pessoas colectivas (accionistas) foram eleitas para a mesa da assembleia geral.

Aliás, na falta dos membros da mesa e de quem os substitua, deverá dirigir os trabalhos da assembleia o sócio com maior participação no capital, o qual poderá ser uma pessoa colectiva, devendo, nessa circunstância, a assembleia ser conduzida pelo respectivo representante (cfr. art. 374.º, n.º 4).

A eventualidade de caber ao accionista titular do maior número de acções o poder-dever de dirigir a assembleia geral, sem restrições relativas à sua natureza jurídica, comprova a possibilidade de o presidente da mesa poder ser, pontualmente, uma pessoa colectiva, embora esta deva actuar através do seu representante (na assembleia).

Deste modo, aceitamos que os cargos da mesa sejam ocupados por pessoas colectivas, desde que estas – à semelhança do que acontece com a designação autorizada para órgãos de administração e de fiscalização – indiquem, a título permanente, uma pessoa singular que desempenhe o cargo em nome próprio, não podendo desse modo interferir com a forma como as respectivas funções são exercidas. Contudo, em caso de impossibilidade de continuação das funções ou de abandono do cargo, o poder de nomeação devolve-se à pessoa colectiva eleita presidente da mesa.

Nada impede, porém, que o contrato de sociedade disponha em sentido diverso, impondo que o presidente da mesa seja, por exemplo, uma pessoa singular. A este propósito poder-se-á discutir se é aceitável impor determinadas qualificações para se poder ser designado presidente da mesa, sem prejuízo dos direitos accionistas[69].

[69] Por exemplo: «*O presidente da mesa deverá ser um jurista de grande prestígio, caso não seja accionista*».
Abordando esta questão, PEDRO MAIA, «O presidente das assembleias de sócios», cit., p. 426.

Desde que se salvaguardem os direitos dos accionistas – e esse é o sentido útil do disposto no artigo 21.º, n.º 1, *alínea d)* do Código das Sociedades Comerciais, em nossa opinião – não há obstáculo a introduzir limitações contratuais na legitimidade para o desempenho de cargos sociais, salvo se as mesmas forem francamente contrárias ao interesse social.

O artigo 21.º, n.º 1, *alínea d)*, estabelece um direito geral que só pode ser limitado ou restringido nos casos em que a própria lei ou os estatutos admitam a respectiva derrogação, sendo concedido a todos os sócios sem excepção, nestes incluídas as pessoas colectivas. Ora, as situações de preenchimento necessário de cargos sociais por pessoas colectivas constituem uma limitação legal à titularidade desse direito.

V. Próximo do virar do século, o Decreto-Lei n.º 82/98, de 2 de Abril, introduziria no nosso ordenamento jurídico o regime das Sociedades Gestoras de Empresas, as quais podem ser designadas para cargos sociais, devendo indicar, para preencher os mesmos, um dos seus sócios, que deverá ser obrigatoriamente uma pessoa singular (cfr. arts. 5.º, n.º 1 e 3.º, n.º 1).

A possibilidade de designar uma pessoa colectiva para um órgão de gestão de uma sociedade comercial, sem restrições a determinados tipos societários, conduziu um autor a considerar que a proibição absoluta estabelecida no artigo 252.º do Código estaria revogada[70] e outro a concluir que a nova figura societária confirmava a interpretação anteriormente feita no sentido de admitir a designação de pessoas colectivas como gerentes de sociedades por quotas[71].

Em nosso entender o regime legal criado – que não limitou a possibilidade de as sociedades gestoras de empresas poderem ser designadas gerentes de sociedades por quotas, sem prejuízo de terem de nomear para desempenhar funções um dos seus sócios – constitui a excepção que confirma a regra e não infringe sequer a letra da lei (das sociedades comerciais). Trata-se de uma situação análoga à que ocorre com as sociedades de revisores oficiais de contas ou sociedades de advogados enquanto membros efectivos de órgãos de fiscalização, para os quais nenhuma outra pessoa colectiva pode ser designada.

[70] Cfr. António Pereira de Almeida, *Sociedades Comerciais e Valores Mobiliários*, 5ª edição, Coimbra Editora, 2008, que considera ter o regime das Sociedades Gestoras de Empresas derrogado a lei geral (Código das Sociedades Comerciais) (pp. 370-371).

[71] Cfr. João Labareda, «Da designação de pessoas colectivas para cargos sociais em sociedades comerciais», «Adenda», *in Direito Societário Português – algumas questões*, cit. 1998, pp. 9-59 e 61-63, em especial p. 61.

Em todas as outras circunstâncias, o órgão de gestão e representação da sociedade por quotas deve ter, como titular (designado), uma pessoa singular.

VI. A interpretação que propusemos para a designação de pessoas colectivas para cargos sociais, nos casos em que a lei societária é omissa é válida para o desempenho de funções nos órgãos facultativos, a menos que a respectiva regulação estatutária contenha limitações.

Nesta matéria, impera, pois, o princípio da autonomia privada, a compatibilizar, naturalmente, com os demais princípios caracterizadores do sistema jurídico-societário e com os limites imperativos por este estabelecidos, e a articular com o interesse social.

VII. Uma vez designada a pessoa singular que irá desempenhar o cargo em nome próprio, esta torna-se inamovível e deixa de depender, em qualquer circunstância, das instruções (directas) da pessoa colectiva.

O exercício da eventual função de «representante» da pessoa colectiva designante cede perante a consideração genérica de que a titular efectiva do cargo passa a estar sujeita aos deveres de lealdade perante a sociedade, os sócios em geral (nestes incluída a pessoa colectiva designante) e os demais *stakeholders* (trabalhadores, fornecedores, clientes e credores), bem como à protecção e realização dos respectivos interesses.

VIII. Estamos, assim, em condições de concluir que, no silêncio da lei e dos estatutos, é possível designar uma pessoa colectiva para titular de um órgão social, desde que a entidade eleita nomeie a pessoa singular que efectivamente irá exercer o cargo.

4.3. Meios alternativos que assegurem a designação

I. Importa averiguar agora se é possível ultrapassar a limitação decorrente da obrigatoriedade de designar uma pessoa singular para desempenhar certos cargos sociais, assegurando a uma pessoa colectiva o direito de nomear um membro de um órgão social que tenha de ser integralmente composto por pessoas singulares. Por outras palavras, não sendo possível designar uma pessoa colectiva para desempenhar um cargo social, porque a lei não o permite – e admitindo que essa pessoa colectiva tem interesse na nomeação de pessoa singular que efectivamente desempenhe o cargo social –, importa saber como é que se conseguirá garantir a realização desse interesse, contornando a limitação legal.

O Código das Sociedades Comerciais concede-nos uma importante pista no artigo 191.º, n.º 3, admitindo expressamente que, numa sociedade em nome colectivo, «*salvo proibição contratual*[72]», «*uma pessoa colectiva sócia (...) pode nomear uma pessoa singular para, em nome próprio, exercer esse cargo*», e implicitamente que o próprio contrato atribua a esse sócio esse direito (de nomeação).

II. Do mesmo modo, nas sociedades por quotas, pode ser concedido a um (ou mais) sócio(s), que seja(m) pessoa(s) colectiva(s), o direito especial de nomear um ou mais gerentes e, consequentemente, de o(s) substituir, se o respectivo mandato for por prazo determinado[73].

Essencial será assegurar que o gerente nomeado desse modo exerça as suas funções com total liberdade e em nome próprio. Para conceder efectividade ao direito em causa é fundamental que os gerentes sejam designados para um mandato limitado, pois de outro modo, não existindo justa causa, só poderão ser afastados contra sua vontade por destituição e com o voto favorável do sócio-pessoa colectiva que os designou[74].

III. No plano das sociedades anónimas não existe direito semelhante, não sendo possível criar um direito especial com idêntica natureza, isto é, um direito especial de designação de administrador. Com efeito, à nomeação de administradores aplica-se o disposto no artigo 391.º, a

[72] Trata-se do reconhecimento expresso da possibilidade de introdução de limitações a uma regra supletiva. O legislador pretende evidenciar a natureza da norma.

[73] Chamamos a atenção para esta possibilidade nas nossas lições, de *Direito das Sociedades Comerciais*, 3ª ed. cit., 2007, pp. 261-262, onde avançamos com um exemplo de ordem prática (cfr. p. 262).

[74] Neste fundamento reside a nota comum ao chamado direito especial do sócio (de nomeação) à gerência que não se confunde com o direito especial de designação de gerentes caracterizado no texto. E aqui revemos a posição que adoptamos nas nossas lições citadas (cfr. p. 262), onde admitimos que esses dois direitos sejam duas faces da mesma moeda. O elemento comum dilui-se perante o factor distintivo: o direito que caracterizamos no texto pertence ao sócio (pessoa colectiva) e em nada beneficia o gerente propriamente dito, recaindo sobre o acto de designação; o direito especial à gerência beneficia o sócio-gerente e tutela-o no exercício da gerência, garantindo-lhe o controlo do exercício das suas funções se adequadamente actuadas. Este direito (especial de nomeação à gerência) – que o nosso Código das Sociedades Comerciais só reconhece em termos patológicos, no art. 257.º, n.º 3, a propósito da destituição de gerentes que tenham sido nomeados com esse direito – pode revestir mais do que uma forma e, quando atribuído a todos os sócios, a sua especialidade passa a confundir-se com a sua inderrogabilidade, isto é, deixa de ser um direito especial, na acepção de vantagem relativa, para passar a ser especial por não poder ser alterado sem o consentimento dos respectivos titulares que, nesse caso, serão todos os sócios, salvo se ocorrer justa causa de destituição.

que temos de recorrer. E, na parte final do número 2, afirma-se expressamente não poder ser atribuída a certas categorias de acções o direito de designação de administradores[75].

IV. À margem dos estatutos é também possível assegurar aos sócios que forem pessoas colectivas, ainda que em instrumento com natureza parassocial - e consequentemente com efeitos meramente obrigacionais -, a designação de membros dos órgãos sociais.

Com efeito, menção habitual em acordos parassociais é a que reserva a possibilidade de designação, em regra aos sócios mais significativos, de um ou mais membros dos órgãos sociais, frequentemente repartindo entre os subscritores do acordo a atribuição de todos os cargos sociais[76].

Trata-se de prática que não merece objecções e que é susceptível de evidenciar concertação entre os accionistas, conduzindo à revelação pública do conteúdo do acordo se a sociedade for aberta (cfr. art. 19.º do CVM) ou implicando o registo no Banco de Portugal se estiver em causa uma instituição de crédito, uma empresa de investimento ou uma sociedade gestora de fundos de investimento (cfr. arts. 111.º e 199.º-I, n.º 1 do RGICSF).

[75] Recorde-se que, no Direito português, só a categorias de acções podem ser atribuídos direitos especiais, diversamente do que sucede, por exemplo, no Direito alemão, que reconhece a certos accionistas em particular, ou aos titulares de determinadas acções, o direito de nomeação (*Entsendungsrecht*) de membros do Conselho de Vigilância (*Aufsichtsrat*). Esse direito, não integrando o estatuto geral do sócio, pode ser considerado uma vantagem especial, mas quando atribuído a certas acções não as constitui em categoria [cfr. § 101 (2) Satz 3: «As acções dos titulares do poder de nomeação (*Entsendungsberichtigten*) não constituem uma categoria especial»], porque corresponde a uma situação excepcional. Neste sentido, e com substancial desenvolvimento, cfr. Paulo Olavo Cunha, *Os Direitos Especiais nas Sociedades Anónimas: as Acções Privilegiadas*, Almedina, Coimbra, 1993, pp. 61-63, e para além da bibliografia citada nas respectivas notas (36 a 42), vd. também Götz Hueck / Christine Windbichler, *Gesellschaftsrecht*, 2ª ed., C. H. Beck, München, 2003, p. 304, Uwe Hüffer, *Aktiengesetz*, 8ª ed., Beck'sche Kurz-Kommentare, C.H. Beck, München, 2008, pp. 508-509, Friedrich Kübler / Heinz-Dieter Assmann, *Gesellschaftsrecht*, 6ª ed., C. F. Müller, Heidelberg, 2006, p. 231 (existe tradução espanhola, de 2001, da 5ª ed. apenas por Friedrich Kübler, de 1998), Katja Langenbucher, *Aktien- und Kapitalmarktrecht*, C.H. Beck, München, 2008, p. 66, e Thomas Raiser / Rüdiger Weil, *Recht der Kapitalgesellschaften*, 4ª ed., Franz Vahlen, München, 2006, pp. 187-188.

[76] Veja-se um exemplo de cláusula com esta finalidade nas nossas *Lições* citadas, pp. 157-158.

5. Extensão dos requisitos de independência e de inexistência de incompatibilidades às pessoas colectivas (designadas membros dos órgãos sociais)

I. Nos casos em que é permitido às pessoas colectivas serem eleitas para os órgãos sociais, nomeadamente para o conselho geral e de supervisão de sociedades anónimas, pode questionar-se se os conselheiros eleitos (as pessoas colectivas) estão também sujeitos ao regime de incompatibilidades e aos requisitos de independência habitualmente estabelecidos para as pessoas singulares que são efectivamente nomeadas para o efeito.

Não vemos razões para isentar as pessoas colectivas designadas para o órgão de fiscalização dos requisitos de independência aplicáveis àqueles que efectivamente desempenhem o cargo.

As razões que fundamentam os critérios para aferição dessa independência são também válidas para a pessoa colectiva eleita e, no caso vertente, para a pessoa singular por esta nomeada.

Deste modo, tal como sucede em relação às pessoas singulares – directamente designadas, a título pessoal, ou nomeadas por pessoa colectiva eleita –, não podem ser eleitas pessoas colectivas que tenham já sido designadas para três mandatos, nem tão pouco aquelas que sejam accionistas detentoras de, pelo menos, 2% do capital da sociedade e desse modo possam ter influência dominante sobre a mesma. Estas circunstâncias afectam, por isso, a independência de todos os designados para titularidade de cargos sociais, sejam pessoas colectivas ou singulares; não havendo lugar à diferenciação.

II. No que se refere à exaustiva lista de incompatibilidades, a que já aludimos e exemplificámos, a mesma deve também ser considerada na designação da pessoa colectiva e, subsequentemente, na indicação da pessoa singular que irá desempenhar o cargo.

Por isso, em caso de designação de pessoa colectiva como «membro independente» de sociedade anónima, *os requisitos de independência e a inexistência de incompatibilidades têm de se verificar simultaneamente na pessoa colectiva designada e na pessoa singular por esta nomeada.*

Contudo, se a pessoa singular (que desempenhe funções) perder supervenientemente a independência ou ficar sujeita a incompatibilidade, o respectivo mandato caduca, sendo o poder de nomeação devolvido à pessoa colectiva, na qualidade de membro eleito para o cargo. Daí que a titularidade desse direito (de nomeação) constitua uma vantagem para a pessoa colectiva que se dispõe a ser designada membro de órgão social.

III. Concluindo, sempre que estiver em causa a designação de uma pessoa colectiva que deva ser independente, ou relativamente à qual devam inexistir incompatibilidades, os requisitos exigíveis devem verificar-se cumulativamente também em relação à pessoa singular nomeada para o cargo.

6. A nomeação da pessoa singular que desempenha o cargo

6.1. A designação do titular do cargo

Eleita a pessoa colectiva, nos casos em que tal seja legalmente admissível, a mesma deverá indicar, para o exercício do cargo, uma pessoa singular que assuma e desempenhe, em nome pessoal, as funções que lhe são inerentes.

A designação do titular do órgão social só está completa e se torna efectiva quando a entidade eleita indica os dados da pessoa que irá ocupar esse cargo. Até que tal aconteça, o mesmo deve ter-se por não preenchido, pelo eleito, o que significa que a nomeação da pessoa física é uma condição de eficácia da designação da pessoa colectiva como titular do órgão social. Por isso, enquanto a mesma não ocorrer, o cargo em causa fica em aberto.

Por essa razão é habitual a pessoa colectiva nomear imediatamente, na própria acta da eleição, a pessoa física que irá exercer funções. Não o fazendo, deverá com a brevidade possível comunicar formalmente à sociedade a sua escolha, para que os serviços desta possam completar o processo, em especial quando o registo comercial é obrigatório (cfr. art. 3.º, *alínea m)* do CRCom).

6.2. Regime jurídico aplicável ao desempenho de funções pela pessoa singular (nomeada pelo titular do órgão social)

I. A possibilidade que as pessoas colectivas têm de se fazer eleger titulares de órgãos sociais, com a consequente obrigação de nomearem pessoas singulares para o efectivo exercício de funções em nome próprio, coloca uma questão interessante que é a de saber *qual o interesse que pode estar subjacente a essa nomeação*[77].

[77] Considerando que «a designação de uma pessoa colectiva para o órgão de administração de uma sociedade anónima (...) não implica a atribuição da qualidade de administrador à pessoa colectiva em causa», M. Nogueira Serens, «Pessoas colectivas – administradores de sociedades anónimas?», cit., 1994 (pp. 75-91), em especial p. 90.

Mas antes de respondermos a essa questão – o que fazemos adiante, a propósito da natureza jurídica da relação entre a entidade eleita e a pessoa física por ela indicada –, vamos procurar averiguar se existem especialidades de regime jurídico relativas ao exercício de funções pela pessoa física nomeada[78].

Completado o processo de identificação da pessoa singular que, por indicação de pessoa colectiva designada para órgão social, irá desempenhar funções em nome próprio[79], tudo se passa em princípio como se o único membro do órgão social fosse a pessoa física, com excepção dos casos em que a mesma vier a cessar antecipadamente funções, e que irão ser objecto de análise em separado.

Por agora, o que importa salientar é que todos os membros efectivos de órgãos sociais exercem funções em nome próprio e no interesse da sociedade, não havendo razões para introduzir desvios a esta regra.

A sua margem de liberdade é assim total – relativamente àqueles que tenham sido eleitos para titulares dos órgãos sociais e que, pela sua natureza (de pessoas colectivas), não possam desempenhar funções –, tal como a actuação de todos os órgãos sociais não deve depender do conjunto de accionistas que tenha contribuído para a sua designação. Não há, pois, qualquer motivo para distinguir os titulares de cargos sociais com base na origem da sua nomeação.

Acresce que a lei nunca configura tais pessoas como representantes de quem os designa ou é responsável pela sua nomeação. Elas não representam interesses accionistas, mas unicamente o interesse social; é este que vincula e deve nortear a sua actuação, como já referimos (cfr., *supra*, n.º 4.2). Por isso, do mesmo modo que o accionista singular que se torna administrador deixa, no exercício desta função, de se poder guiar pelos seus interesses particulares enquanto accionista para passar a ter de realizar,

Não podemos aceitar a conclusão acima transcrita, porquanto haverá que distinguir entre o administrador designado – a pessoa colectiva (que é a titular do órgão social) –, que tem a prerrogativa de nomear um substituto no decurso do mandato, na falta ou impedimento da pessoa física anteriormente indicada, e a pessoa singular que irá desempenhar efectivamente o cargo por indicação daquela e que assume funções a título pessoal e num regime de inamovibilidade.

A prática registral tem confirmado o nosso entendimento, registando as pessoas colectivas como titulares eleitos do órgão de gestão.

[78] Demarcando dois períodos distintos no relacionamento da pessoa colectiva designada com a sociedade: um, desde a sua designação até à indicação da pessoa física; o outro decorre desde a nomeação desta até ao final do exercício de funções, João Labareda, «Da designação de pessoas colectivas para cargos sociais em sociedades comerciais», cit., p. 38.

[79] Cfr. Raúl Ventura, «Nota sobre a pessoa colectiva designada administrador de sociedade anónima», cit., 1994, p. 181.

com diligência e lealdade, os interesses da sociedade e dos seus *stakeholders*, também o administrador nomeado pelo accionista-pessoa colectiva deve, no exercício dessa função, ignorar a relação que o liga à designante e limitar-se a exercer os *deveres* que cabem a esta última enquanto *membro eleito do órgão de administração* e que teria de observar se tivesse sido eleito directamente («a título pessoal»). A relação («de representação») existente entre a pessoa colectiva e a pessoa singular nomeada é, assim, de ordem puramente genética, sendo limitada a um acto juridicamente legitimador do acesso à função de administração, e esgotando-se no acto de nomeação. A partir desse momento – e pressupondo a aceitação da pessoa singular designada – a «representação» passa a ser meramente formal ou legitimadora, na medida em que o nomeado deixa de estar sujeito às orientações da designante, apesar de esta se manter legalmente solidária com ele.

II. Na realidade, há que recordar que as pessoas colectivas que são eleitas administradoras ou conselheiras de sociedades comerciais são solidariamente responsáveis com o desempenho das pessoas físicas que nomeiam (cfr. art. 390.º, n.º 4 *in fine*, aplicável directamente e por remissão do disposto no art. 434.º, n.º 3).

O regime de solidariedade em que incorrem, e que as deve fazer reflectir sobre as qualidades e aptidão de quem escolherem, é seguramente o reverso de, em caso de cessação antecipada de funções da pessoa indicada, lhes ser devolvido o poder e competência para proceder a nova nomeação em substituição da pessoa faltosa.

III. Haverá, porém, que reconhecer uma diferença entre a cessação de funções de um qualquer membro de órgão social e aquela que dá origem a uma substituição directa, para se evitar converter a renúncia antecipada num expediente de substituição pontual de membros de órgãos sociais[80], o que não invalida que se possa concluir – no que se refere ao regime aplicável ao exercício de funções – não existirem especialidades a assinalar pelo facto de o titular do cargo social ser uma pessoa colectiva.

6.3. Substituição de pessoas singulares que cessem o desempenho do cargo

I. Em regra, a cessação antecipada de funções, qualquer que seja a razão que está na sua origem, desencadeia um processo normal de subs-

[80] Voltaremos a esta questão adiante (cfr., *infra*, n.º 6.3).

tituição de membro de órgão social, que pode passar pela chamada de suplentes, cooptação, designação pelo órgão de fiscalização ou eleição pontual ou geral.

II. Quando um membro de um órgão social, que tenha sido designado por pessoa colectiva eleita para o cargo, cessa funções antes do termo do mandato para que foi nomeado, a sua substituição não se processa pelo modo normal legalmente estabelecido para o efeito, visto que o titular do cargo é uma entidade diferente do cessante: a pessoa colectiva eleita para o mesmo. Nessas circunstâncias, caberá, então, à entidade titular do cargo proceder à indicação do substituto até ao final do mandato para o qual foi oportunamente eleita.

III. A cessação de funções para despoletar o processo de substituição deve ser devidamente fundamentada, para se evitar que as pessoas físicas, seguindo, de facto, instruções das pessoas colectivas, apresentem a renúncia sempre que tal lhes seja solicitado.

Por isso, só em caso de impedimento definitivo deverá haver lugar à substituição de membro de órgão social, não podendo a pessoa singular, sem mais, nem menos – *i.e.*, sem fundamentação – apresentar a sua renúncia às funções, dando azo à sua imediata e directa substituição, e estando assim criado um mecanismo, de substituições frequentes no seio de órgãos sociais vitais, como são o conselho de administração e o conselho geral e de supervisão, que não poderia deixar de contribuir para causar perturbação na vida societária.

Daqui decorre que, se a cessação não for justificada, se poderá entender que a renúncia é extensível à própria pessoa colectiva e origina, portanto, uma vacatura. Esta conclusão também não é isenta de dúvidas, pela dificuldade em distinguir renúncias justificadas de não justificadas, cabendo em qualquer circunstância à jurisprudência vir a dar uma resposta clara a este problema, se ele vier a ser uma realidade.

IV. A designação do substituto – sempre que tiver de ser feita – far-se-á, por seu turno, por modo idêntico ao da nomeação da primeira pessoa física (para o desempenho de funções).

7. A natureza da relação entre a pessoa colectiva designada membro de órgão social e a pessoa singular que efectivamente desempenha o cargo

I. Por fim, e antes de concluirmos, impõe-se reflectir sobre a natureza jurídica do vínculo que liga as pessoas colectivas designadas e as pessoas singulares por estas nomeadas para exercerem funções efectivas como membros de órgãos sociais, em especial na administração da sociedade.

Vimos que todos os membros de órgãos sociais, sem excepção, desempenham funções em nome próprio, o que, desde logo, afasta a existência de uma verdadeira relação de mandato. Esta, a ocorrer, faria dos órgãos sociais conjuntos de pessoas que constituíam meras extensões dos sócios ou de quem estes escolhessem para o efeito, com claro prejuízo da funcionalidade dos órgãos e da subordinação da sua actuação ao interesse da sociedade.

A rejeição da qualificação da relação em apreço como um mandato é particularmente relevante para se poder concluir que em caso nenhum os administradores indicados estão obrigados a acatar as instruções das pessoas colectivas que, por serem as titulares dos cargos, os nomeiam.

II. Verificámos também que se as pessoas colectivas se limitam a designar as pessoas singulares que hão-de desempenhar funções, nos órgãos sociais[81], elas não têm aparentemente qualquer interesse nessa designação, sobretudo se tivermos em conta o regime de solidariedade relativamente aos actos praticados pelas pessoas singulares nomeadas. Apenas conservam a faculdade de, em caso de cessação antecipada de funções, procederem directamente a substituições.

Da previsão da parte final do n.º 4 do artigo 390.º decorre que as pessoas colectivas (designantes) assumem a responsabilidade pelos actos praticados pelos administradores (e pelos membros do conselho geral e de supervisão) em nome próprio, podendo ser chamados a indemnizar a sociedade pelos efeitos deles decorrentes, sem prejuízo do seu direito de regresso.

Deste regime parecem resultar mais inconvenientes do que vantagens na designação das pessoas colectivas como administradoras (membros do conselho geral e de supervisão ou até da mesa da assembleia geral), uma

[81] Estas situações são mais comuns do que se possa imaginar, porquanto existem hoje muitas relações inter-societárias que justificam a participação de sociedades nas administrações das suas participadas, o que acontece frequentemente quando o Estado (directamente ou através dos seus institutos) é o sócio.

vez que a compensação existente – *i.e.*, nomeação do substituto – apenas as conduzirá a novas responsabilidades.

III. Há que procurar, pois, e encontrar um interesse específico nessa designação, podendo entender-se – embora isto seja discutível – que há, aqui, uma relação de comissão (ou de mandato sem representação) *sui generis*.

Se estivéssemos perante uma simples relação de comissão, diríamos que as pessoas singulares indicadas pelas pessoas colectivas actuariam em nome próprio, mas por conta das pessoas colectivas, ou seja, no (exclusivo) interesse das entidades designantes. Essa relação de comissão (ou de mandato sem representação) justificaria o regime de solidariedade legalmente imposto. A esta conclusão – que se impõe agora rever – chegávamos na última edição das nossas lições[82].

A escolha de uma figura negocial clássica que procurava explicar o interesse da entidade eleita e designante esbarra, como iremos ver, com os interesses subjacentes ao exercício de funções dos membros dos órgãos sociais e os próprios deveres que legalmente lhes são impostos.

IV. A solidariedade imposta à pessoa colectiva apenas visa responsabilizá-la pela escolha efectuada, contribuindo para uma adequada selecção das pessoas físicas que, por indicação directa (sem limites) de uma pessoa colectiva gerem ou fiscalizam uma sociedade (anónima).

O facto de, em caso de impedimento definitivo das pessoas singulares que tenham sido indicadas pelas pessoas colectivas, serem estas – que foram designadas ou eleitas – a proceder a essa substituição também não é elemento característico da relação de comissão. Se se tratasse de um simples mandato, a solução não seria diferente.

Aceitar a relação de comissão equivale a admitir que a pessoa nomeada actua em nome próprio, por conta e no interesse do mandante. É esta ideia que tem de ser entendida mitigadamente e que deve ser repensada.

A pessoa colectiva tem seguramente interesse no exercício de funções pela pessoa física, nomeadamente que esta administre ou fiscalize convenientemente a sociedade comercial em causa, mas o seu interesse não pode ir para além disso. Se chocar com o interesse social, tem de obviamente ceder. Mais do que isso: uma vez designada, a pessoa singular exerce o cargo no interesse da sociedade, não devendo atender a instruções ou sequer à vontade da entidade nomeante. Se o fizer, incumpre decisivamente com os seus deveres legais, designadamente com os que

[82] Cfr. *Direito das Sociedades Comerciais*, 3ª ed. cit., 2007, pp. 686-687.

estão estabelecidos no artigo 64.º do Código das Sociedades Comerciais. Com efeito, uma vez nomeada a pessoa singular que exercerá funções de administradora, a pessoa colectiva designante deixa de ter qualquer controlo sobre ela, não podendo interferir directamente com o modo como desempenha o respectivo mandato, salvo se o fizer no plano do colectivo de accionistas[83].

Por isso, preferimos considerar que a relação existente entre a pessoa colectiva designada titular de um cargo social e a pessoa física por esta nomeada para o exercer é uma relação *sui generis*[84], em que o interesse da entidade designante se circunscreve a uma desempenho adequado de funções e à possibilidade de, em caso de impedimento definitivo da nomeada, poder proceder directamente à sua substituição.

Esse facto não deixará, na prática, de assegurar à pessoa colectiva eleita, em regra accionista da sociedade, uma informação adicional relativamente a outras pessoas que não integrem o mesmo órgão social. E desta informação[85] resulta frequentemente uma clara vantagem e a justificação para a pessoa colectiva correr o risco inerente à solidariedade que assume.

8. Breves conclusões

Da análise efectuada, podemos extrair algumas conclusões:

1ª – A designação de pessoas colectivas para titulares de cargos sociais não é natural, mas também não assume um carácter excepcional, sendo admissível sempre que não for legal ou estatutariamente inviabilizada; e

2ª – Sendo lícita em relação a alguns órgãos, implica sempre a nomeação de uma pessoa física para o efectivo exercício de funções.

[83] Por essa razão não podemos aceitar a conclusão de Paulo de Pitta e Cunha («Pessoas colectivas designadas administradores de sociedades anónimas», *O Direito*, ano 125.º, ts. I-II, 1993, pp. 221-227) quando considera que os «administradores nomeados poderão (...) ser afastados pela pessoa colectiva nomeante antes de decorrido o prazo correspondente ao mandato do respectivo corpo social» (p. 225).

[84] Não utilizamos a expressão (*sui generis*) com o sentido que lhe é reconhecido por Luís Brito Correia, *Os administradores de Sociedades Anónimas*, Lisboa, 1991, pp. 350-351, quando se refere à teoria do contrato "sui generis" a propósito da natureza da relação entre a sociedade e o administrador.

[85] Que não poderá recair sobre matéria sensível ou ser privilegiada.

3ª - Tal como os demais membros do órgão social, aquele que é indicado por uma pessoa colectiva eleita desempenha o cargo em nome próprio e no exclusivo interesse da sociedade que administra ou fiscaliza;

4ª - Sendo inamovível e não dependendo das instruções (directas ou indirectas) da pessoa colectiva, visto que, como membro efectivo do órgão social em que exerce funções, está sujeito aos deveres de lealdade perante a sociedade, os sócios (accionistas) em geral e os demais *stakeholders*.

5ª - Não há, assim, razão para que a relação entre a pessoa colectiva eleita e a pessoa singular nomeada para exercer funções seja qualificada como um mandato ou comissão, apesar daquela ter interesse nessa designação e poder, nomeadamente, escolher o substituto em caso de impedimento definitivo do nomeado.

6ª - Por isso, podemos qualificar essa relação como *sui generis*.

7ª - Quando a pessoa singular que tenha sido nomeada por pessoa colectiva cessa as suas funções (por renúncia, destituição, morte ou impedimento permanente) verifica-se a devolução do poder de nomear o substituto à pessoa colectiva-titular do respectivo cargo social.

8ª - Em qualquer circunstância, os interesses envolvidos na nomeação em apreço - que só está completa e se torna efectiva quando a entidade designada disponibiliza à sociedade a identificação da pessoa física que irá exercer funções - cedem perante os deveres legais dos titulares dos órgãos sociais e o interesse da sociedade a que se deve subordinar a respectiva actuação.

Lisboa, Janeiro de 2009

Resumo: **No presente artigo aborda-se o regime do aumento de capital social gratuito ou por incorporação de reservas – operação que apresenta como nota distintiva o facto de não implicar qualquer financiamento adicional da sociedade, resultando antes de uma simples transformação jurídica de determinados valores do património social que são incorporados no capital social –, analisando-se os traços essenciais desta operação, nomeadamente as razões que a justificam, os recursos utilizáveis para a sua concretização (exclusivamente reservas), bem como outros aspectos relevantes do respectivo regime jurídico-legal.**

Abstract: In this article we look into the raising of legal capital by capitalisation of reserves – operation that presents as distinctive note the circumstance of not implying any additional financing of the corporation, but a simple juridical transformation of certain values of corporation's assets that are capitalised –, being analysed the essential lines of this operation, namely the reasons that justify it, the usable resources for its fulfilment (exclusively reserves), as well as other important aspects of the respective legal regime.

PAULO DE TARSO DOMINGUES*

O aumento do capital social gratuito ou por incorporação de reservas

* Assistente da Faculdade de Direito da Universidade do Porto

O aumento do capital social pode – quanto aos recursos utilizados para a sua realização – revestir duas modalidades absolutamente distintas: o aumento de capital por novas entradas[1] e o aumento de capital por incorporação de reservas[2].

É este último modelo de variação do capital social – a que tem sido dedicada pouca atenção pela nossa doutrina – que irá constituir o objecto da nossa análise.

[1] Podendo as novas entradas consistir em entradas em dinheiro («dinheiro fresco», costuma dizer-se no jargão económico) ou entradas em espécie. A este aumento aplica-se, em regra, o regime geral aplicável às entradas no momento da constituição da sociedade (cfr. artigo 89º, nº 1 CSC).

[2] Também designado aumento de capital gratuito, uma vez que aqui, ao contrário do que sucede na outra forma de aumento (aumento por novas entradas), os sócios não têm que realizar quaisquer contribuições para a sociedade. Cfr. artigos 87º ss. CSC.

Ao contrário do nosso pregresso direito societário[3], o CSC consagrou expressamente a figura do aumento por incorporação de reservas (cfr. artigos 91º ss. CSC), que apresenta como nota distintiva o facto de a operação resultar de uma conversão contabilística (*rectius*, transformação jurídica[4]) de determinados valores do património social que são incorporados no capital social. Ou seja, nesta operação de aumento não se verifica a realização de novas entradas [5] por parte dos

[3] O regime anterior, constante do Código Comercial, não previa expressamente esta modalidade de aumento do capital social. Note-se, porém, que já antes do CSC, diversos diplomas fiscais se referiam aos aumentos de capital por incorporação de reservas. Assim sucedeu, nomeadamente, com o Dec.-Lei 33.128, de 12 de Outubro de 1943, com o Decreto 38.620, de 29 de Janeiro de 1952, com o Dec.-Lei 39.125, de 6 de Março de 1953, e com o Código do Imposto de Mais-Valias (cfr. artigo 1.º, item 4.º - justificado no n.º 3 do preâmbulo - várias vezes modificado, nomeadamente pelos Dec.-Leis nº 506/71, de 20 de Novembro, e nº 626/76, de 28 de Julho).

[4] Vide F. Kübler, *Gesellschaftsrecht*, C. F. Müller Verlag, Heidelberg, 1999, 16, IV, 4, ou, como preferem outros autores, numa reestruturação do património social (cfr. M. Lutter, *Kölner Kommentar zum Akiengesetz*, Band 1, Carl Heymanns Verlag, Köln, 1988, Vorb. § 207, Rdn 10, p. 422). Com efeito, o aumento de capital por incorporação de reservas não se reduz a uma mera alteração contabilística, mas tem implicações várias, seja a nível jurídico, seja a nível económico. Cfr. Mario Cera, *Il passagio di riserve a capitale*, Giuffrè, Milano, 1988, p. 20.

[5] Note-se que há autores que defendem que, também nesta operação de aumento de capital por incorporação de reservas, os sócios realizam uma entrada, ainda que de forma indirecta. Neste sentido, vide Mario Cera, *Il passagio di riserve a capitale*, pp. 52 ss., esp. pp. 61 ss.; Id., «Il passagio di riserve a capitale: funzioni e natura giuridica», *RS*, 1984, pp. 769 ss., esp. pp. 806 ss. Este A. considera que, quando se incorporam as reservas no capital, através de deliberação da assembleia geral, tudo se passa como se os sócios - tendo decidido renunciar definitivamente à distribuição daqueles valores, que constituem as reservas - efectuassem uma contribuição (indirecta), proporcional à participação de cada um no capital, participação que assim será correspondentemente acrescida. Trata-se de uma posição já anteriormente afirmada por C. Houpin, in «Transformation de fonds de réserve en actions a titre de d'augmentation de capital social», *Journal des Sociétés*, 1901, pp. 49 ss., onde o A. defende que a participação social terá necessariamente que resultar de uma entrada dos sócios: «des actions ne peuvent être crées aus cours de la société, comme lors de sa constitution qu'en representation d'un apport en nature ou en espéce» (pp. 51 ss.). Não nos parece, porém, correcta esta visão das coisas. Desde logo, porque, como assinalam alguns AA. (cfr. Domenico Pettiti, *Contributo allo studio del diritto dell'azionista al dividendo*, Giuffrè, Milano, 1957, p. 57), os bens e/ou valores, a que correspondem as reservas, não pertencem aos sócios mas à própria sociedade; os sócios não têm, pois, qualquer direito sobre tais valores, tendo, quando muito, uma mera expectativa relativamente à sua repartição (ou nem sequer isso no que respeita às reservas indistribuíveis como seja, p. ex., a reserva legal), pelo que não se poderá aqui percepcionar uma entrada dos sócios para a sociedade correspondente à renúncia a um direito. Assim também, Apollònia Martínez

sócios [6] (ou de terceiros), mantendo-se o património social exactamente o mesmo [7], pelo que não há, nesta circunstância, qualquer financiamento adicional da sociedade [8].

1. Natureza jurídica da operação: da teoria dualista (*Theorie der Doppelmassnahme*) à teoria unitária (*Einheitstheorie*)

O aumento de capital por incorporação de reservas - de que há notícia ter começado a realizar-se, embora sem regulamentação legal [9] e sem quaisquer limitações, na *praxis* societária francesa e alemã desde pelo menos o final da primeira metade do século XIX [10] - foi inicialmente perspectivado pela doutrina e jurisprudência como uma operação dual [11].

NADAL, *El aumento de capital con cargo a reservas y beneficios en la sociedad anónima*, Mc Graw-Hill, Madrid, 1996, pp. 112 ss.
Acresce que, para que a incorporação de reservas no capital fosse considerada uma entrada, ainda que indirecta - e uma vez que a realização das entradas por parte dos sócios deve partir da vontade individual de cada um -, seria necessário que todos consentissem e deliberassem no sentido daquele aumento. Ora, isso não sucede com esta figura, uma vez que também a deliberação desta modalidade de aumento é tomada por maioria qualificada dos sócios - portanto, mesmo contra a posição de alguns - que vêem a sua participação social proporcionalmente aumentada, ainda que eventualmente contra a sua vontade.

[6] É precisamente esta característica que, como se disse já, leva a que se designe esta operação de aumento de capital como gratuito, uma vez que os sócios vêem aumentado o valor da sua participação social, sem que tenham de desembolsar qualquer valor para o efeito.

[7] Embora com uma afectação jurídica diferente de alguns dos valores que o compõem. I.é, dá-se uma alteração qualitativa mas não quantitativa do património social. Vide MARTÍNEZ NADAL, *El aumento de capital con cargo a reservas ...*, p. 42.

[8] Como acontece no aumento de capital social por novas entradas, Cfr., sobre esta matéria, LUTTER, *Kölner Kommentar*, §§ 207 ss., pp. 418 ss.; UWE HÜFFER, *Akiengesetz*, Beck, München, 2006, §§ 207, pp. 1019 ss.; KÜBLER, *Gesellschaftsrecht*, 16, IV, 4; KARSTEN SCHMIDT, *Gesellschaftsrecht*, Carl Heymanns Verlag, Koln, 2002, § 29, III, 3; H. SCHIPPEL, «L'aumento di capitale per autofinanziamento nel diritto tedesco», *RS*, 1961, pp. 148 ss.; MARIO CERA, *Il passagio di riserve a capitale, passim*; G. LO CASCIO/G. MUSCOLO/F. PLATANIA/B. QUATRARO/C. SAGGIO/M. VIETTI, *Società per azioni*, Giuffrè, Milano, 2003, pp. 499 ss.; CARLO ALBERTO BUSI, *S.p.a. - S.r.l., operazioni sul capitale*, Egea, Milano, 2004, pp. 373 ss.; e MARTÍNEZ NADAL, *El aumento de capital con cargo a reservas ...*, esp. pp. 41 ss.

[9] Como veremos *infra*, a regulamentação legal para esta operação apenas surge em meados do século XX.

[10] Vide K. RAUCH, *Kapitalerhörung aus Gesellschaftsmitteln*, Graz, 1949-50, pp. 15 ss.; e SCHIPPEL, «L'aumento di capitale ...», pp. 150 ss.

[11] O primeiro A. a teorizar sobre a figura - conforme noticia M. E. Thaller in «De l'augmentation du capital par transformation en actives, soit du passif, soit des reserves de la societé», *AnnDrComm*, 1907, p. 190, - foi o francês C. HOUPIN, no seu artigo «Trans-

I.é, o aumento de capital resultava de duas operações que, apesar de conexas, eram juridicamente distintas [12]: havia uma deliberação de distribuição de reservas aos sócios e a posterior realização do aumento, que resultava da livre vontade individual de cada sócio [13] de afectar o valor das reservas, a que tinha direito, à subscrição daquele aumento [14].

Esta concepção, que teve amplo acolhimento na doutrina francesa da época [15], foi também, na primeira metade do século passado, acolhida e vigorosamente defendida pela doutrina e jurisprudência alemãs, onde foi apelidada de teoria do *Doppelmassnahme* [16].

formation de fonds de réserve en actions a titre de d'augmentation de capital social» (in *Journal des Sociétés*, 1901, pp. 49 ss.), em que defendeu esta concepção bífida, alicerçando a sua construção no facto de o aumento de capital dever necessariamente ser efectuado com novas entradas. Subjacente a esta teoria está também a ideia de que o aumento de capital mais não é do que uma parcial nova constituição da sociedade, devendo consequentemente, aplicar-se-lhe as regras relativas ao acto constitutivo. Vejam-se, sobre esta matéria, G. B. PORTALE, *I conferimenti in natura «atipici» nella s.p.a. – profili critici*, Quaderni di Giurisprudenza Commerciale, Giuffrè, Milano, 1974, pp. 54 ss.; MARIO CERA, *Il passagio di riserve a capitale*, pp. 36 ss.; MARTÍNEZ NADAL, *El aumento de capital con cargo a reservas ...*, pp. 72 ss.; SCHIPPEL, «L'aumento di capitale ...», pp. 148 ss.; LUTTER, *Kölner Kommentar*, §§ 207 ss., *Rdn* 1 ss., pp. 418 ss.; e F. DE STEIGER, *L'augmentation libérée au moyen des fonds propres*, Libraire Payot, Lausanne, 1955, pp. 161 ss.

12 Vide HOUPIN, «Transformation de fonds de réserve ...», p. 53.

13 Com efeito, a sociedade não pode impor uma nova subscrição de capital e a realização de novas entradas aos sócios, pelo que estes – mesmo na hipótese de um aumento por incorporação de reservas –, caso não pretendessem concorrer ao aumento de capital, poderiam exigir a entrega do valor das reservas que correspondesse à sua participação social. Cfr. HOUPIN, «Transformation de fonds de réserve ...», pp. 52 ss.; e MARTÍNEZ NADAL, *El aumento de capital con cargo a reservas ...*, p. 74.

14 Note-se que a operação assim concebida não implicava a efectiva entrega do valor das reservas aos sócios. Ela resultava de «um tácito acordo compensativo» entre o direito dos sócios ao valor das reservas e o direito da sociedade a receber esse valor como contrapartida pelas novas participações que lhes eram atribuídas. Cfr. HOUPIN, «Transformation de fonds de réserve ...», pp. 53 ss.; MARTÍNEZ NADAL, *El aumento de capital con cargo a reservas ...*, pp. 74 ss.; PORTALE, *I conferimenti in natura «atipici»...*, p. 61; e MARIO CERA, *Il passagio di riserve a capitale*, pp. 36 ss.

15 Cfr. MARTÍNEZ NADAL, *El aumento de capital con cargo a reservas ...*, pp. 80 ss. e a bibliografia aí referida.

16 Os principais arautos desta teoria na Alemanha foram K. Lehman (que terá sido o primeiro autor tudesco a defendê-la, na sua obra *Das Recht der Aktiengesellschaften*, Berlin, edição de 1904, pp. 445-446) e K. Wieland (cfr. *Handelsrecht*, II, München u. Leipzig, 1931, p. 126). Vide SCHIPPEL, «L'aumento di capitale ...», pp. 150 ss.; PORTALE, *I conferimenti in natura «atipici»...*, pp. 60 ss.; MARIO CERA, *Il passagio di riserve a capitale*, p. 37; e MARTÍNEZ NADAL, *El aumento de capital con cargo a reservas ...*, p. 83.

Schippel dá notícia de que os tribunais alemães – sobretudo os fiscais – defenderam consistentemente esta teoria até meados do século passado. Cfr. SCHIPPEL, «L'aumento di capi-

Esta teoria dualista foi, contudo, logo no início de novecentos, objecto de críticas por parte de Thaller [17]. Este A., constatando que o aumento de capital social mediante meios próprios e mediante novas entradas são «profundamente diferentes na sua essência» [18], veio afirmar o carácter unitário da operação [19], considerando que nela não se verifica, nem a distribuição de reservas, nem a realização de novas entradas por parte dos sócios, e que não é possível aplicar-lhe as regras da compensação [20].

A principal consequência desta visão unitária da figura traduz-se no facto de a operação não necessitar do consentimento individual de cada sócio para a sua realização. Trata-se de uma simples transferência contabilística [21] – sem qualquer alteração do património e estrutura societários –, que se consubstancia numa operação meramente interna da competência da assembleia geral que, por isso, a poderá decidir através de uma deliberação maioritária [22].

De resto, Thaller considera que há uma «perfeita simetria» entre esta operação e – não a operação de aumento por novas entradas mas – a operação de redução do capital social em caso de perdas, cuja competência é igualmente da assembleia-geral: do que se trata, em ambos os casos, é de adaptar o capital social ao valor do património social (num caso, às perdas sofridas; no outro, aos ganhos obtidos) [23].

tale ...», p. 151 e os diversos acórdãos aí referidos na nota 13. Vide também as referências feitas em Lutter, *Kölner Kommentar*, Vorb. § 207, *Rdn* 1, p. 418.

[17] Cfr. o artigo de 1907 de Thaller, «De l'augmentation du capital social ...», pp. 177 ss. Vide Mario Cera, *Il passagio di riserve a capitale*, pp. 37 ss.; e Martínez Nadal, *El aumento de capital con cargo a reservas ...*, pp. 78 ss.

[18] Cfr. Thaller, «De l'augmentation du capital social ...», p. 191, que acrescenta: «ces deux formes d'augmentation n'ont guère que le nom de commun».

[19] Afirmando, assim, pela primeira vez a chamada teoria unitária ou *Einheitstheorie*. Cfr. Mario Cera, *Il passagio di riserve a capitale*, p. 38.

[20] Cfr. Thaller, «De l'augmentation du capital social ...», pp. 191 ss., que considera que a pretendida compensação defendida pela teoria dualista mais não é do que «un pur moyen de façade, un procédé scolastique» (p. 192).

[21] Cfr. Thaller, «De l'augmentation du capital social ...», p. 192 que impressivamente escreve: «un simple virement d'écritures a fait passer des bénéfices accumulés d'un compte réserves au compte capital».

[22] «C'est une opération tout intérieure qui n'implique l'adhésion de personne, si ce n'est de l'assemblée générale», escreve Thaller (cfr. «De l'augmentation du capital social ...», p. 194).

[23] Cfr. Thaller, «De l'augmentation du capital social ...», p. 196.

Na verdade, as «artificiosas construções» [24] do *Doppelmassnahme* dão o flanco a críticas fundas e dificilmente superáveis, seja do ponto de vista dogmático, seja do ponto de vista pragmático [25].

No que tange ao primeiro aspecto, importa sublinhar que se percebe mal uma construção que assenta na criação de dívidas (da sociedade aos sócios, resultantes da obrigação da restituição das reservas), para de imediato as fazer extinguir por compensação (com o crédito da sociedade relativo às entradas dos sócios para o aumento de capital) [26].

Acresce que, como já alertava Thaller [27], a compensação poderá não ser possível, uma vez que o valor das reservas não corresponde – ao menos necessariamente – a dinheiro líquido [28], pelo que, atento o regime jurídico deste instituto [29], não será viável a compensação do débito (pecuniário) do sócio referente à entrada destinada ao aumento de capital com o seu crédito referente às reservas [30].

Por outro lado, do ponto de vista prático, a teoria dualista torna a operação muito pouco atractiva. Desde logo, porque, ao exigir o consentimento individual de cada sócio para que a parte que lhe cabe nas reservas possa ser incorporada no capital, dificulta e torna obviamente muito mais difícil a realização da operação.

Junte-se a isto o facto de a operação, perspectivada de acordo com a teoria do *Doppelmassnahme*, se tornar, para os sócios, muito pouco apetecível do ponto de vista fiscal [31]. Os encargos tributários da operação foram, de resto, a razão que levou a que, a partir da década de 30 do século pas-

[24] Cfr. J. Garrigues/R. Uria, *Comentario a la ley de sociedades anónimas*, 3ª ed. Madrid, 1976, p. 297.

[25] Para uma análise mais exaustiva das críticas ao *Doppelmassnahme*, veja-se Lutter, *Kölner Kommentar*, Vorb. § 207, *Rdn* 2 ss., pp. 419 ss.; e Martínez Nadal, *El aumento de capital con cargo a reservas ...*, pp. 74 ss.

[26] Cfr. Martínez Nadal, *El aumento de capital con cargo a reservas ...*, p. 75.

[27] Cfr. Thaller, «De l'augmentation du capital social ...», pp. 192 ss.

[28] Dificilmente o valor das reservas estará na caixa social. Ele corresponderá normalmente ao valor de mercadorias, matérias, imóveis, etc. Vide também, neste sentido, Garrigues/Uria, *Comentario ...*, p. 297.

[29] Cfr., entre nós, artigo 1847º, nº 1, al. b) CC que determina, para que seja possível a compensação, que «tenham as duas obrigações por objecto coisas fungíveis da mesma espécie e qualidade».

[30] A menos que se realizasse e convertesse o valor das reservas em dinheiro, o que, como acertadamente afirmava Thaller, seria um «non-sens». Cfr. Thaller, «De l'augmentation du capital social ...», p. 192.

[31] Com efeito, apesar de não receberem quaisquer dividendos, os sócios – no caso de uma operação de aumento de capital gratuito – ficariam sujeitos a tributação. Vide K. Schmidt, *Gesellschaftsrecht*, § 29, III, 3; Schippel, «L'aumento di capitale ...», pp. 151 ss.; e Portale, *I conferimenti in natura «atipici»...*, pp. 61 ss.

sado, o aumento de capital por incorporação de reservas tenha praticamente desaparecido da *praxis* societária alemã [32].

As objecções colocadas à teoria dualista levaram a que progressivamente a doutrina e a jurisprudência europeias começassem maioritariamente a perfilhar a teoria unitária [33].

A superação do *Doppelmassnahme* e a afirmação definitiva da *Einheitstheorie* dá-se, porém, com a consagração legislativa da figura nos diferentes ordenamentos jurídicos [34]. Com efeito, na regulamentação legal da operação - que se começa a verificar a partir de meados do século passado [35] - os legisladores europeus manifestaram claramente perfilhar uma visão unitária da figura [36], solução que sem dificuldade se compreende, atentas as certeiras e ajustadas críticas a que se sujeita a teoria dualista.

É esta também inquestionavelmente a solução consagrada no CSC, conforme resulta do respectivo regime jurídico - previsto nos artigos 91° ss. CSC -, ao qual está manifestamente subjacente a visão do aumento de capital por incorporação de reservas como uma única operação jurídica [37].

[32] Cfr. Schippel, «L'aumento di capitale ...», pp. 151 ss.

[33] Cfr. Mario Cera, *Il passagio di riserve a capitale*, pp. 38 e os AA. aí referidos na nota 14. Na Alemanha, foi K. Rauch, com a sua monografia *Kapitalerhörung aus Gesellschaftsmitteln* (1ª edição de 1940), que contribuiu decisivamente para a afirmação da *Einheitstheorie*. Cfr. Lutter, *Kölner Kommentar*, Vorb. § 207, *Rdn* 1, p. 418; Schippel, «L'aumento di capitale ...», p. 151; Mario Cera, *Il passagio di riserve a capitale*, p. 37, nt 6; e Martínez Nadal, *El aumento de capital con cargo a reservas ...*, p. 83.

[34] Assim, Martínez Nadal, *El aumento de capital con cargo a reservas ...*, pp. 86 ss. Em sentido diferente, veja-se Mário Cera, que considera que a regulamentação legal da figura não resolveu definitivamente a controvérsia relativa à natureza jurídica da operação (cfr. Mario Cera, *Il passagio di riserve a capitale*, p. 44).

[35] A consagração legal da operação de aumento de capital por incorporação de reservas verificou-se primeiramente no *codice civile* italiano de 1942; depois em Espanha, com a Lei espanhola de sociedades anónimas de 1951; mais tarde na Alemanha, com a *Gesetz über die Kapitalerhöhung aus Gesellschatsmitteln und über die Gewin- und Verlustrechung*, de 23 de Dezembro de 1959 (cuja regulamentação passou depois para os §§ 207 a 220 da AktG, de 1965 - cfr. Lutter, *Kölner Kommentar*, Vorb. § 207, *Rdn* 3, p. 420; e K. Schmidt, *Gesellschaftsrecht*, § 29, III, 3); e ulteriormente em França, através da sua lei sobre sociedades, Loi n° 66-357, de 1966. Cfr. Martínez Nadal, *El aumento de capital con cargo a reservas ...*, pp. 86 ss.

[36] É a solução que resulta, desde logo, da utilização naqueles textos legais de expressões - como «imputazione a capitale di riserve» (art. 2442 CCit), «Umwandlung der Kapitalrücklage und von Gewinnrücklagen in Grundkapital« (§ 207, 1 AktG), ou ainda «incorporation de résérves« (art. 180 L. 66-357, que corresponde, hoje, ao art. L 225-129 CComf) - que indiscutivelmente perspectivam a figura como um acto único. Cfr. Martínez Nadal, *El aumento de capital con cargo a reservas ...*, pp. 89 ss.

[37] Também a nossa lei se refere expressamente, p. ex., à *incorporação* das reservas no capital (cfr. artigo 91° CSC).

2. Efeitos e razões justificativas da operação

Resultando o aumento gratuito do capital de uma mera alteração contabilística dos valores que compõem o património social - que se mantém, portanto, o mesmo antes e depois da operação [38] - e conservando os sócios a sua posição societária inalterada após a realização da mesma [39], poder-se-ia pensar que não haveria fortes motivos que pudessem justificar esta modalidade de aumento de capital.

Não é, porém, assim. São, de facto, muito variados e heterogéneos os efeitos e consequentemente as razões que podem fundamentar a realização de um aumento de capital por incorporação de reservas [40], sendo certo que, como veremos, tais efeitos não são apenas de natureza contabilística, mas também de natureza económica e jurídica.

Assinalaremos de seguida apenas aqueles que reputamos mais relevantes [41].

O efeito mais evidente da realização de aumento de capital gratuito traduz-se no facto de determinados valores - correspondentes às reservas

[38] I.é, a situação patrimonial e económica da sociedade mantém-se exactamente a mesma após a realização da operação. Cfr. Steiger, *L'augmentation de capital ...*, p. 33; e Martínez Nadal, *El aumento de capital con cargo a reservas ...*, p. 43.

[39] De facto, a realização do aumento de capital gratuito não altera os direitos e deveres dos sócios, sendo que, também após aquela alteração, a situação patrimonial e económica dos sócios se mantém sensivelmente a mesma. Conforme refere T. E. Eisner (citado por Steiger, *L'augmentation de capital ...*, p. 33.): «the corporation is no poor and the stockholder is no richer than they were before».

[40] Como veremos, a realização da operação poderá ser vantajosa para os credores sociais, para a sociedade e para os próprios sócios. Há, porém, quem entenda que esta modalidade de aumento traz, para os sócios, mais inconvenientes que vantagens, sobretudo porque os lucros acumulados pela sociedade ao longo dos anos e que não foram repartidos entre eles - a que correspondem as reservas - deixam definitivamente de poder ser distribuídos. Assim, F. J. Duque, «La «pequeña reforma» del derecho de acciones en Alemania», *RDM*, 1961, pp. 40 ss.; e Martínez Nadal, *El aumento de capital con cargo a reservas ...*, pp. 55 ss. Não podemos concordar. É preciso não olvidar que os sócios não têm qualquer direito a exigir a distribuição das reservas. Eles têm apenas um direito abstracto - um direito potencial, que poderá nunca ser concretizado - ao recebimento de tais reservas. Ora, com o aumento de capital gratuito, eles recebem imediatamente o valor correspondente às reservas (ou através da atribuição de novas participações ou do aumento do valor das suas participações sociais), o que lhes permitirá até, caso o desejem, através da alienação das novas participações, converter em dinheiro aquele valor.

[41] Para uma análise mais detalhada sobre esta temática, podem ver-se Mario Cera, *Il passagio di riserve a capitale*, pp. 19 ss.; Martínez Nadal, *El aumento de capital con cargo a reservas ...*, pp. 43 ss. Vide também Lutter, *Kölner Kommentar*, § 207, pp. 420 ss.; e Georges Ripert/René Roblot/Michel germain, *Traité de droit commercial*, tome 1, LGDJ, Paris, 1996, nº 1567, p. 1133.

– que podiam, em princípio, ser livremente distribuídos pelos sócios [42], deixam, com a sua incorporação no capital social, de o poder ser.

Esta circunstância revela-se sobretudo vantajosa para os credores sociais [43] que vêem, deste modo, reforçada a garantia de pagamento dos seus créditos, uma vez que há como que uma «imobilização» no património social daqueles fundos imputados no capital [44].

Note-se, no entanto, que este reforço da garantia dos credores é benéfico não apenas para estes mas igualmente para a sociedade, bem como para os próprios sócios. Com efeito, o aumento do capital social contribui para melhorar a imagem da sociedade – nomeadamente quanto à sua robustez financeira –, podendo, nessa medida, levar a um reforço da confiança dos credores na sociedade [45], o que facilitará a obtenção de crédito[46] e, por essa via, o desenvolvimento da actividade societária [47].

Este resultado já será, por si só, igualmente vantajoso para os sócios, ainda que de uma forma indirecta, uma vez que eles sempre beneficiarão – *v.g.*, na distribuição dos lucros – com o sucesso da sociedade. O melhoramento da imagem e da confiança de terceiros na sociedade poderá, contudo, contribuir também para que os sócios possam mais facilmente transaccionar as suas participações sociais [48], beneficiando assim, também desta forma, com a realização da operação de aumento do capital.

O outro efeito que importa relevar na operação de aumento gratuito consiste no facto de ela permitir congraçar dois interesses aparentemente inconciliáveis e antagónicos entre si [49]: o interesse na capitalização societária, no fortalecimento financeiro da sociedade (que passa pela não dis-

[42] Tenha-se, no entanto, presente que aquela liberdade de distribuição já poderia não existir relativamente a algumas das reservas, sobretudo as reservas legais.

[43] O que leva alguns AA. a considerar que esta operação beneficia primacialmente os credores sociais. Assim, MARTÍNEZ NADAL, *El aumento de capital con cargo a reservas ...*, p. 45.

[44] Cfr. MARIO CERA, *Il passagio di riserve a capitale*, p. 20. Aqueles fundos apenas poderão vir a ser atribuídos aos sócios, mediante uma redução do capital social exuberante.

[45] E não só dos credores, mas também dos clientes e do público em geral, que tenderão a confiar mais facilmente numa sociedade que apresente um valor do capital social mais elevado.

[46] Cfr. KÜBLER, *Gesellschaftsrecht*, 16, IV, 4.

[47] M. JEANTIN, *Droit des sociétés*, Paris, Montchrestien, 1992, p. 67, informa que em França é comum os Bancos subordinarem a concessão de crédito à incorporação das reservas no capital. Trata-se de uma prática também corrente entre nós.

[48] Uma vez que as mesmas se tornarão seguramente, nesse caso, mais cobiçadas.

[49] Cfr. ANIBAL SÁNCHEZ ANDRÉS, «Notas sobre la función económica del aumento de capital con medios proprios», Estudos juridicos en homenaje a Joaquin Garrigues, III, Editorial Tecnos, Madrid, 1971, p. 208; e MARIO CERA, «Il passaggio di riserve a capitale: funzioni e natura giuridica», p. 777.

tribuição de bens aos sócios) e o interesse dos sócios em verem remunerado o seu capital (que passa precisamente pela solução contrária) [50]. Aparentemente, a incorporação das reservas no capital social apenas permite alcançar o primeiro daqueles objectivos, sendo, porém, contrária à pretendida distribuição de dividendos. De facto, sendo as reservas, as mais das vezes [51], lucros acumulados, com a sua incorporação no capital social deixa de ser possível a distribuição daquele valor pelos sócios.

Acontece que com esta modalidade de aumento de capital consegue-se, antes de tudo, não descapitalizar a sociedade, uma vez que o valor das reservas - que será incorporado no capital social - manter-se-á no património da sociedade, reduzindo-se assim as necessidades de financiamento alheio por parte desta. Mas consegue-se igualmente, de algum modo, atender aos interesses dos sócios em obter uma retribuição para o capital investido. É que com o aumento de capital por incorporação de reservas, os sócios receberão novas participações sociais [52] correspondentes ao valor do aumento. Ou seja, esta operação implica a atribuição gratuita de participações, a qual se apresenta como uma forma de remuneração do capital investido [53], como uma «espécie de lucro *in natura*» [54].

Consegue-se, assim, satisfazer aqueles dois interesses conflituantes, com uma vantagem não despicienda: a sociedade não precisa de obter liquidez para efectuar o pagamento de dividendos aos sócios [55].

Não se deixe de notar, no entanto, que a situação patrimonial do sócio em nada é alterada com a atribuição gratuita de acções em resultado do aumento de capital por incorporação de reservas [56]. Esta solução tem, no

[50] Cfr. MARIO CERA, *Il passagio di riserve a capitale*, pp. 22 ss.

[51] Embora não necessariamente.

[52] Ou verão aumentado o valor nominal da ou das participações sociais de que sejam titulares.

[53] O recurso ao pagamento de dividendos através de acções (*share dividends*) é, de resto, uma prática comum no direito norte-americano. Cfr. R. HAMILTON, *The law of corporations*, West Publishing Company, St. Paul, Minnesota, 2000, pp. 576 ss. e STEIGER, *L'augmentation de capital ...*, p. 11.

[54] Cfr. MARIO CERA, *Il passagio di riserve a capitale*, p. 22.

[55] Cfr. DUQUE, «La «pequeña reforma» ...», p. 40; e MARTÍNEZ NADAL, *El aumento de capital con cargo a reservas ...*, p. 46.

[56] Cfr. STEIGER, *L'augmentation de capital ...*, p. 33. Com efeito, aquele aumento de capital opera apenas uma alteração qualitativa, que não quantitativa, do património individual de cada sócio. Pense-se no seguinte exemplo: uma dada sociedade anónima tem 10 sócios com uma acção no valor nominal de 1 cada. A situação líquida da sociedade é de 30, correspondente aos 10 do capital social e a 20 de reservas. Simplisticamente isto significa que, apesar de o valor nominal de cada acção ser 1, o sócio tem no seu património um bem que vale realmente 3. Se a sociedade decidir incorporar no capital aquelas reservas, cada sócio

entanto, a inegável vantagem de proporcionar aos sócios a convicção, o efeito psicológico [57] de terem recebido bens da sociedade a remunerar o seu investimento [58], com a possibilidade de - querendo-o [59] - realizarem o valor correspondente às participações que lhes foram gratuitamente atribuídas, através da sua alienação [60] [61].

3. Recursos capitalizáveis no aumento gratuito de capital: exclusivamente reservas

A nossa lei - ao contrário de outras que são mais compreensivas [62] - é extremamente clara quanto aos recursos capitalizáveis no aumento gratuito de capital, estabelecendo expressamente que aquele aumento apenas pode ser efectuado «por incorporação de reservas disponíveis para o efeito» (artigo 91º, nº 1 CSC).

receberá 2 novas participações sociais, passando a ser titular de 3 acções. O capital social (que passa a ser idêntico ao valor da situação líquida) é agora de 30, correspondendo a 30 acções. Ou seja, cada acção vale agora 1, pelo que o valor do património individual de cada sócio (donde constam agora 3 acções) em nada foi alterado com aquela operação.

[57] Havendo, por isso, quem fale a este propósito de «dividendos psicológicos». Cfr. Martínez Nadal, *El aumento de capital con cargo a reservas ...*, pp. 67 ss.

[58] Com o benefício adicional de tal atribuição de bens estar isenta de encargos fiscais. Cfr. Kübler, *Gesellschaftsrecht*, 16, IV, 4.

[59] E caso haja mercado para o efeito.

[60] Neste caso, no entanto, o sócio verá sua posição societária diminuída.

[61] Note-se, a finalizar este ponto, que há quem entenda que o aumento de capital gratuito pode também, sobretudo nas SA, ter por finalidade influenciar e diminuir o valor da cotação das acções, a fim de permitir, p. ex. que um aumento de capital a realizar por novas entradas não tenha de ser efectuado com um prémio de emissão muito alto. Cfr. Kübler, *Gesellschaftsrecht*, 16, IV, 4; e Martínez Nadal, *El aumento de capital con cargo a reservas ...*, pp. 47 ss. Importa, no entanto, ter presente que o valor da cotação das acções depende de muitos factores, que não apenas do valor das reservas da sociedade. Cfr. Mario Cera, *Il passagio di riserve a capitale*, p. 21.

[62] A lei italiana, p. ex., refere a possibilidade de se imputar no capital as reservas e outros fundos inscritos no balanço, desde que disponíveis (cfr. art. 2442 CCit e Lo Cascio *et als.*, *Società per azioni*, pp. 499 ss.); a lei francesa dispõe que é possível aumentar o capital mediante reservas, lucros ou prémios de emissão (cfr. art. L 225-219, II e Ripert/Roblot/Germain, *Traité de droit commercial*, tome 1, pp. 1133 ss.); em Espanha, o artigo 157 TRLSA estabelece que o «aumento con cargo a reservas» pode ser realizado através das reservas disponíveis, dos prémios de emissão ou da reserva legal na parte que exceda 10% do valor do capital já aumentado (cfr. Martínez Nadal, *El aumento de capital con cargo a reservas ...*, pp. 233 ss.); por seu turno, na Alemanha, o § 207 prescreve que o aumento de capital pode ser efectuado através de reservas de capital ou reservas de lucros (cfr. Lutter, *Kölner Kommentar*, §§ 207 ss., pp. 418 ss.).

Daqui decorre que não é possível proceder a um aumento gratuito de capital por incorporação de outros recursos, nomeadamente prestações suplementares de capital ou créditos dos sócios (*e.g.*, suprimentos) [63]. Tais valores terão de ser restituídos aos sócios, se e na medida em que tal for possível (cfr. regime do artigo 213° CSC, para a restituição das prestações suplementares de capital e do artigo 243° CSC para o reembolso dos suprimentos [64]), podendo então ser levados a capital mediante um aumento por novas entradas.

Nada impedirá, no entanto, assim nos parece, que, no caso de o sócio renunciar ao seu crédito, se possa constituir uma reserva correspondente ao mesmo (veja-se o regime previsto no artigo 295°, n° 2, al. b) CSC) [65]. Isso implicará, contudo, que aquela reserva seja constituída em benefício de todos os sócios [66] e não apenas do sócio renunciante, o que poderá tornar a solução pouco atractiva [67] [68].

[63] Também os resultados só poderão ser incorporados no capital social, depois de previamente terem sidos levados a reservas. Assim, SCHIPPEL, «L'aumento di capitale ...», p. 154.
[64] Sobre o regime aplicável a estas figuras, vide RUI PINTO DUARTE, «Suprimentos, prestações acessórias e prestações suplementares», in *Problemas do direito das sociedades*, IDET, Almedina, Coimbra, 2002, pp. 257 ss.; ID., «Prestações suplementares e prestações acessórias (uma reincidência ...)», in *Nos 20 anos do Código das Sociedades Comerciais (Homenagem aos Profs. Doutores A. Ferrer Correia, Orlando de Carvalho e Vasco Lobo Xavier)*, vol. I, Coimbra, Coimbra Editora, 2007.
[65] Rigorosamente, aquela renúncia - que constituirá um proveito da sociedade - deverá ser levada ao Resultado e só depois constituída a reserva.
No caso das prestações suplementares de capital, tal renúncia apenas deverá ser possível quando seja lícita a sua restituição aos sócios, i.é, quando «a situação líquida não fique inferior à soma do capital e da reserva legal e o respectivo sócio tenha liberado a sua quota» (artigo 213°, n° 1 CSC). Idêntica solução - que chegou a ser proposta por Raúl Ventura (cfr. «Suprimentos a sociedades por quotas, no direito vigente e nos projectos», *RDES*, 1978, p. 195) - não foi consagrada para o reembolso dos suprimentos (cfr. artigo 245° CSC).
[66] Seja o destino da reserva a distribuição pelos sócios ou a incorporação no capital social. Cfr. respectivamente artigos 22°, n° 1 e 92°, n° 1 CSC.
[67] Esta situação de benefício já não se verificará, porém, se todos os sócios tiverem créditos proporcionais às suas participações sociais e se se constituir uma reserva correspondente aos mesmos, em resultado da renúncia manifestada por todos os sócios.
Note-se, porém, que esta reserva - como qualquer outra - poderá não ser utilizável, como veremos de seguida em texto, para incorporação no capital, se for necessária para a cobertura de prejuízos.
[68] A solução mencionada em texto apresenta uma dificuldade: ela permite que, no caso de o crédito do sócio não ter origem pecuniária, se possa contornar o regime previsto para as entradas em espécie (*v.g.*, a avaliação por parte de um ROC). Com efeito o chamado princípio da «exacta formação» que está subjacente à constituição do capital social, não tem aplicação na dotação e constituição das reservas (cfr. FERNANDEZ DEL POZO, L., *La aplicación*

Do artigo 91º CSC resulta que a compreensão do regime do aumento de capital gratuito passa necessariamente por saber, antes de mais, o que são reservas [69] e, depois, quais são as «reservas disponíveis» que podem ser usadas para aquele efeito.

É o que nos propomos dilucidar de seguida.

Apesar de se tratar de uma figura recorrente nos textos legislativos, a verdade é que, tal como a generalidade das legislações [70], a lei portuguesa - seja o CSC, seja o POC - não encerra uma noção de reserva, assim como não a contém o direito comunitário, apesar de igualmente lhe fazer referência bastas vezes [71].

Isto leva a que os tratadistas, as mais das vezes ladeiem a questão, limitando-se a analisar o regime concreto de cada tipo de reserva, podendo, por outro lado, encontrar-se inúmeras e diferentes definições de reservas nos autores que especificamente se debruçam sobre esta temática [72], pelo que importa, também aqui, esclarecer e assentar ideias.

Diga-se, desde já, que a noção tradicional, que costuma definir as reservas como lucros acumulados não distribuídos pelos sócios [73], não é rigorosa, uma vez que há reservas que não têm origem nos lucros gerados pela sociedade (pense-se, p. ex., nas reservas constituídas com o ágio, etc.) [74].

de resultados en las sociedades mercantiles - Estudio especial del artículo 213 de la Ley de Sociedades Anónimas, Civitas, Madrid, 1997, pp. 251 ss.). A verdade é que a idêntico resultado se chegaria, com consequências bem mais gravosas para a sociedade - dado que a lei, fora do período suspeito previsto no artigo 29º CSC, não estabelece quaisquer específicas cautelas para a constituição de créditos a favor dos sócios -, caso o sócio exigisse o pagamento do seu crédito, destinando depois esse valor a um aumento de capital por novas entradas. Por isso, nos parece que a solução referida se deve ter por admissível, afora os casos de abuso de direito ou fraude à lei (em que os sócios pretendam manifestamente, através dela, subverter o regime jurídico previsto para as entradas em espécie), que deverão obviamente ser sancionados.

[69] Sobre a matéria, pode ver-se José María Garcia-Moreno Gonzalo, *El aumento de capital con cargo a reservas en sociedades anónimas*, Aranzadi, Pamplona, 1995, pp. 185 ss.

[70] Cfr. Mario Cera, *Il passagio di riserve a capitale*, p. 90; e Martínez Nadal, *El aumento de capital con cargo a reservas ...*, p. 241.

[71] Cfr. Martínez Nadal, *El aumento de capital con cargo a reservas ...*, p. 241.

[72] Quase tantas quantos os AA. que tratam da questão, escreve Fernandez del Pozo (cfr. *La aplicación de resultados ....*, p. 248).

[73] Cfr., por todos, entre nós, A. Ferrer Correia, *Lições de direito comercial*, vol. II, *Sociedades comerciais. Doutrina geral*, Coimbra, 1968, edição policopiada, p. 247.

[74] De resto, a lei alemã - § 207 AktG - expressamente distingue entre as reservas de lucros (que são aquelas que têm origem em lucros gerados pela sociedade, não distribuídos) e as reservas de capital (que têm outras origens, nomeadamente, prémios de emissão ou «sobejos do anterior capital após redução»). Cfr. Lutter, *Kölner Kommentar*, § 208, *Rdn* 3, p. 436;

Por outro lado, também não nos parece acertada a posição defendida por alguns AA. que consideram que as reservas representam necessariamente um excedente do património líquido da sociedade relativamente ao capital social [75]. Na verdade, poderá suceder que exista ou até que tenha de ser constituída uma reserva numa situação em que o património líquido da sociedade não exceda o capital social [76].

Por nós, julgamos que a correcta compreensão do que sejam as reservas passa – tal como sucede com o capital social – por uma perspectiva bífida da figura [77].

FERNANDEZ DEL POZO, *La aplicación de resultados* ...., pp. 248 e 255; e F. V. GONÇALVES SILVA/J. M. ESTEVES PEREIRA, *Contabilidade das sociedades*, 11ª ed., Plátano Editora, Lisboa, 1999, p. 52.

[75] Veja-se WIELAND, *Handelsrecht*, p. 27; MARIO CERA, *Il passagio di riserve a capitale*, p. 90; NICOLAS STOLL, *L'utilisation des réserves des sociétés anonymes*, Ed. René Thonney-Dupraz, Lausanne, 1962, p. 11; e MARTÍNEZ NADAL, *El aumento de capital con cargo a reservas* ..., p. 247.

[76] Nada impede, de facto, que apesar de a situação líquida ser inferior ao valor do capital social, do balanço conste uma reserva. Assim também, FERNANDEZ DEL POZO, *La aplicación de resultados* ...., pp. 271 ss. Figure-se o seguinte exemplo:

BALANÇO

Activo	*Situação Líquida / Capital próprio* CS = 50.000 Resultados transitados = (40.000)* Reservas estatutárias = 10.000 Total património líquido = 20.000 [< CS] *Passivo*

* A colocação das verbas entre parênteses curvos significa convencionalmente que elas são negativas.

Aliás, doutro modo, sempre que a situação líquida fosse inferior ao capital social (*e.g.*, numa sociedade com perdas acumuladas), não se poderia constituir uma reserva, ainda que imposta por lei. Pense-se, p. ex., numa sociedade com uma tal situação patrimonial a que é feita uma doação (cfr. artigo 295º, nº 2, al. c) CSC). É evidente que, neste caso, deve ser constituída a reserva – que ficará a constar do balanço – apesar de à mesma não ficar a corresponder um excedente do património líquido relativamente ao capital social.

[77] Em sentido próximo, veja-se Wieland que já em 1931 fazia a distinção, a este propósito, entre «Reservefonds» e Reservekonto». Cfr. WIELAND, *Handelsrecht*, p. 30; J. GARRIGUES, *Tratado de derecho mercantil*, I-2, Madrid, 1947, p. 697, que prefere a designação alternativa – mas, parece-nos, menos correcta – de reservas em sentido jurídico e reservas em sentido económico; J. RUBIO, *Curso del derecho de sociedades anonimas*, Editorial de Derecho Financiero, Madrid, 1974, pp. 88 ss.; e FERNANDEZ DEL POZO, *La aplicación de resultados* ...., pp. 249 ss., que utiliza terminologia idêntica à de Wieland, para distinguir esta dupla realidade: «reserva» e «fundo reserva».

Com efeito, reserva é uma conta do capital próprio, cuja constituição deverá necessariamente ser deliberada pelos sócios [78] e que se assume como uma cifra complementar de retenção [79] [80].

Nesta vertente - que se pode designar por vertente nominal ou formal - a reserva é uma mera cifra, é um puro *nomen juris* [81].

A esta cifra - que consta do lado direito do balanço - deverão, porém, corresponder bens do património social de idêntico valor. Ou seja, tal como sucede com o capital social nominal, a reserva nominal determina que, em princípio [82], existam no activo social - no lado esquerdo do balanço - bens que se destinem à cobertura do seu valor [83], os quais

[78] A constituição da reserva - ainda que a mesma resulte de imposição legal, estatutária ou contratual - bem como a sua eliminação, deverá, até por uma questão de certeza jurídica, resultar necessariamente de uma deliberação dos sócios. Em sentido idêntico, MARIO CERA, *Il passagio di riserve a capitale*, p. 94; e MARTÍNEZ NADAL, *El aumento de capital con cargo a reservas* ..., p. 249. Aquela deliberação dos sócios resultará normalmente com a aprovação do balanço (assim, MARIO CERA, *Il passagio di riserve a capitale*, p. 94) onde conste a reserva, mas poderá resultar também de uma deliberação meramente tácita (deliberação tácita é aquela que se retira implicitamente do conteúdo de uma deliberação expressamente adoptada pelos sócios - cfr. A. SOVERAL MARTINS, «Os poderes de representação dos administradores das sociedades anónimas», *BFDUC, Studia Iuridica*, 34, Coimbra Editora, Coimbra, 1998, p. 329, nota 619).

[79] Cifra de retenção, na medida em que faz com que se mantenham no património social bens de valor correspondente à mesma (no sentido de que as reservas são «contas ou cifras de retenção», vide GARRIGUES, *Tratado* ..., p. 697, e J. L. VÉLAZ NEGUERUELA, *El resultado en las sociedades de capital - Aprobación, aplicación e impugnación*, Bosch, Barcelona, 200, pp. 175 e 177); complementar, porque se trata de uma retenção adicional àquela que é efectuada pelo capital social. Cfr. RUBIO, *Curso* ..., p. 89; e FERNANDEZ DEL POZO, *La aplicación de resultados* ...., pp. 251 ss.

[80] Note-se que o grau de vinculação dos bens retidos por força da constituição da reserva dependerá do tipo de reserva em causa e do regime que lhe é aplicável. Assim, o grau de vinculação é mais intenso na reserva legal (a qual não é possível devolver aos sócios - cfr. artigo 296º CSC), mais fraco na reserva estatutária (em que é necessário que haja uma alteração do pacto para que possa ser dado outro destino ao valor da reserva) e extremamente frouxo na reserva livre (em que basta uma deliberação social, para que o valor correspondente possa ser distribuído pelos sócios). Cfr. FERNANDEZ DEL POZO, *La aplicación de resultados* ...., pp. 257 ss.

[81] É uma noção paralela à de capital social nominal. Cfr. o nosso «Do capital social - Noção, princípios e funções», *BFDUC, Studia Iuridica*, 33, 2ª ed., Coimbra Editora, Coimbra, 2004, pp. 43 ss.

[82] Em princípio, porque a reserva - tal como o capital social -, na sua vertente real, pode perder-se e desaparecer.

[83] Note-se que - tal como sucede com o capital social - às reservas não têm que corresponder bens concretos e determinados, mas apenas uma parte alíquota do património social. Cfr. J. F. ARANA GONDRA, «Reducción del capital para dotar la reserva legal», in *Derecho de sociedades anónimas*, III, vol. 2º, Civitas, Madrid, 1994, pp. 978 ss.; e VÉLAZ NEGUERUELA,

constituem a outra face da reserva que, por sua vez, se pode apelidar de vertente real.

A percepção desta dupla vertente da figura é da maior relevância, uma vez que, como veremos, só poderão ser incorporadas no capital social as reservas que existam não apenas na sua vertente formal, mas igualmente na sua vertente real.

As reservas podem ter várias origens [84] e podem ser objecto das mais variadas classificações [85]. A lei portuguesa prevê expressamente algumas modalidades de reservas [86] – sendo essas também as modalidades com mais frequência usadas na *praxis* societária –, nomeadamente as reservas legais [87], as reservas estatutárias [88] e as reservas livres [89].

El resultado ...., pp. 190 ss. A questão da necessária materialização em bens concretos da reserva legal foi, no entanto, extremamente controvertida em Espanha. Cfr. Martínez Nadal, *El aumento de capital con cargo a reservas* ..., pp. 197 ss. e demais bibliografia aí referida.

[84] Vélaz Negueruela (*El resultado* ...., p. 175) sublinha que as reservas podem ter três origens: não distribuição de lucros, mais-valias ou entradas directas de capital.

[85] Cfr., a título meramente exemplificativo, os critérios referidos em Vélaz Negueruela, *El resultado* ...., pp. 177 ss. e Fernandez del Pozo, *La aplicación de resultados* ...., pp. 252 ss.

[86] Note-se, no entanto, que para além das reservas nominadas – expressamente previstas na lei – a sociedade pode constituir outras modalidades de reservas (inominadas). De resto, o POC prevê especificamente contas que, estando destinadas à constituição de reservas, não estão afectas a qualquer reserva em especial (vide contas 577 e seguintes do POC). Veja-se também Fernandez del Pozo, *La aplicación de resultados* ...., p. 252.

[87] As reservas legais são aquelas que, como o adjectivo indica, são obrigatoriamente impostas pela lei. O respectivo regime está previsto nos artigos 295º e 296º CSC para as SA, que é também aplicável às SQ por força do artigo 218º CSC.

[88] As reservas estatutárias são aquelas que resultam do disposto no pacto social. A elas faz expressamente referência o artigo 33º, nº 1 *in fine* CSC, a propósito do limite de distribuição de bens aos sócios.

[89] As reservas facultativas ou livres, que são aquelas que os sócios podem livremente, em cada ano, deliberar constituir através da não distribuição dos correspondentes lucros. A estas reservas faz referência, entre outras, a norma do artigo 220º, nº 2 CSC, *in fine*.
Para além destas, importa fazer referência às reservas ocultas (ocultas porque não patenteadas no balanço), com as quais se consegue uma dissimulação de lucros, e que resultam ou da subvalorização de bens do activo ou da sobrevalorização de verbas do passivo. A estas reservas ocultas alude o artigo 33º, nº 3 CSC, quando refere «as reservas que não constam do balanço», estabelecendo que elas não podem ser utilizadas para distribuição aos sócios. Nesta referência, deverá ver-se o afloramento de um princípio geral que considera que tais reservas não são admissíveis e não podem, por isso, ser invocadas para quaisquer efeitos. De facto, a sua constituição obsta a que a contabilidade traduza a «imagem verdadeira e fiel» da situação económico-financeira da sociedade (cfr. pontos 1.2. e 4., al. e) do POC). Em sentido diverso, Ferrer Correia que, em 1968, escrevia «nada há que formalmente a proíba» (*Lições* ..., vol. II, p. 252). Sobre esta matéria, podem ver-se Francesco Galgano, *La società per azioni – Trattato di diritto commerciale e diritto pubblico dell'economia*,

Feita esta breve análise do que são e de quais são as reservas que a sociedade pode constituir, importa agora ver em que medida é que elas poderão ser, no caso de uma operação de aumento gratuito, incorporadas no capital social; i.é, importa determinar quais são as «reservas disponíveis» para o efeito, a que se refere o artigo 91º CSC.

O primeiro marco a tomar em consideração é o de que as reservas apenas estarão, *hoc sensu*, disponíveis para ser incorporadas no capital social, caso as mesmas existam realmente e não apenas nominalmente.

I.é, deve entender-se que as reservas – quaisquer que elas sejam – apenas poderão ser incorporadas no capital se a sociedade não apresentar prejuízos, pois que, se esse for o caso, o destino primacial das reservas deverá ser a cobertura desses mesmos prejuízos [90]. Só o valor remanescente das reservas, depois de efectuada a cobertura das perdas – caso exista –, poderá depois ser afecto ao aumento de capital [91].

Trata-se da solução que, entre nós, resulta desde logo do disposto no artigo 296º CSC, entendendo-se, como nos parece que se deve entender, que ali se consagra um regime de prioridades no destino a dar à reserva legal [92], o qual se deve configurar como um regime geral aplicável a todo o tipo de reservas [93].

vol. 7, Cedam, Padova, 1988, pp. 324 ss.; Fernandez del Pozo, *La aplicación de resultados ....*, pp. 252 ss.; e Vélaz Negueruela, *El resultado ....*, pp. 209 ss.

[90] Vide, sobre esta matéria, Concetto Costa, *Le riserve nelle diritto delle società*, Giuffrè, Milano, 1984, pp. 63 ss.

[91] Dito doutro modo, só bens efectivamente existentes no património líquido da sociedade destinados à cobertura do valor da reserva – ou seja, só as reservas perspectivadas na sua vertente real – é que poderão ser afectos àquele fim.

[92] As reservas deverão em primeiro lugar servir para a cobertura dos prejuízos do exercício (al.a)), depois para a cobertura dos prejuízos transitados (al. b)) e só, por último, poderão ser destinadas à incorporação no capital social (al. c)).

[93] De resto, o próprio artigo 296º CSC expressamente estabelece que a utilização da reserva legal para aqueles fins – nomeadamente a cobertura de perdas – apenas deverá ser efectuada subsidiariamente, i,é, se não se puder utilizar outras reservas para tais finalidades, o que induz que estas outras reservas devem igualmente seguir tal regime.
Esta solução é, aliás, também a que resulta do entendimento de que, no direito societário, há uma ordem inderrogável de cobertura das perdas que começará, em primeiro lugar, pelo lucro (doutrina que, quanto a este aspecto, tem, entre nós, apoio legal no disposto no artigo 33º, nº 1 CSC) e, sucessivamente, pela reserva facultativa, estatutária, legal, pelo capital social e finalmente pelos bens afectos à cobertura do passivo. Cfr. Ernesto Simonetto, *I bilanci*, Cedam, Padova, 1967, pp. 301-302. Sobre a hierarquização das diferentes reservas e valores afectos à cobertura de perdas, vide Lo Cascio *et als.*, *Società per azioni*, pp. 543 ss.

Sendo igualmente esta a solução que inequivocamente resulta da obrigação imposta ao órgão de administração [94] de declarar, por escrito, que não tem conhecimento de que tenha ocorrido, entre a data da elaboração do balanço e a data da deliberação, qualquer «diminuição patrimonial que obste ao aumento de capital» (cfr. artigo 93º, nº 2 CSC). É manifesto que o que a norma visa prevenir é que a sociedade tenha sofrido, naquele interim, perdas que tenham feito desaparecer a reserva real: i.é, os bens correspondentes à reserva que se visa incorporar no capital (já que a reserva nominal - que consta do 2º elemento do balanço - sempre ali se manterá [95], independentemente da verificação de tais prejuízos).

Existindo (realmente !) as reservas, há ainda que verificar os termos em que os sócios poderão destinar os diferentes tipos de reservas à incorporação num aumento de capital gratuito, uma vez que o regime não é o mesmo para todas elas. Com efeito, a reserva legal [96] e as reservas livres poderão ser totalmente utilizadas para incorporação no aumento do capital social, mediante uma simples deliberação social nesse sentido, uma vez que o CSC não estabelece qualquer limitação à utilização daquelas reservas para este fim [97].

Diferentemente, as reservas estatutárias só deverão poder ser utilizadas para incorporação no capital social, caso seja alterada a cláusula estatutária que obriga à sua constituição e determina o seu fim específico [98].

Finalmente, importa aqui fazer referência ao regime previsto no artigo 324º, nº 1 alínea b) CSC [99], que prevê a constituição de uma reserva de

[94] E, quando exista, também ao órgão de fiscalização.

[95] Até que os sócios, formalmente, através de uma deliberação, a decidam eliminar, afectando-a à cobertura dos prejuízos.

[96] Bem como as demais reservas que ficam sujeitas ao regime da reserva legal (cfr. artigo 295º, nº 2 CSC).

[97] O CSC não tem, de facto, uma norma como p. ex. a do art. 157 TRLSA, que obriga a que se mantenha, após o aumento, uma reserva legal correspondente a, pelo menos, 10% do capital social aumentado.

[98] Poderia pensar-se que os sócios, pela maioria qualificada exigida para a eliminação da cláusula contratual (que é também a maioria exigida para a deliberação do aumento de capital), poderiam afectar o valor da reserva estatutária ao aumento gratuito de capital, sem necessidade de alteração da cláusula do pacto que impõe a sua constituição, a qual, dessa forma, se manteria em vigor para o futuro. Parece-nos, no entanto, que - até por uma questão de tutela das expectativas dos sócios minoritários que porventura não concordem com aquela alteração - deverá ser necessário proceder à eliminação da cláusula do pacto, para que possa ser dado este outro destino à reserva estatutária.

[99] Trata-se de uma solução que resulta do artigo 22º, nº 1, alínea b) da Segunda Directiva, que estabelece que, se as acções «forem contabilizadas no activo do balanço, deve ser criada no passivo uma reserva indisponível de montante igual». A solução do artigo 324º,

montante igual ao valor por que estejam contabilizadas, no activo, as participações próprias de que seja titular a sociedade [100]. Ora, caso se adopte este regime previsto no CSC [101] e seja constituída a reserva prevista no

nº 1, alínea b) CSC está prevista para as SA, mas é igualmente aplicável às SQ por força do artigo 220º, nº 4 CSC.

[100] Visa-se, com este regime, evitar que do património líquido da sociedade conste um valor correspondente àquelas participações – uma vez que a sua inclusão no Activo será contrabalançada pelo montante da reserva constituída –, prevenindo-se assim, a benefício da tutela dos credores, uma «fictícia duplicação de valores« do património societário (cfr. Martínez Nadal, *El aumento de capital con cargo a reservas ...*, pp. 268). É uma solução que se funda na constatação de que as participações próprias são um mero «valor de realização a efectivar com uma eventual alienação« e de que não têm «um valor patrimonial autónomo«: o seu valor depende do próprio valor da sociedade, pelo que elas nada acrescentam ao património social. Cfr. Mª. Victória R.V.F. Rocha, *Aquisição de acções próprias no código das sociedades comerciais*, Almedina, Coimbra, 1994, pp. 84 ss. Vide também Raúl Ventura, «Estudos vários sobre sociedades anónimas», *Comentário ao código das sociedades comerciais*, Almedina, Coimbra, 1992, pp. 359-360 e o nosso, «Do capital social ...», pp. 140 ss..

[101] A adopção deste regime é, em texto, colocada em termos condicionais, porque o nosso legislador optou, no POC, por uma outra solução contabilística que conduz, porém, a um resultado idêntico: as participações próprias devem constar não no Activo mas no lado direito do balanço, onde deverão ser levadas a débito ao Capital Próprio (cfr. conta 521 do POC). Trata-se, contudo, de uma solução que, pelo menos aparentemente, viola o disposto no artigo 8º, C, III, 7 da Quarta Directiva, que estabelece que as acções ou quotas próprias, quando constem do Balanço, devem ser inscritas no Activo sob a rubrica de Imobilizações Financeiras.

Note-se, por outro lado, que o facto de, no POC, se ter tratado o problema de um modo diferente daquele que é perspectivado no CSC levanta dificuldades. Com efeito, levando-se a débito na Situação Líquida as acções próprias, já não haverá que constituir a reserva legal a que se refere a alínea b) do nº 1 do artigo 324º CSC, sob pena de se estar agora a duplicar a dedução de valores relativa à aquisição de acções próprias. Importará, por isso, para evitar perturbações que resultem da duplicidade dos regimes consagrados no CSC e no POC, que se harmonizem aqueles dois diplomas. É que, conforme escrevem Gonçalves da Silva e Esteves Pereira (*Contabilidade das sociedades*, p. 164), «enquanto o POC classificou as quotas próprias como valores activos, aquele preceito justificava-se plenamente. No entanto, quando o POC 90 passa a classificar as quotas próprias como valores negativos do capital social, parece já não se justificar a indisponibilidade de qualquer reserva. Convirá, portanto, que se elimine rapidamente a alínea b) do artigo 324º CSC». Ou, em alternativa, como propõe Raúl Ventura (in «Estudos vários ...», p. 394), deverá alterar-se aquela norma, fazendo-se expressamente referência às acções próprias quando elas estejam «...contabilizadas *no activo do balanço*», já que desta forma – não estando as acções próprias, por força do POC, contabilizadas no activo – não haverá necessidade de proceder à reserva referida na al. b) do nº 1 do artigo 424º CSC. Sobre esta matéria, veja-se também, J. M. Coutinho de Abreu, *Curso de direito comercial*, vol. II – *Das sociedades*, Almedina, Coimbra, 2007, pp. 394 ss. e 397 ss.; e Mª. Victória Rocha, *Aquisição ...*, pp. 272 ss. Em sentido divergente, considerando que a constituição daquela reserva continua a ser artigo 324º CSC, esta - atenta a sua especial destinação - não poderá ser utilizada para incorporação no capital social [102].

4. Características particulares do aumento de capital por incorporação de reservas

O aumento de capital por incorporação de reservas é um verdadeiro e próprio aumento de capital (*echte Kapitalerhöhung*[103]), com as consequências que daí derivam, seja quanto aos seus efeitos, seja quanto às regras que, em termos gerais, são aplicáveis a esta operação, que se traduz numa alteração do pacto social[104].

Há, no entanto, aqui algumas especificidades a que importa fazer referência e que constam dos artigos 91º a 93 CSC [105].

Trata-se, antes de mais, de uma operação que é da competência exclusiva da colectividade dos sócios - uma vez que a possibilidade de o aumento ser deliberado pelo órgão de administração respeita apenas à hipótese do aumento de capital por novas entradas em dinheiro (cfr. artigo 456º CSC) [106] –, devendo a deliberação social mencionar expressamente, pelo menos, os elementos referidos no artigo 91º, nº 4 CSC: a modalidade e o montante do aumento e a identificação das reservas que são objecto de incorporação.

obrigatória, vide C. Osório de Castro, *Valores mobiliários: conceito e espécies*, UCP, Porto, 2ª ed., 1998, nt 75, pp. 126 ss.

102 Assim também, F. Vicent Chuliá, *Compendio crítico de derecho mercantil*, tomo I, vol. 1º, Bosch, Barcelona, 1991, pp. 711 ss., que considera que esta é uma «reserva imprópria», consubstanciando antes, em rigor, uma «cifra de correcção».

103 Cfr. Lutter, *Kölner Kommentar*, Vorb. § 207, Rdn 7, p. 421; e Hüffer, *Aktiengesetz*, § 207, *Rdn* 3, p. 1021.

104 Cfr. artigos 87º ss. CSC que integram a Secção II do Capítulo VIII do Título I, que tem precisamente por epígrafe «Alterações do contrato».

105 Note-se que as regras dos artigos 87º a 89º CSC apenas se devem considerar aplicáveis ao aumento de capital por novas entradas. É o que resulta da disposição sistemática dos artigos 87º a 93º CSC, que, de modo inequívoco, regulam de forma segmentada e diferente estas duas modalidades de aumento do capital. Veja-se, p.ex., a regulamentação distinta, para as duas modalidades de aumento, quanto às menções que devem constar da deliberação, prevista no artigo 87º, nº 1 e 91º, nº 4 CSC (respectivamente para o aumento por novas entradas e para o aumento gratuito).

106 Apesar de não se tratar de uma solução imposta pelo direito comunitário, já que a letra do artigo 25º da Directiva do Capital admite a possibilidade de a competência para qualquer aumento de capital poder ser deferida a outro órgão social, esta é a solução normalmente adoptada nos diferentes ordenamentos jurídicos europeus. Vide, sobre a matéria, Martínez Nadal, *El aumento de capital con cargo a reservas* ..., pp. 194 ss.

Por outro lado, o aumento de capital gratuito deve ter por base o balanço do exercício anterior ou um balanço especialmente realizado para o efeito, caso tenham decorrido mais de seis meses sobre a aprovação do balanço anual (cfr. artigo 91°, n° 2 CSC) [107].

Com este regime visa a lei assegurar que as reservas que se pretende incorporar no capital social existem realmente, permitindo também a terceiros - através da obrigatoriedade do depósito na conservatória do balanço que serve de base à deliberação [108] - sindicar a efectiva existência das mesmas [109].

É ainda esta preocupação que, como já referimos, subjaz à obrigatoriedade da declaração por parte do órgão de administração - e do órgão de fiscalização, quando exista - de que não tem conhecimento que se tenha verificado, entre a data da elaboração do balanço e a data da deliberação, qualquer «diminuição patrimonial que obste ao aumento de capital» (cfr. artigo 93°, n° 2 CSC). Note-se que, nesta matéria, o regime que resulta da redacção desta norma, após a alteração efectuada pelo DL 76-A/2006, é muito menos severo que o anterior. Com efeito, a lei exigia que a declaração referida fosse feita aquando da celebração da escritura pública de aumento e aquando do pedido de registo, sendo certo que o termo final do juízo comparativo que deveria ser feito era, respectivamente, a data da escritura e a data do pedido de registo. Ou seja, a lei visava assegurar que, até à escritura e ao registo, a sociedade tinha efectivamente no seu património as reservas necessárias para proceder ao aumento de capital. O novo regime é, pois, muito menos exigente, uma vez que, agora, apenas se exige que os órgãos societários confirmem a existência das reservas até à data da deliberação de aprovação do aumento.

O aumento por incorporação de reservas poderá ser efectuado através da emissão de novas participações ou do aumento do valor nominal das

[107] Na Alemanha, só é necessária a realização de um novo balanço se, no momento do registo do aumento de capital, tiverem já decorrido mais de 8 meses sobre a data elaboração do balanço anual. Cfr. § 209 AktG. Trata-se, em todo o caso, de uma solução bem mais avisada do que a nossa. Com efeito, entre nós, a data relevante para este efeito é a da aprovação da deliberação do aumento, o que permite - e, tanto quanto sabemos, tal tem sucedido na nossa prática societária - que os sócios possam (falseando a data da assembleia geral, ao indicarem que ela se realizou antes de decorrido aquele prazo) fazer um aumento de capital gratuito mais de seis meses depois da aprovação do balanço anual.

[108] Cfr. artigo 93°, n° 1 CSC.

[109] Cfr. Schippel, «L'aumento di capitale ...», pp. 154 ss.

existentes, sendo que, na falta de deliberação sobre esta questão, será esta última a que terá lugar (cfr. artigo 92º, nº 3 CSC) [110].

Deliberado o aumento por emissão de novas participações, estas deverão ser criadas por forma a garantir que os direitos dos sócios se mantêm inalterados após o aumento, o que implica que, havendo várias categorias de acções, deverão emitir-se proporcionalmente acções das diferentes categorias [111].

Este aumento de capital só poderá também ter lugar, se já estiverem «vencidas todas as prestações de capital» (cfr. artigo 91º, nº2 CSC) [112].

Trata-se de uma solução paralela à que está prevista para o aumento de capital por novas entradas (cfr. artigo 87º, nº 3 CSC). O fundamento apresentado para este regime radica numa alegada «correcta administração da sociedade» [113] que passa pela proibição de a sociedade procurar novos recursos, com o objectivo de fazer face às suas necessidades de financiamento, sem que primeiro tenha tido a possibilidade de exigir o pagamento integral do capital – das entradas – que os sócios se obrigaram a entregar-lhe para a respectiva exploração societária. Esta solução, diz-se, para além de mais lógica [114], a não ser adoptada poderia permitir um tratamento

[110] Sobre as vantagens e desvantagens da opção por uma ou outra modalidade do aumento, vide MARTÍNEZ NADAL, *El aumento de capital con cargo a reservas ...*, pp. 394 ss. RIPERT/ROBLOT/GERMAIN, *Traité de droit commercial*, tome 1, nº 1572, p. 1135 informam que o aumento através da emissão de novos títulos é o mais usado em França, por os sócios poderem assim transaccionar as novas acções que lhes são atribuídas.

[111] Assim, F. PLATANIA, *Le modifiche del capitale*, Giuffrè, Milano, 1998, pp. 123 ss., A. que sublinha que, precisamente porque não implica qualquer modificação nos direitos das diferentes categorias de acções, este aumento de capital, através da criação de acções com direitos especiais, não precisará nunca de ser aprovado por qualquer assembleia de accionistas de categoria especial (p. 124). É essa a solução que resulta do § 179, 3 AktG – aplicável a qualquer alteração do pacto onde se estabelece que «se a relação preexistente entre várias categorias de acções for modificada com prejuízo de uma categoria, a deliberação da assembleia geral, para ser eficaz, necessita da concordância dos accionistas prejudicados». Já no § 182, 2 AktG – respeitante ao aumento de capital por novas entradas – se estabelece que, havendo várias categorias de acções, a deliberação de aumento de capital só é eficaz se nela consentirem os accionistas de todas as categorias.

[112] Sobre esta matéria, vide, entre nós, RAÚL VENTURA, «Alterações do contrato de sociedade», *Comentário ao código das sociedades comerciais*, Almedina, Coimbra, 1988, pp. 115 ss.

[113] Assim, MARIO CERA, *Il passagio di riserve a capitale*, p. 172.

[114] MARIO CERA, *Il passagio di riserve a capitale*, p. 172, e MARTÍNEZ NADAL, *El aumento de capital con cargo a reservas ...*, pp. 218 ss. Em sentido idêntico, vide YVES GUYON, *Droit des affaires*, Tome I, Économica, Paris, 1994, nº 429, p. 439.

desigual entre sócios, favorecendo os antigos em detrimento dos novos, que concorram ao aumento de capital [115].

Já se vê, porém, que estas razões justificativas não colhem no caso de um aumento de capital por incorporação de reservas, uma vez que aqui a posição relativa dos sócios se mantém exactamente a mesma [116] e não há qualquer injecção de novo capital - seja por parte de sócios, seja por parte de terceiros - na sociedade. O fundamento para esta proibição, no caso do aumento gratuito, prende-se, por isso, sobretudo com o facto de se compreender e aceitar mal que um sócio [117] receba novas participações sociais, quando ainda não pagou integralmente aquelas que subscreveu.

Sendo a bondade da solução extremamente discutível, não se poderá, contudo, em face dos nossos dados legislativos deixar de aplicar esta proibição a todo e qualquer aumento de capital gratuito, seja ele efectuado por emissão de novas acções, seja por aumento do valor nominal das acções antigas.

Tenha-se, no entanto, presente que a nossa lei - ao contrário de outras[118] - apenas exige que as entradas de capital estejam vencidas, não tendo de estar pagas.

[115] Uma vez que os sócios antigos - podendo não estar em mora quanto à realização das suas entradas e mantendo, portanto, integralmente os seus direitos corporativos (v.g., o direito de voto - cfr. artigo 384º, nº 4 CSC aplicável às SA e às SQ *ex vi* artigo 248º, nº 1 CSC) - ficariam em pé de igualdade com os novos sócios que porventura terão realizado integralmente as suas entradas, sendo certo que foram estes que, através do aumento de capital, supriram as necessidades financeiras da empresa, que deveriam ter sido cobertas com as entradas em falta dos sócios antigos. Assim, Lo Cascio *et als.*, *Società per azioni*, pp. 441 ss.

[116] Só assim não seria, se os sócios pudessem alienar o direito de subscrição gratuita de acções - o que, como veremos *infra* em texto, não julgamos admissível -, mas, nesse caso, tal situação sempre resultaria da vontade individual de cada um. Sobre esta questão, vide Mario Cera, *Il passagio di riserve a capitale*, p. 172.

[117] Ou até - e é sobremaneira esta a situação que impressiona Mário Cera (cfr. *Il passagio di riserve a capitale*, pp. 172 ss.) - um terceiro a quem possa ter sido cedido o direito de subscrição gratuita das acções, caso tal solução se considere admissível. Vide, porém, observação feita na nota anterior.

[118] É diferente - e mais gravoso - o regime consagrado no art. 2438 CCit, onde se exige que as acções já emitidas estejam integralmente liberadas, muito embora seja discutido na doutrina se esta norma se aplica também aos aumentos de capital gratuitos (Mario Cera considera tal solução aplicável apenas ao aumento gratuito de capital realizado através da emissão de novas acções, e já não quando o mesmo se realiza através do aumento nominal das participações sociais antigas - cfr. Mario Cera, *Il passagio di riserve a capitale*, pp. 172 ss.). Em Espanha, na falta de norma expressa a regular a questão, tem-se entendido que não é necessária a liberação prévia das acções já existentes para se proceder a um aumento gratuito de capital. Vide Martínez Nadal, *El aumento de capital con cargo a reservas ...*, pp.

Uma outra nota particular desta modalidade de aumento consiste no facto de nele participarem, proporcionalmente ao valor das participações de que são titulares, todos os sócios, incluindo – salvo deliberação dos mesmos em contrário – a própria sociedade [119] relativamente às acções ou quotas próprias de que seja titular (cfr. artigo 92°, n° 2 CSC).

Note-se que esta regra da participação proporcional dos sócios no aumento não é, no nosso ordenamento jurídico, uma regra imperativa [120], uma vez que no contrato de sociedade pode estabelecer-se um critério diferente para a atribuição gratuita das acções (cfr. artigo 92°, n° 1 CSC). De todo o modo, deve entender-se que a alteração daquela regra da proporcionalidade terá necessariamente – assim nos parece, uma vez que ela implica a postergação do princípio da igualdade de tratamento – de ser aprovada pela unanimidade dos sócios.

A sociedade também não poderá – ao contrário do que, como veremos, pode suceder com o direito de preferência –, invocando o interesse social, afastar o direito dos sócios ao recebimento gratuito das acções, em caso de aumento por incorporação de reservas. A atribuição gratuita de acções deverá ter necessariamente como únicos destinatários os próprios sócios, o que constitui uma «solução evidente», porquanto doutra forma estariam os terceiros a receber, sem qualquer encargo, valores da sociedade

218 ss. e os demais AA. aí referidos (nt 89). Na Alemanha, o § 182, 4 AktG estabelece que o capital social não pode ser aumentado enquanto ainda puderem ser exigidas quantias em dívida relativamente ao capital pré-existente. Sobre o entendimento que tem sido dado a esta solução germânica, vide VENTURA, «Alterações ...», pp. 118 ss.; e LUTTER, *Kölner Kommentar*, § 182, pp. 105 ss.

[119] Trata-se de uma solução que, apesar da ausência de norma expressa nesse sentido, já tinha sido defendida no direito pregresso na nossa doutrina. Cfr. ANTÓNIO CAEIRO, «Aumento do capital e acções próprias», in *Temas de direito das sociedades*, Almedina, Coimbra, 1984, pp. 287 ss. Solução idêntica é consagrada em Itália (cfr. art. 2357-*bis*, 2 CCit), na França (cfr. art. L 225-210, V), em Espanha (cfr. art. 79, 1ª, II TRLSA e MARTÍNEZ NADAL, *El aumento de capital con cargo a reservas ...*, pp. 404 ss.), e na Alemanha, onde apesar de o § 71 b) AktG estabelecer, com carácter geral, a suspensão de todos os direitos relativamente às acções próprias de que a sociedade seja titular, o § 215 AktG expressamente prevê a participação das acções próprias no aumento de capital (cfr. LUTTER, *Kölner Kommentar*, § 71 b, pp. 915 ss. e § 215, pp. 483 ss.)

[120] É diferente o regime nos ordenamentos jurídicos que nos são próximos, onde se estabelece tal regra de forma injuntiva. Cfr. art. 2442 CCit e § 213 AktG, prevendo este expressamente a nulidade da deliberação social que estabeleça um qualquer outro critério para a atribuição gratuita das acções. Em Espanha, apesar de a lei não conter qualquer preceito legal a regular expressamente esta questão, esse tem sido também o entendimento da doutrina. Cfr. MARTÍNEZ NADAL, *El aumento de capital con cargo a reservas ...*, pp. 220 ss. e 407 ss.

aos quais os sócios têm direito [121] e de que seriam privados, sem qualquer contrapartida [122].

Parece-nos, por outro lado [123], que este direito ao recebimento gratuito de quotas ou acções, em caso de aumento de capital, é indissociável da participação social, pelo que ele - ao contrário do que sucede com o direito legal de preferência à subscrição de participações em caso de aumento por novas entradas - não poderá ser alienado pelo sócio; i.é, o sujeito activo deste direito será sempre, exclusivamente, o titular da participação social[124].

Refira-se ainda que o CSC resolve, hoje, expressamente a questão [125] de determinar em que medida deverão ser atribuídas as novas participações sociais, no caso de existir usufruto. Com efeito, o artigo 92°, n° 4 CSC estabelece que as novas participações serão necessariamente atribuídas,

[121] Note-se que, tal como sucede com os lucros, os sócios não têm qualquer direito concreto à distribuição das reservas. Têm, no entanto, enquanto titulares das participações sociais, «um direito latente ou, quando menos, uma expectativa sobre os elementos do activo social em geral, e sobre os fundos de reservas em particular» (MARTÍNEZ NADAL, *El aumento de capital con cargo a reservas ...*, p. 409). No mesmo sentido, vide ANIBAL SÁNCHEZ ANDRÉS, *El derecho de suscripción preferente del accionista*, Civitas, Madrid, 1973, p. 112.

[122] Em sentido idêntico, vide MARIO CERA, *Il passagio di riserve a capitale*, pp. 246 ss.; VICENT CHULIÁ, *Compendio ...*, tomo I, vol. 1°, p. 779; ANIBAL SÁNCHEZ ANDRÉS, «Principios, casos y conceptos en matéria de derecho de asignación gratuita de acciones», *Derecho mercantil de la comunidad economica europea - Estudios en homenaje a Jose Giron Tena*, Civitas, Madrid, 1991, p. 887; ID., «Notas sobre la función economica ...», pp. 214 ss.; C. PAZ-ARES, «El aumento mixto de capital», *RDM*, 1992, pp. 14 ss.; e MARTÍNEZ NADAL, *El aumento de capital con cargo a reservas ...*, pp. 404 ss. Para Karsten Schmidt (*Gesellschaftsrecht*, § 29, III, 3, b)), qualquer deliberação da assembleia geral que prive os sócios deste direito será nula, uma vez que se consubstancia numa expropriação aos accionistas.

[123] Convencem-nos os argumentos aduzidos por OSÓRIO DE CASTRO, *Valores mobiliários*, pp. 248 ss. Vide, porém, em sentido contrário, VENTURA, «Alterações ...», pp. 296 ss. Note-se, de resto, que o problema da alienação do direito à atribuição gratuita das acções perdeu sentido no actual quadro jurídico societário português. Com efeito, a questão colocava-se sobretudo quanto à alienação deste direito no espaço de tempo que decorria entre a deliberação e a formalização do aumento por escritura. Ora, hoje, como vimos já, a deliberação de aumento não está sujeita àquela formalidade, ficando concluída com a simples aprovação da deliberação pelos sócios, pelo que, nesse exacto momento, os sócios adquirem *ex lege* o direito às novas participações.

[124] Sobre esta temática, veja-se também MARTÍNEZ NADAL, *El aumento de capital con cargo a reservas ...*, pp. 524 ss., com a cautela de que, no ordenamento jurídico espanhol, há uma norma que expressamente prevê a possibilidade de se alienar este direito. Cfr. art. 158, 3, II TRLSA.

[125] Que foi objecto de discussão no direito anterior. Vide VENTURA, «Alterações ...», pp. 303 ss., com referência à controvérsia suscitada na doutrina portuguesa (p. 305).

nos mesmos termos que as pré-existentes, ao nu-proprietário e ao usufrutuário [126].

Finalmente, deve entender-se que este direito dos sócios à atribuição gratuita das acções não caduca, mesmo depois de excutido o prazo fixado pela sociedade para que os sócios se apresentem a receber as novas participações. Aqui, deverá valer apenas o regime geral da prescrição dos direitos societários previsto no artigo 174º CSC[127].

[126] Trata-se efectivamente da única forma de assegurar a manutenção dos direitos, quer do nu-proprietário, quer do usufrutuário.

[127] Em sentido idêntico, vide SÁNCHEZ ANDRÉS, «Principios, casos y conceptos ...», pp. 892 ss.

NOTÍCIAS

RUI DIAS*

A Reforma de 2008 do Direito das *GmbH* (Desenvolvimentos recentes do Direito das Sociedades na Alemanha)

* Assistente da Faculdade de Direito da Universidade do Coimbra

Foi publicada no jornal oficial alemão, em 23 de Outubro de 2008, a *Gesetz zur Modernisierung des GmbH-Rechts und zur Bekämpfung von Missbräuchen* (que podemos traduzir como a «A Lei de Modernização do Direito das Sociedades de Responsabilidade Limitada [*GmbH*] e Anti-Abuso»), também conhecida abreviadamente como *MoMiG*[1].

Com entrada em vigor em 1 de Novembro de 2008 na República Federal da Alemanha, esta reforma legislativa pretendeu desenvolver três aspectos essenciais: (*1*) a aceleração do processo de constituição de sociedades; (*2*) o aumento da atractividade do tipo societário *GmbH* (*Gesellschaft mit beschränkter Haftung*); e ainda (*3*) o combate a determinados abusos que foram identificados, na prática, na utilização (não só mas também) deste tipo - que, como é sabido, equivale funcionalmente, em termos gerais, à *sociedade por quotas* do direito português[2].

Vejamos, brevemente, em que medidas se reflectiram estas intenções do legislador alemão[3].

1. Aceleração do processo de constituição de sociedades por quotas

Constatando a má prestação da *GmbH* ao nível da *concorrência* entre as várias leis societárias (sobretudo no seio do espaço europeu), em face de outros tipos legais - como é o caso da *Limited* de direito inglês -, entendeu o legislador alemão agilizar o processo de constituição da sua sociedade por quotas, ao nível da exigência de realização do capital social mínimo, da transmissão das partes sociais e também das formalidades necessárias para esse efeito.

[1] Assim a citaremos de ora em diante.
[2] Por esse motivo , e por comodidade de exposição, referir-nos-emos neste texto, indistintamente, a «GmbH» e «sociedade por quotas».
[3] Dado o cariz essencialmente «noticioso» deste texto, justifica-se que sigamos de perto, na sua estrutura, a informação disponibilizada pelo próprio Ministério da Justiça alemão, acessível em http://bmj.bund.de.

a) *Facilitação da realização do capital social e da transmissão de quotas*

Uma primeira grande novidade é a consagração de *duas variantes* de sociedades por quotas. A par da *GmbH* comum, com um capital social mínimo de 25.000 Euros, surge a *haftungsbeschränkte Unternehmergesellschaft*, que podemos traduzir como «*sociedade empresarial de responsabilidade limitada*»[4]. Esta sub-modalidade de *GmbH* – não se trata, sublinha-se, de um *novo* tipo legal societário – é apresentada como atractiva para os empresários (nomeadamente no domínio da prestação de serviços) que não necessitem e/ou não disponham de um capital social inicial daquele montante, porquanto ela pode ser constituída sem que esteja reunido aquele capital social mínimo. Em contrapartida, a distribuição de lucros sofrerá limitações, de modo a que a sociedade vá amealhando capital até se tornar uma *GmbH* «normal».

Para o efeito, foi acrescentado um novo § 5a à *GmbH-Gesetz* (doravante «GmbHG»), que prescreve o seguinte;

§ 5a

Sociedade empresarial [Unternehmergesellschaft]

(1) Uma sociedade que seja constituída com um capital social inferior ao previsto no § 5 (1)[5] deve adoptar na sua firma, em derrogação do § 4[6], a designação «Unternehmergesellschaft (haftungsbeschränkt)» [«*Sociedade empresarial (responsabilidade limitada)*»] ou «UG (haftungsbeschränkt)» [«*UG (responsabilidade limitada)*»].

(2) Em derrogação do § 7 (2), a inscrição no registo comercial deve ter lugar quando o capital social estiver plenamente liberado. São excluídas entradas em espécie.

(3) No balanço, a ser apresentado no termo do exercício de acordo com os §§ 242, 264 do *Handelsgesetzbuch* [o Código Comercial alemão], deve ser constituída uma reserva legal, à qual serão destinados um quarto dos lucros do exercício, após deduzidos das perdas transitadas. A reserva apenas poderá ser utilizada:

1. para os fins do § 57c[7];

[4] A tradução não é isenta de dificuldades, dados os diferentes significados que «*Unternehmer*», literalmente, pode aqui assumir («empresária», «de empresário», «de empresários»); cremos, não obstante, que a tradução proposta é a menos equívoca.

[5] Isto é, no montante de 25.000 Euros, que se mantém inalterado.

[6] Que exige, em geral, a menção «*Gesellschaft mit beschränkter Haftung*», ou abreviatura da mesma que seja generalizadamente compreensível.

[7] I.e., para fins de aumento de capital por incorporação de reservas.

2. para cobertura de uma perda do exercício, na medida em que a mesma não seja coberta por resultados transitados;
3. para cobertura de uma perda transitada, na medida em que a mesma não seja coberta pelos lucros do exercício.

(4) Em derrogação do § 49 (3), a assembleia geral deve ser de imediato convocada em caso de ameaça da impossibilidade de a sociedade cumprir as suas obrigações [*bei drohender Zahlungsunfähigkeit*][8].

(5) Em caso de aumento de capital que leve a que o capital social iguale ou ultrapasse o capital social mínimo exigido nos termos do § 5 (1), os n.os (1) a (4) deixam de se aplicar; a firma composta nos termos do n.º (1) pode ser mantida.

Através de alterações ao § 5 (1) e (2), afastou-se a exigência – que a lei portuguesa prevê para a SQ no art. 219.º, n.º 3, CSC – de que o valor nominal de uma quota seja no mínimo de 100 Euros, e passou a ser possível que uma quota tenha um valor nominal mínimo de *um Euro*[9]. Pretendeu-se flexibilizar a união e a divisão de quotas: a nova redacção do § 5 (2) permite que a cada sócio caibam, desde o momento da constituição da sociedade, várias quotas[10], o que por si só facilita a realização de negócios jurídicos de alienação e aquisição de quotas entre sócios e com terceiros.

No que respeita à realização do capital social, o § 19 (4) e (5) pretende diminuir a insegurança jurídica que se podia gerar em face das chamadas *entradas em espécie ocultas* (*verdeckte Sacheinlage*). Estas são legalmente definidas no § 19 (4) como casos em que, embora formalmente se convencione uma entrada em dinheiro, a sociedade, em consequência de um acordo que é celebrado no contexto da liberação da mencionada entrada em dinheiro, vem afinal, de uma perspectiva económica, a receber (total ou parcialmente) uma verdadeira entrada em espécie. As dúvidas que tais hipóteses colocaram na prática justificaram o esclarecimento legal de que o valor de tais bens é imputado à entrada do sócio em questão, sendo que essa imputação não pode ter lugar antes da inscrição da sociedade no registo comercial; para além disso, recai sobre

8 Sobre este conceito, cfr. o § 18 da *Insolvenzordnung* (doravante « InsO»), a lei alemã da insolvência. A hipótese em que o citado § 49 (3) GmbHG exige a imediata convocação da assembleia dos sócios é, diferentemente, a da verificação da *perda de metade do capital social*.

9 Cfr. § 5 (2) GmbHG. Textualmente, a exigência é a de que o referido valor nominal seja «em Euros inteiros» (*auf volle Euro*).

10 Diferentemente, cfr. o art. 219.º, n.º 1, do CSC.

o mesmo sócio o ónus da prova de que o valor patrimonial do referido bem se mantém nessa data.

b) *Criação de modelos aprovados por lei*

Um pouco à semelhança do que sucedeu em Portugal com a aprovação do regime especial de constituição imediata de sociedades (a criação da oficialmente chamada «empresa na hora»), de acordo com o Decreto-Lei n.º 111/2005, de 8 de Julho[11], o legislador alemão vem, com esta reforma, introduzir modelos a serem utilizados num processo constitutivo simplificado. A ele têm acesso, nos termos do novo § 2 (1a) GmbHG, as sociedades por quotas que se constituam com não mais de *três sócios* e *um gerente*, bem como as sociedades *unipessoais*. Ambos os modelos passam a fazer parte da própria GmbHG[12].

Em acréscimo, a constituição das *sociedades empresárias* – a que se refere o acima traduzido § 5a GmbHG – beneficia deste procedimento simplificado e ainda de uma especial redução ao nível dos correspondentes emolumentos de registo.

c) *Aceleração do registo comercial*

O registo comercial havia já sido objecto de reforma através de uma lei entrada em vigor no início de 2007, respeitante à criação de um registo comercial electrónico[13].

A este nível, a *MoMiG* contribuirá indirectamente para a celeridade do registo através dos modelos disponibilizados, que se prevê diminuirão as dúvidas colocadas junto das autoridades competentes.

Mas além disso, deixa ainda de constituir um factor de atraso no processo de constituição da sociedade a circunstância de o objecto social incluir uma actividade para o exercício da qual seja exigida autorização ou licenciamento público (p. ex. restaurantes), por isso que a documentação correspondente não mais é reclamada no momento da apresentação da sociedade a registo comercial.

[11] V. Alexandre de Soveral Martins, «Empresas na Hora», in IDET, *Temas Societários*, Colóquios, n.º 2, Almedina, Coimbra, 2006, pp. 79 ss.

[12] Cfr. art. 1.º, n.º 50, *MoMiG*.

[13] *Gesetz über elektronische Handelsregister und Genossenschaftsregister sowie das Unternehmensregister* (abrevidamente *EHUG*), publicada no jornal oficial alemão em 10 de Novembro de 2006.

É ainda de referir que, por ocasião da apreciação do requerimento de registo, as autoridades passam a poder exigir a comprovação da regularidade da realização do capital social apenas no caso de se levantarem dúvidas consideráveis («*erhebliche Zweifeln*»): cfr. o § 8 (2) GmbHG.

2. Aumento da atractividade da *GmbH* como tipo legal societário

Mais uma vez num apelo expresso à interessante problemática da *concorrência entre legislações*, o legislador alemão pretendeu, com o seguinte conjunto de medidas, melhorar comparativamente o regime legal das *GmbH*, não apenas *no momento do seu nascimento* ou constituição, como vimos, mas também *durante a sua vida*:

a) *Transferência da sede social para o estrangeiro*

No contexto da jurisprudência comunitária sobre a liberdade de estabelecimento (arts. 43.º e 48.º do Tratado da Comunidade Europeia), que desencadeou na Alemanha e noutros Estados-membros, a partir do ac. *Centros* do TJCE[14], a «*fuga para a Limited*» de direito inglês, muitas foram as vozes que ali se fizeram ouvir sobre a necessidade de mudança: não mais era comportável um rígido entendimento da *teoria da sede*, classicamente defendida pelos alemães. Em consequência, foi já apresentada uma proposta legislativa que abolirá esse entendimento[15]; e agora, no específico quadro da *GmbH* (mas também da *Aktiengesellschaft* ou *AG*[16]), introduzem-se modificações que importam também para o direito internacional privado alemão das sociedades.

Com efeito, em decorrência do direito comunitário, a Alemanha – como todos os restantes Estados-membros – via-se já obrigada a tratar as sociedades beneficiárias da liberdade de estabelecimento como sociedades de direito do Estado da constituição, valendo essa asserção no que toca à respectiva capacidade jurídica[17] e também, pelo menos, ao capital social mínimo e à responsabilidade dos administradores[18]. Pois bem: através da

[14] De 9 de Março de 1999 (processo n.º C-212/97).

[15] V. Rui Dias, «As Sociedades no Comércio Internacional (Problemas Escolhidos de Processo Civil Europeu, Conflitos de Leis e Arbitragem Internacional)», in IDET, Miscelâneas, n.º 5, Almedina, Coimbra, 2008, p. 82.

[16] Cfr. § 37 (3) 1. da Aktiengesetz alemã (doravante «AktG»).

[17] Ac. *Überseering*, do TJCE, de 5 de Novembro de 2002 (processo n.º C-167/01).

[18] Ac. *Inspire Art*, do TJCE, de 30 de Setembro de 2003 (processo n.º C-208/00).

eliminação do n.º (2) do § 4a GmbHG, pretende-se autorizar os sócios a escolherem uma *sede real da administração* não necessariamente coincidente com a *sede estatutária*, de tal modo que esta tem de localizar-se em território alemão[19], mas aquela pode ser fixada no estrangeiro. Assim se poderá *exportar* o tipo *GmbH* para lá do espaço de soberania alemã, o que, afirma-se, poderá constituir uma oportunidade para os grupos de sociedades alemães que pretendam, a partir de agora, criar as suas filiais estrangeiras (intra-comunitárias) sob a forma de *GmbH*...

b) *Mais transparência ao nível das quotas; protecção de adquirentes de boa fé*

A *lista de sócios* (*Gesellschafterliste*), um dos documentos essenciais na constituição da sociedade, passa a ter um papel mais importante: é que, nos termos do renovado § 16 GmbHG, vale como sócio, perante a sociedade, apenas aquele que esteja como tal inscrito na referida lista, elaborada e depositada no registo comercial conforme prescrito pelo (também renovado) § 40 GmbHG.

Além disso, ao nível da cessão de quotas a terceiros, estes poderão confiar na lista de sócios para a celebração dos seus negócios de aquisição, com vantagens para a segurança jurídica e a redução dos custos de transacção: nos termos do § 16 (3) GmbHG, são protegidos como adquirentes de boa fé aqueles que tenham adquirido a quota de uma pessoa inscrita na lista de sócios. No caso de uma inscrição irregular se ter mantido, sem reclamações, por um período de três anos, a irregularidade não será oponível àquele adquirente. E não lhe será tão-pouco oponível a irregularidade da inscrição que, apesar de inferior a três anos, seja imputável ao verdadeiro titular.

c) *Cash Pooling*

A estratégia de gestão financeira conhecida como *cash pooling*, de utilidade no contexto dos grupos societários, é também objecto de regulação nesta reforma.

A jurisprudência do *Bundesgerichtshof* acerca da integridade do capital social das sociedades por quotas, ao que parece, gerou na Alemanha alguma incerteza sobre a admissibilidade desta e doutras práticas ao nível

[19] O art. 1.º, n.º 4, *a*), da *MoMiG* acrescenta «*im Inland*» ao teor do § 4a GmbHG, que deixa de se subdividir em dois números pela revogação do antigo n.º (2).

do balanço das sociedades do grupo. Em resposta, de acordo com o § 30 GmbHG, prevê-se que não há distribuição ilícita de bens aos sócios quando exista um contrato de subordinação ou uma convenção de atribuição de lucros que a legalize[20], e ainda quando a prática consista numa efectiva troca de activos, de tal modo que a contrapartida, ou o direito de reembolso ou restituição que emerge do negócio, não tenha um valor inferior ao activo que sai da sociedade.

d) *Desregulamentação ao nível do tratamento dos créditos dos sócios sobre a sociedade*

No que diz respeito aos empréstimos feitos por sócios à sociedade, a controvérsia levantada à volta do seu enquadramento jurídico – designadamente, se deverão ou não ser tratados como capital próprio, especialmente em caso de insolvência – conduziu a que o legislador alemão afirmasse a sua intenção de desregulamentar a matéria, revogando os §§ 32a e 32b GmbHG, mas alterando e aditando disposições à lei da insolvência (*InsO*). Os desideratos fundamentais são, afirma-se, abolir a diferenciação entre empréstimos comuns e empréstimos que se destinam a substituir o capital próprio, assim como favorecer o saneamento da empresa em caso de insolvência.

3. Combate a certos abusos

Por último, a *MoMiG* revela a preocupação de evitar determinados abusos cometidos à sombra da forma legal-societária da *GmbH*.

No que respeita à possibilidade de uma sociedade por quotas ser judicialmente demandada (e pensando sobretudo nos seus credores), perante as frequentes dificuldades em levar a cabo a regular citação da sociedade, exige-se agora expressamente a necessidade de ser indicado no registo comercial um endereço em território alemão – exigência essa que foi ainda alargada às *Aktiengesellschaften* (cfr. § 37 (3) 1. AktG), comerciantes em nome individual, sociedades de pessoas e também sucursais, nomeadamente de sociedades estrangeiras.

Na hipótese de a sociedade estar em concreto desprovida de gerentes (*Führungslosigkeit*), incumbe a cada um dos sócios o dever de apresentação

[20] Cfr. §§ 291 ss. AktG.

da sociedade à insolvência[21], no caso de impossibilidade do cumprimento das obrigações vencidas (*Zahlungsunfähigkeit*)[22] ou de sobre-endividamento (*Überschuldung*)[23], nos termos do novo § 15a (3) InsO[24].

Os gerentes que colaborem com os sócios na delapidação do património social, dispondo em favor deles de bens sociais, e assim conduzam à impossibilidade de a sociedade cumprir as suas obrigações, são responsáveis perante a sociedade por tais disposições indevidas, nos termos da nova 2.ª frase do § 64 (2) GmbHG.

Na mesma linha, foi alargado o rol de impedimentos à designação de uma pessoa como gerente, que consta do § 6 (2) GmbHG, passando nomeadamente a incluir-se a atendibilidade, para esse efeito, não apenas de decisões judiciais de tribunais alemães condenatórias por certos crimes aí elencados, mas também de sentenças estrangeiras que condenem por actos comparáveis. E acrescenta-se um n.º (5) a este § 6 GmbHG, responsabilizando o sócio, perante a sociedade, pelos danos que sejam causados à sociedade pela pessoa a quem o sócio tenha, com intenção ou negligência grosseira, confiado a gerência, solidariamente com essa pessoa, quando esta haja causado danos pela violação dos deveres que a vinculam à sociedade.

Nota final

Com estas linhas, pretendeu-se dar a conhecer em traços gerais os principais aspectos desta recente reforma legislativa do direito das sociedades alemão. Espera-se que elas sirvam de singelo contributo para suscitar entre nós, por um lado, a atenção para a importância do estudo comparado do direito das sociedades, e, por outro lado, o debate sobre se fará sentido a

[21] Cfr., no direito português, o art. 19.º CIRE: «Não sendo o devedor uma pessoa singular capaz, a iniciativa da apresentação à insolvência cabe ao órgão social incumbido da sua administração, ou, se não for o caso, a qualquer um dos seus administradores».

[22] Cfr. § 17 InsO.

[23] Cfr. § 19 InsO. A definição legal deste conceito foi alterada no contexto da crise dos mercados financeiros: passa a haver «sobre-endividamento» quando o património do devedor não cobre as obrigações contraídas, *a não ser que a continuidade da empresa seja altamente provável, perante as circunstâncias do caso*. Esta alteração à InsO foi introduzida pela *Finanzmarktstabilizierungsgesetz* (*FMStG*), de 17 de Outubro de 2008, e tem um termo certo: ela vigorará até 31 de Dezembro de 2010, pois de acordo com o art. 7.º, n.º 2, *FMStG*, a anterior redacção do § 19 (2) InsO voltará a valer a partir de 1 de Janeiro de 2011.

[24] Exceptuam-se da vinculação a tal dever os sócios que desconheçam os três factos citados. O § 15a InsO foi aditado pelo art. 9.º, n.º 3, *MoMiG*.

transposição de algumas destas soluções para o direito português, num contexto em que se prevê, para o futuro próximo, um importante desenvolvimento ao nível comunitário com o surgimento da Sociedade Privada Europeia[25].

[25] Cfr., nas páginas deste n.° 1 da *DSR*, o artigo de Rui Pinto Duarte, *A Societas Privata Europaea: Uma Revolução Viável.*

Textos para publicação

A Revista aceita a apresentação de textos inéditos para publicação (em português, espanhol, inglês e francês). A publicação fica sujeita a parecer favorável da Comissão de Redacção e à disponibilidade de espaço.

Cada texto não deverá exceder 75.000 caracteres (contando espaços e incluindo notas de rodapé) e deverá observar as seguintes regras gráficas:

- Nomes de autores referidos em texto: em caracteres normais
- Nomes de autores referidos em notas: em maiúsculas pequenas
- Títulos de livros (monografias e obras colectivas): em itálico
- Títulos de textos inseridos em revistas e em obras colectivas: entre aspas, em caracteres normais
- Nomes das revistas: em itálico
- Sinal de aspas primacialmente usado: « » (as chamadas aspas francesas ou baixas)
- Ausência de espaço entre uma palavra e um sinal de pontuação
- Uso das abreviaturas adoptadas pela Revista (v. lista inserida nas primeiras páginas)
- Os textos deverão ser enviados por correio electrónico para dsr@almedina.net ou por via postal para:

DSR – Direito das Sociedades em Revista
Secretariado da Redacção
Edições Almedina, SA
Rui Dias
Av. Fernão de Magalhães, n.° 584, 5.° andar
3000-174 Coimbra